Lili

Dedicado al cariñoso recuerdo de nuestro amigo y maestro
Eric Berne, Doctor en Medicina.

Te heredo este pequeño tesoro que a mí me ayudó a encontrarme y ser menos guerrera, saboréalo y lo que no entiendas consúltalo conmigo. En la lógica de la Cruz, el AMOR es más fuerte que la muerte, y el perdón es más fuerte que la frialdad. En la Cruz Dios se dio por nosotros para que fuéramos felices.

Te Ama tu prima

14-02-2011

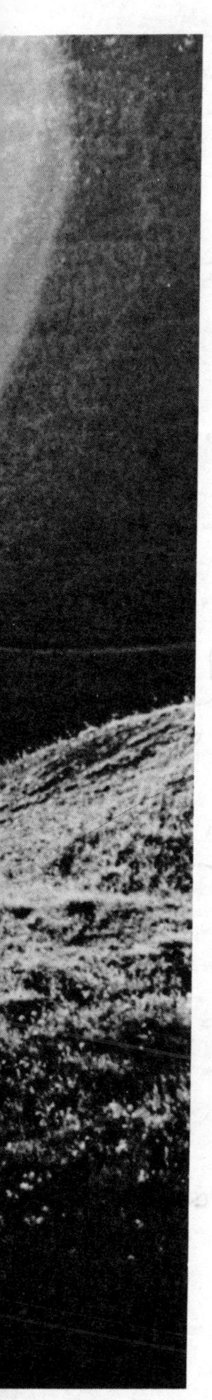

NACIDOS PARA TRIUNFAR

Análisis Transaccional con Experimentos Gestalt

Muriel James
Dorothy Jongeward

Especialistas en relaciones humanas y comunicación

Versión en español hecha con la colaboración de

Dr. Ezequiel Nieto-Cardoso
Coordinador del Departamento de Psicología
Universidad de Monterrey

Dr. Humberto Blanco
Director de Psicogrupo, Caracas

DANDO, S. A.
Psicología Industrial, México

Dr. Roberto Kertesz
Presidente de ANTAL
Profesor Auxiliar de Psiquiatría
Universidad Nacional, Buenos Aires

Dr. Gerardo Marín Carvajal
Departamento de Psicología
Universidad de los Andes, Bogotá

 **ADDISON-WESLEY IBEROAMERICANA**

Argentina • Brasil • Chile • Colombia • Ecuador • España
Estados Unidos • México • Perú • Puerto Rico • Venezuela

Versión en español de la obra *Born to Win: Transactional Analysis with Gestalt Experiments,* de Muriel James y Dorothy Jongeward, publicada originalmente en inglés por Addison-Wesley Publishing Company, Reading, Mass., E.U.A.

Esta edición en español es la única autorizada.

Impreso en Estados Unidos. *Printed in U.S.A.*

Primera edición: 1986
Trigésimaquinta reimpresión: 1990

ISBN 0-201-03417-4
36 37 38 39 40—MU—96 95 94 93 92 91

PROLOGO

Se ha dicho que el oficio del psicoterapeuta es esforzarse en quedar sin negocio. Tanto los esfuerzos experimentales como la literatura psicológica existente pretenden curar al paciente de una manera más rápida, efectiva, divertida, económica y duradera. El ideal terapéutico es curar en una sesión; el ideal al escribir es curar en un libro. Tal cantidad de la literatura psicológica está escrita al estilo de los jeroglíficos de la piedra Rosetta* que, invariablemente, se hace necesaria la colaboración de un terapeuta o escritor que, al estilo de Jean-François Champollion, descubra la clave para su interpretación y aplicación.

Nacidos para triunfar evita el intérprete y presenta conceptos psicológicos de una forma inmediatamente asequible. Concuerda con la tendencia actual a presentar al público lector la mayor cantidad de información y además, con la tendencia actual de la "Edad de Acuario" a reunir información de ambos mundos. El Humanista, interesado en alcanzar un mayor nivel de desarrollo personal y un más alto nivel de conocimiento, puede manejar ahora, de una manera mucho más inteligente, información que antes sólo podía manejar de una manera puramente intelectual.

Parece que *Nacidos para triunfar* se ha liberado de la clasificación de "juegos que los escritores practican". Su estilo revela una paciencia, minuciosidad, claridad y un "darse" que es único en esta disciplina. Este libro satisface las necesidades del lector, no las descuenta. Los numerosos ejemplos que incluye serán significativos tanto para estudiantes como para el público lector, incluso para quienes han recibido una programación para intuición mínima; en ningún otro libro he visto un uso tan preciso de los ejemplos. Considero que la aparición de este texto marca un hito histórico en el campo de la literatura psicológica.

Stephen B. Karpman, M.D.
San Francisco

(Profesor Clínico Asistente de Psiquiatría del Centro médico de la Universidad de California, San Francisco, California)

---

* Así llamada porque fue descubierta en ese lugar de Egipto en 1799. Está inscrita en jeroglífico, escritura demótica (o simplificada de la hierática) y griego, y es famosa por haber proporcionado al egiptólogo francés Champollion (1790-1832) la primera pista para descifrar los jeroglíficos egipcios. (*N. del T.*)

Creo

que, finalmente, cada hombre debe coger su vida

en sus propios brazos

---

de *After the Fall*

Arthur Miller

PREFACIO

Hoy en día se observa un recurrente interés en los "por qué" y en los "cómo" del comportamiento humano y en la búsqueda que ha emprendido el hombre del significado de su existencia. Los jefes se preocupan por hallar la manera de trabajar con sus subordinados; los padres siguen cursos que les permitan educar mejor a sus hijos; los esposos y esposas aprenden a dialogar y a "pelear con justicia"; los profesores estudian cómo hacer frente a los problemas emocionales de sus estudiantes y cómo contrarrestar los efectos de la privación.

Junto con su interés por los bienes materiales y la tecnología, actualmente, mucha gente se interesa por el significado de lo que quiere decir ser hombre. En las palabras de un joven ejecutivo de una gran compañía: "Tengo un magister en administración de empresas. Cuando vine a trabajar en esta compañía, creía que mis problemas serían de contabilidad, pero no lo son. Mis problemas son 'humanos'."

Hay dos nuevos caminos que buscan ponernos en situación de comprender las personas: el análisis transaccional, desarrollado por el doctor Eric Berne y la terapia *gestalt**, tal como la concibe el doctor Frederick Perls. Este libro está dedicado primordialmente a presentar nuestra interpretación del análisis transaccional y sus aplicaciones a la vida diaria de una persona corriente. Los experimentos de orientación *gestalt* se emplean para complementar la teoría del análisis transaccional. Los casos ilustrativos han sido extraídos de nuestra experiencia como profesoras y consejeras.

El análisis transaccional le proporciona a la persona un método racional para analizar y comprender su comportamiento; la terapia *gestalt* le facilita un método para descubrir las partes fragmentadas de su personalidad, integrarlas y desarrollar un núcleo de confianza en sí mismo. Tanto un método como el otro se interesan por lo que está ocurriendo *ahora.*

---

* La palabra alemana *Gestalt* significa "totalidad compuesta de diversas partes". La terapia *gestalt* se dedica al conocimiento y a la integración de las diversas partes que forman la personalidad total de cada individuo. En la literatura psicológica en español, este término a veces aparece como "guestáltica" o "gestáltica". *(N. del T.)*

Nosotras creemos que este libro puede ser usado, ya sea como texto o como una guía de estudio, por todas aquellas personas que participan de un cierto interés por la teoría de la personalidad y por las relaciones interpersonales. Nuestro propósito es que este libro sirva tanto a los profesionales en los distintos campos de la salud mental como a los educadores y los ejecutivos y, por último, a aquellas personas que no posean un conocimiento previo de estos temas, pero que tengan un genuino interés por familiarizarse con métodos nuevos para conocerse mejor a sí mismas. Claramente, este libro no pretende ser un sustituto del psicoterapeuta profesional; las personas que tengan problemas mentales serios deben consultar a un especialista, a la vez que deben formular el compromiso consigo mismas de recuperarse.

Estamos convencidas de que el hombre no está totalmente a merced del ambiente o de la herencia; él puede modificar ambos. Nuestra esperanza es que este libro ayude al lector a comprender que posee un poder real para dirigir su propia vida, adoptar decisiones, desarrollar su propio código ético, contribuir a mejorar las vidas de los demás y, finalmente, que nació para ser un triunfador.

Queremos expresar nuestros agradecimientos a todas y cada una de las personas que nos han influido y ayudado. Es imposible mencionar los nombres de todos, pero queremos expresar nuestros agradecimientos muy especiales a los doctores Eric Berne y Frederick Perls por sus enseñanzas y escritos, y a la International Transactional Analysis Association y a su presidente, el doctor Kenneth Edwards.

Expresamos nuestros agradecimientos a nuestros estudiantes por su confianza en nosotras y por lo que hemos aprendido unos de otros.

Y agradecemos a nuestros esposos e hijos su paciencia, amor y aliento.

Muriel James
Lafayette, California

Dorothy Jongeward
Pleasant Hill, California

INDICE

FOTOGRAFIAS

Cubierta: John Pearson
Frontispicio: John James
Láminas I y II, págs. 20 y 21: Sherry Morgan (todas las fotos)
Lámina III, pág. 37: Arriba izquierda, Dorothy Jongeward; abajo izquierda, Sherry Morgan; derecha, John Pearson
Lámina IV, pág. 56: Arriba izquierda, John James; arriba derecha y abajo izquierda, John Pearson; abajo derecha, Dorothy Jongeward
Lámina V, pág. 57: Arriba izquierda, centro derecha y abajo derecha, John Pearson; centro izquierda, Dorothy Jongeward; arriba derecha y abajo izquierda, Eric W. Cheney
Lámina VI, pág. 91: Arriba izquierda y abajo derecha, Dorothy Jongeward; centro izquierda, John Pearson; abajo izquierda, Sherry Morgan; arriba derecha, Eric W. Cheney
Lámina VII, pág. 110: Izquierda, Muriel James; arriba derecha, Eric W. Cheney; abajo derecha, Daniel Buop
Lámina VIII, pág. 111: Arriba izquierda, Daniel Buop; las otras tres, Sherry Morgan
Lámina IX, pág. 138: Arriba izquierda, derecha y abajo izquierda, Wayne Miller; centro izquierda, John Pearson; abajo izquierda, Muriel James; centro derecha, John James
Lámina X, pág. 139: John Pearson (todas las fotos)
Lámina XI, pág. 140: Arriba izquierda, Dorothy Jongeward; arriba derecha, Eric W. Cheney; abajo derecha e izquierda, John Pearson
Lámina XII, pág. 141: John Pearson (todas las fotos)
Lámina XIII, pág. 142; Izquierda, abajo derecha, Wayne Miller; arriba derecha, John Pearson
Lámina XIV, pág. 143: Arriba izquierda, John Pearson; abajo izquierda, Dorothy Jongeward; arriba derecha, Wayne Miller; abajo derecha, Daniel Buop
Lámina XV, pág. 169: Arriba izquierda, derecha y abajo derecha, Dorothy Jongeward; centro izquierda, John James; abajo izquierda, Daniel Buop
Lámina XVI, pág. 194: Sherry Morgan (todas las fotos)
Lámina XVII, pág. 195: Sherry Morgan (todas las fotos)
Lámina XVIII, pág. 240: Arriba derecha e izquierda, John Pearson; abajo izquierda, Sherry Morgan; abajo derecha, Eric W. Cheney
Lámina XIX, pág. 241: Arriba izquierda, John Pearson; arriba derecha, Sherry Morgan; abajo derecha, Daniel Buop
Lámina XX, pág. 255: Arriba izquierda, John Pearson; abajo izquierda, Daniel Buop; arriba derecha, Sherry Morgan; abajo derecha, John James
Lámina XXI, pág. 262: John James (la misma del frontispicio)

1

TRIUNFADORES Y PERDEDORES

Nada puedes enseñarle a un hombre;
sólo puedes ayudarlo a que lo descubra dentro de sí mismo.
GALILEO

Cada ser humano nace como algo nuevo, como algo que no existía antes; como un ser distinto dotado de todo lo necesario para triunfar en la vida. Individualmente, cada persona puede ver, oír, tocar, gustar y pensar por sí misma. Además, cada una tiene sus propias potencialidades, sus capacidades y limitaciones. Por derecho propio, cada una puede ser una persona importante, pensante, consciente y productivamente creadora; en una palabra, posee todos los atributos necesarios para ser un triunfador.

Las palabras "triunfador" y "perdedor" tienen varios significados diferentes. Cuando nos referimos a un triunfador, no queremos decir que un individuo vence a otro derrotándolo. Nuestro empleo de la palabra triunfador está restringido a aquel individuo que responde auténticamente: aquel que en su comportamiento es veraz, confiable, sincero y sensible, tanto en su condición de individuo como de miembro de una sociedad. Un antiguo cuento que Martín Buber ha recontado resume esta idea. En su lecho de muerte, un rabino se ve a sí mismo como perdedor y se lamenta de que, en el otro mundo, no le preguntarán por qué no fue Moisés, sino por qué no fue él mismo; es decir, por qué no fue auténtico.[1]

Pocas personas son totalmente triunfadoras o perdedoras; es una cuestión de grado. No obstante, una vez que el individuo se halla camino de convertirse en triunfador, sus probabilidades de serlo son mucho mayores. El propósito de este libro es facilitar el camino.

TRIUNFADORES

Los triunfadores tienen diferentes potencialidades. Tener éxito no es lo más importante; sí lo es ser auténtico. La persona auténtica tiene la experiencia de su propia realidad al conocerse a sí misma, al ser ella misma y al convertirse en alguien sincero y sensible. La persona auténtica es la que realiza su propia unicidad, hasta entonces desconocida, y aprecia la unicidad de los demás.*

El triunfador no consagra su vida al servicio de lo que imagina que *debe* ser, sino, por el contrario, se esfuerza por *ser él mismo* y, como tal, no consume sus energías en representaciones dramáticas, ni en falsas pretensiones, ni tampoco en manipular o inducir a otras personas en sus propios juegos. El triunfador puede revelarse como realmente es, en lugar de proyectar imágenes que agraden, inciten o seduzcan a los demás; tiene conciencia de que existe una importante diferencia entre ser cariñoso y actuar cariñosamente, entre ser estúpido y actuar estúpidamente, entre ser inteligente y actuar inteligentemente. El triunfador no necesita esconderse detrás de una máscara; se despoja de sus propias imágenes irreales de inferioridad o de superioridad y no se deja atemorizar por la autonomía.

Cada persona tiene sus propios momentos de autonomía, aunque sean transitorios. Sin embargo, el triunfador puede mantener su autonomía durante períodos cada vez más largos; en ocasiones, puede perder terreno o aun fracasar, pero, a pesar de ello, conserva la fe básica en sí mismo.

Un triunfador no se atemoriza de pensar por sí mismo ni de usar sus propios conocimientos; puede distinguir entre hechos y opiniones y no pretende tener todas las respuestas. Escucha a los demás; evalúa lo que tienen que decir, pero se reserva el derecho de llegar a sus propias conclusiones; admira y respeta a otras personas, pero no se deja definir, abatir, limitar o atemorizar por ellos.

Un triunfador no practica el juego del "desamparado" como tampoco el de echar la culpa; por el contrario, siempre asume la responsabilidad de su propia vida. No otorga a nadie falsa autoridad sobre sí porque sabe que él es su propio jefe.

El triunfador posee un justo sentido del tiempo. Responde adecuadamente a cada situación, de una manera apropiada al mensaje enviado, y en todo caso preserva la importancia, el mérito, el bienestar y la dignidad de las personas con quienes se comunica. Sabe que hay una oportunidad para cada cosa y un momento para cada actividad.

Un momento para ser agresivo y otro para ser pasivo,
un momento para estar juntos y otro para estar solos,
un momento para luchar y otro para amar,
un momento para trabajar y otro para jugar,

---

*El pronombre personal "él" se emplea indistintamente para personas de uno u otro sexo, excepto cuando "ella" es el único posible.

un momento para llorar y otro para reir,
un momento para hacer frente y otro para retirarse,
un momento para hablar y otro para guardar silencio,
un momento para apremiar y otro para esperar.

Para un triunfador el tiempo es valioso; por consiguiente, no lo malgasta. Vive aquí y ahora. Vivir en el presente no quiere decir ignorar neciamente su pasado o desperdiciar la oportunidad de prepararse para el futuro; más bien, como conoce su pasado, es consciente del presente y vive en él y espera el futuro con optimismo.

Un triunfador aprende a conocer sus sentimientos y sus limitaciones y no los teme; tampoco se deja intimidar por sus propias contradicciones o ambivalencias. Sabe cuándo está enojado y puede escuchar cuando los demás se enojan contra él. También puede dar y recibir afecto, o amar y ser amado.

Un triunfador puede ser espontáneo; no tiene que responder de una manera rígida o preestablecida. Puede cambiar sus planes cuando sea necesario. Al triunfador le entusiasma la vida: goza con su trabajo, el juego, la comida, las otras personas, el sexo y la naturaleza. Goza de sus triunfos sin sentimientos de culpabilidad, y de las realizaciones de los demás sin envidia.

Aunque el triunfador puede gozar libremente, también es capaz de posponer el disfrute de su placer; puede disciplinarse en el presente para gozar más intensamente después. No teme buscar lo que desea, pero lo hace de una manera apropiada; no reside su seguridad en el control sobre los demás y no se dispone a ser perdedor.

Como el triunfador se preocupa por el mundo y sus habitantes, no se aisla de la sociedad y sus problemas; se preocupa, siente compasión y se compromete en esfuerzos por el mejoramiento de la calidad de la vida. Aun en la adversidad nacional o internacional, no se considera totalmente indefenso. Hace todo lo que está a su alcance para hacer de éste un mundo mejor.

PERDEDORES

Aunque el individuo nace para triunfar, no es menos cierto que nace indefenso y dependiente por completo del medio ambiente. Los triunfadores hacen con éxito la transición desde la incapacidad total a la independencia y desde ésta a la interdependencia. No ocurre lo mismo con los perdedores; en algún momento durante su vida, los perdedores empiezan a eludir la responsabilidad de sí mismos.

Como ya lo hemos dicho, pocas personas son totalmente triunfadoras o perdedoras; la mayoría de los individuos triunfa en algunos aspectos de la vida y pierde en otros. El que triunfen o fracasen depende, en parte, de lo que les haya acontecido en la infancia.

La falta de respuesta a las necesidades de dependencia, la malnutrición, la brutalidad, las relaciones infelices, las enfermedades, las desilusiones continuas, el cuidado físico inadecuado y los traumatismos son algunas de las muchas experiencias que pueden contribuir a que un individuo se convierta en perdedor. Tales experiencias interrumpen, detienen o impiden el progreso normal de una persona hacia su propia autonomía y realización. Para poder hacer frente a las experiencias negativas, el niño tiene que aprender a manipularse y a manipular a los demás. Estas prácticas son difíciles de desterrar más tarde en la vida y se convierten a menudo en normas establecidas. El triunfador busca la manera de deshacerse de ellas; el perdedor se aferra a ellas.

Algunos perdedores se consideran a sí mismos como exitosos pero ansiosos, exitosos pero atrapados o exitosos pero infelices. Otros se refieren a sí mismos como totalmente derrotados, sin objetivos, incapaces de avanzar, medio muertos o muertos de aburrimiento. El perdedor puede no reconocer que, en gran medida, él mismo ha cavado su propia fosa, construido su propia jaula y es el único responsable de su propio aburrimiento.

El perdedor raramente vive en el presente; lo destruye ocupándose con recuerdos del pasado o con expectativas del futuro.

Cuando el perdedor vive en el pasado, medita sobre los felices días de antaño o sobre sus desgracias pretéritas: con nostalgia, se aferra a la idea de cómo "solían ser las cosas" o se lamenta de su mala suerte; siente lástima de sí mismo y carga a los demás de la responsabilidad de su propia vida insatisfactoria. Culpar a los demás y disculparse a sí mismo son juegos favoritos del perdedor. Cuando vive en el pasado, el perdedor suele lamentarse de *si...:*

si me hubiera casado con...
si hubiera tenido otro empleo...
si hubiera terminado mis estudios...
si hubiera sido guapo (bonita)...
si mi esposo hubiera dejado de beber...
si hubiera nacido rico...
si mis padres hubieran sido mejores...

Cuando, por el contrario, el perdedor vive en el futuro, espera el milagro que, como en cualquier cuento de hadas, podrá hacerle "vivir por siempre feliz": en lugar de buscar su propia vida, espera; se dedica a esperar el rescate mágico: Qué maravillosa será la vida *cuando:*

termine mis estudios...
llegue el Príncipe encantador (la mujer ideal)...
los niños crezcan...

esté disponible el nuevo empleo...
el jefe se muera...
me favorezca la suerte...

En contraste con las personas que viven con la ilusión de un rescate mágico, algunos perdedores viven bajo la constante amenaza de una catástrofe: *¿qué pasará si:*

pierdo el empleo..?
me vuelvo loco..?
se me cae algo encima..?
me rompo la pierna..?
no les caigo bien en la oficina..?
meto la pata..?

Cuando una persona hace girar su vida alrededor del futuro, experimenta ansiedad en el presente; le domina la ansiedad por aquellas cosas que prevé, ya sean reales o imaginarias: exámenes, cuentas por pagar, aventuras amorosas, crisis, enfermedades, jubilación, las condiciones climáticas, etc. La persona que está excesivamente ocupada con el futuro deja pasar de largo las oportunidades reales del presente; como se ocupa demasiado con cosas irrelevantes, su ansiedad le desvía de la realidad y, en consecuencia, es incapaz de ver, oír, sentir, gustar, tocar o pensar por sí misma.

Como el perdedor es incapaz de utilizar la potencialidad total de sus sentidos y aplicarla a las situaciones inmediatas, sus percepciones son incorrectas o incompletas. Se ve a sí mismo y ve a los demás como a través de uno de esos prismas que deforman las imágenes; su habilidad para tratar eficazmente con el mundo real se ve entorpecida.

El perdedor gasta una buena parte de su tiempo en representaciones dramáticas; imagina, manipula, y perpetúa antiguos roles de la niñez; gasta su energía en mantener su máscara, con la cual presenta a menudo una apariencia engañosa. Karen Horney escribe: "La promoción de una personalidad falsa es siempre posible a expensas de la personalidad real; esta última es tratada con desdén o, a lo más, como a una parienta pobre".[2] Para el perdedor comediante, su representación es a menudo más importante que la realidad.

El perdedor reprime su capacidad de expresar espontánea y adecuadamente todo el rango de su posible comportamiento; puede no darse cuenta de que existen otros caminos para encauzar de nuevo su vida si el camino que ha escogido no le lleva a ninguna parte. Tiene miedo de probar algo nuevo; se mantiene dentro de su propio *statu quo* y es un repetidor que no sólo repite sus propios errores, sino que repite a menudo los de su familia y los de su cultura.

El perdedor tiene dificultad en dar y recibir afecto; no establece relaciones íntimas, honradas y directas con otras personas; muy por el contrario, trata de manipularlas para que vivan de acuerdo con sus propias expectativas y canaliza sus esfuerzos para corresponder a las de los demás.

Cuando un individuo es un perdedor, no usa su inteligencia adecuadamente; hace mal uso de ella cuando racionaliza o cuando intelectualiza; en el primer caso, ofrece disculpas para hacer que sus actos sean admisibles; en el segundo, intenta engañar a los demás con su verbosidad. En consecuencia, muchas de sus posibilidades permanecen latentes, irrealizadas e ignoradas. Es como el príncipe-rana del cuento de hadas; está hechizado y vive la vida de algo que no le corresponde ser.

INSTRUMENTOS PARA EL CAMBIO

Cuando una persona quiere descubrir el porqué de su "mala racha" y cambiarla, cuando quiere parecerse más al triunfador que ha nacido para ser, puede recurrir a experimentos de tipo *gestalt* y al análisis transaccional para realizar el cambio. La terapia *gestalt* y el análisis transaccional son dos nuevos y provocantes enfoques psicológicos de los problemas humanos. El doctor Frederick Perls dio nueva vida a los experimentos de tipo *gestalt*; el análisis transaccional fue desarrollado por el Dr. Eric Berne.

Perls nació en Alemania en 1893 y dejó su país cuando Hitler asumió el poder. Berne nació en Montreal (Canadá) en 1910. Ambos fueron formados como psicoanalistas freudianos y ambos se apartaron del psicoanálisis ortodoxo, alcanzaron su máxima popularidad y aceptación en los Estados Unidos. Nosotras hemos estudiado tanto con Berne como con Perls y nos gustan sus métodos porque surten efecto.

En este libro aspiramos a demostrar cómo la teoría del análisis transaccional, *complementada* con experimentos que hemos diseñado personalmente y con otros derivados de la terapia *gestalt*, puede ser utilizada para desarrollar y prolongar una "buena racha". Creemos que cada individuo –al menos en alguna fase de su condición humana– tiene todo el potencial para ser un triunfador: para ser una persona auténtica, viva y consciente.

FREDERICK PERLS Y LA TERAPIA *GESTALT*

La terapia *gestalt* no es nueva. Sin embargo, su reciente popularidad se ha incrementado muy rápidamente desde que recibió el ímpetu y la dirección nuevos que les ha aportado el Dr. Frederick Perls. *Gestalt* es una palabra alemana para la cual no hay equivalente exacto en nuestra lengua; aproximadamente, quiere decir "formacion de un todo organizado y significativo".

Perls observa que muchas personalidades carecen de totalidad, que están como fragmentadas, y sostiene que, con frecuencia, las personas son conscientes sólo de algunas de sus partes y no de la totalidad de su ser. Por ejemplo, una mujer puede no saber o no querer reconocer que algunas veces actúa como su madre; un hombre puede no saber o no querer admitir que algunas veces desea llorar como si fuese un niño.

El propósito de la terapia *gestalt* es ayudar a un individuo a convertirse en un todo; ayudarlo a darse cuenta de sus partes fragmentadas, admitirlas, reclamarlas e integrarlas. La integración le ayuda a realizar la transición desde la dependencia hasta la autosuficiencia; del apoyo autoritario externo al apoyo interior auténtico.[3] Tener apoyo interior significa concretamente que el individuo puede afirmar su personalidad por sí mismo, sin tener que recurrir a apoyos externos como, por ejemplo, su cónyuge, sus títulos académicos, el nombre de su cargo, su terapeuta, o su cuenta del banco, etc. Por el contrario, descubre que las aptitudes que necesita han estado siempre en él mismo y que puede confiar en ellas. Según las propias palabras de Perls, neurótico es el hombre que rechaza este comportamiento:

Neurótico es todo hombre
que usa su potencial para
manipular a los demás
en vez de crecer él mismo.
Usurpa el control, se enloquece por el poder
y moviliza a amigos y parientes
en lugares donde él es impotente
para usar sus propios recursos.
Lo hace así porque no puede resistir
las tensiones y frustraciones
que acompañan al crecimiento.
Arriesgarse es arriesgado,
demasiado arriesgado para pensarlo.[4]

Algunos de los métodos comunes en terapia *gestalt* son: la representación de roles, la exageración de los síntomas o de la conducta, el uso de la fantasía, el principio de estar en el momento inmediato (el cual es la experiencia de "ser en el presente"), el uso del pronombre "yo", en vez de otras formas indirectas de expresarse, como una manera de asumir responsabilidad por el comportamiento, aprender cómo hablar *con* alguien en vez de *a* alguien, hacerse consciente de los sentidos corporales y aprender a "permanecer con las emociones" hasta que éstas estén comprendidas e integradas.[5]

El método más difícil de entender para muchas personas es la forma especializada de Perls de desempeñar un rol (o papel). Representar un rol no es algo nuevo en la práctica psicológica; ya en 1908, el Dr. J. L. Moreno empleaba esta método, del cual se han originado muchas formas de encuentros y tratamientos de grupo. Hacia 1919, inventó la palabra "psicodrama" para describir la manera en que conducía a la gente a que adoptasen identidades ajenas y representasen sus propios problemas desde diversos puntos de vista.[6]

En contraste con las técnicas de Moreno, Perls raramente usa otras personas para que representen roles con sus pacientes; mantiene que los otros "aportarían sus propias fantasías, sus propias interpretaciones".[7] Por consiguiente, Perls exige que el propio paciente imagine y represente todos los roles; le interesa el *cómo* actua el paciente *ahora* y no el *porqué* de su comportamiento.

Aunque se pueden utilizar muchas variantes para este tipo de representación de roles, la técnica de la silla es exclusiva de Perls. Sus accesorios son: 1) el "asiento incómodo", o sea: una silla para el paciente que escoge "trabajar"; 2) una silla vacía situada enfrente del paciente, sobre la cual éste proyecta sus muchas personalidades; 3) una caja de pañuelos de papel, en caso de necesidad.

El método del "asiento incómodo" fue utilizado con una maestra que se describió a sí misma como amable y servicial, y que no comprendía por qué no tenía amistades íntimas; aunque negó tener sentimientos de enfado, sus expresiones más comunes eran: "Te vas a arrepentir de eso" o "A mí me da lástima de alguien como tú". Los demás consideraban esto como amenazador y hostil.

Cuando representó sus partes fragmentadas, desempeñó su "yo amable" en el asiento incómodo e imaginó a su "yo colérico" sentado en la silla opuesta; se mudaba de silla cuando cambiaba de rol y, lentamente, inició un diálogo:

Asiento incómodo: No sé por qué estoy aquí; siempre soy amable y servicial.

Silla opuesta: Lo sabes demasiado bien; no tienes amigos.

Asiento incómodo: No puedo entenderlo; siempre ayudo a los demás.

Silla opuesta: Ese es el problema: como eres siempre "Ana la servicial", todo el mundo te debe favores.

Al poco tiempo, su voz se puso chillona. Mientras estuvo en el asiento incómodo, reaccionó violentamente contra el comentario sobre "Ana la servicial". Asombrada ante su propia agresividad, comentó incrédula: "Nunca me imaginé que pudiera encolerizarme de ese modo". Aunque otras personas habían visto a menudo este aspecto de su personalidad, ésta fue la primera vez que ella reconoció sus rasgos opuestos de cólera y amabilidad: sus polaridades.

Como en el caso que acabamos de referir, con frecuencia, las personas son conscientes de sólo *uno* de sus polos, aunque algunas veces pueden ser conscientes de sus polaridades y reconocerlas en términos más o menos parecidos a los siguientes: "o estoy como unas pascuas o me hundo bajo el peso de la depresión" o "me encolerizo y soy agresivo o tengo miedo y vacilo".

Una persona cuya personalidad está fragmentada por la polarización actúa de una manera "o... o"; es arrogante o despreciable, indefensa o tiránica, malvada o bondadosa. Cuando sus propias fuerzas opuestas le plantean un dilema, sobreviene una dura lucha interior. Utilizando la técnica de Perls de representación de roles, esas fuerzas pueden pelearse, perdonarse, avenirse o, al menos, llegar a conocerse.

Mediante la técnica de Perls, la persona puede iniciar el conocimiento de sus partes fragmentadas e irlas descubriendo poco a poco a través del diálogo interior y la representación de roles, cambiando de silla cada vez que cambia de rol. Puede ser el rol de un individuo: él mismo cuando era niño o en la actualidad, o su padre, su madre, su esposa o su jefe; puede ser el de un síntoma físico: una úlcera, un dolor de cabeza o de espalda, unas manos sudorosas, taquicardia; o incluso puede ser el de un objeto que encontró en un sueño: un mueble, un animal, una ventana.

También se puede emplear la representación de roles con el asiento incómodo para aclarar las relaciones interpersonales. En este caso, la persona se imagina que en la silla opuesta hay alguien; se dirige a él y le dice lo que realmente piensa. Luego se convierte en la otra persona y responde. Con frecuencia, este proceso hace aflorar resentimientos y afectos recónditos que luego pueden ser comprendidos y resueltos.

Las diversas partes de un sueño también pueden ser representadas para que la persona adquiera conocimiento de sí misma. Según Perls, el sueño es "el Camino Real hacia la integración".[8]

> ...todas las partes diferentes de un sueño son fragmentos de nuestra personalidad. Como nuestro propósito es hacer de cada uno de nosotros una persona saludable, es decir, una persona unificada, lo que tenemos que hacer sin conflictos es coordinar los diferentes fragmentos del sueño. Tenemos que recobrar esas partes proyectadas y fragmentadas de nuestra personalidad y recobrar el potencial oculto que aparece en el sueño.[9]

O, en otras palabras, todo el sueño es el soñador. Al representarse los roles de los individuos o de los objetos en el sueño, o incluso un fragmento del sueño, el mensaje existencial que éste contiene puede ser revelado, no por medio de su análisis, sino reviviéndolo.

Por ejemplo, un hombre tenía repetidamente un sueño en el que aparecía un escritorio. Se le pidió que se imaginase a sí mismo como ese mueble. "¡Qué tontería! Yo no soy una mesa", refunfuñó. Con un poco de estímulo consiguió vencer su miedo al público e inició su representación: "Soy un escritorio, atiborrado por completo de cosas que la gente apila sobre mí; escriben sobre mí, me hurgan con plumas, solamente me usan. No puedo moverme..." Después dijo: "¡Exactamente, así soy! ¡Una mesa! Soy como una mesa; dejo que todos me usen y yo me aguanto."

Con la terapia *gestalt*, la gente adquiere intuición tanto emocional como intelectual, pero los métodos se centran en la primera. El conocimiento emocional es ese momento del autodescubrimiento en el que el individuo exclama: "¡Ajá!" Perls describe la experiencia del "ajá" como "...lo que ocurre cada vez que algo suena y cae en su sitio; cada vez que una *gestalt* se completa, allí está el clac del ¡ajá!, el sobresalto del reconocimiento".[10] La intuición intelectual llega con el acopio de datos.

ERIC BERNE Y EL ANALISIS TRANSACCIONAL

En el análisis transaccional, la gente adquiere intuición tanto emocional como intelectual, pero el método se centra en la segunda. Es un proceso racional, a menudo analítico, en el cual la persona llega con frecuencia a la conclusión: "De modo que es *así*".

Según el Dr. Berne, sus teorías evolucionaron al observar los cambios de comportamientos ocasionados en sus pacientes cuando un nuevo estímulo, tal como una palabra, un gesto o un sonido, se convertía en el centro de su atención. Estos cambios envolvieron expresiones faciales, entonaciones, construcciones gramaticales, movimientos corporales, gestos, tics, la postura y aun la manera de andar. Era como si dentro de un individuo conviviesen varias personas y, a veces, una u otra de ellas parecía controlar la personalidad total del paciente.

El Dr. Berne observó que los diversos "yo" realizaban transacciones con otras personas de diferentes maneras y que aquéllas podían ser analizadas. Observó que algunas de las transacciones tenían motivos ulteriores; el individuo las utilizaba como un medio de manipular a los demás hacia sus juegos y trampas psicológicas.* También observó que las personas se comportaban en formas predeterminadas; actuaban como si estuviesen en un escenario, leyendo el guión de una obra teatral. Esas observaciones llevaron a Berne a desarrollar la teoría que hoy conocemos como Análisis Transaccional, AT en forma abreviada.

En sus orígines, el AT fue desarrollado como método psicoterapéutico y, al igual que la terapia *gestalt*, se utiliza preferentemente con grupos porque, en esta situación, los individuos pueden hacerse más conscientes de ellos mismos, de la estructura de su personalidad, de la manera en que efectúan transacciones

*El análisis de juegos se popularizó extensamente con el éxito del libro *Games People Play*, del Dr. Berne.[11]

con los demás, de los juegos que practican y de los guiones que representan. Este conocimiento les permite verse más claramente y, por consiguiente, pueden cambiar lo que deseen cambiar y fortalecer lo que deseen fortalecer.

El cambio comienza con un contrato bilateral entre el terapeuta y su cliente, que puede versar sobre el alivio de síntomas como el ruborizarse, la frigidez o dolores de cabeza; puede tratar de la manera de adquirir control sobre comportamientos como el beber con exceso, maltratar a niños, fracasar en los estudios; o puede centrarse alrededor de experiencias de la infancia, en las que el niño fue despreciado, abandonado, mimado en exceso, desatendido o tratado brutalmente, todas las cuales pueden constituir una base que explique síntomas específicos de la conducta actual del paciente.[12] El enfoque contractual protege la autodeterminación del cliente y le permite, además, saber cuándo ha conseguido lo que estaba buscando.

El AT no solamente es un instrumento provechoso para las personas entrenadas en el campo de la psicoterapia, sino que proporciona al público en general una estimulante perspectiva del comportamiento humano que la mayoría puede comprender y utilizar. El AT estimula el empleo de palabras sencillas, directas y, a menudo, coloquiales, en vez de términos psicológicos, científicos o jerga; por ejemplo, las partes más importantes de la personalidad se designan *Padre, Adulto* y *Niño.*

El At es un enfoque racional encaminado hacia la comprensión del comportamiento, con base en la suposición de que cada individuo puede aprender a confiar en sí mismo, a pensar por sí mismo, a tomar sus propias decisiones y a expresar sus sentimientos. Los principios del AT pueden ser aplicados en el trabajo, en el hogar, en el aula, en el barrio: dondequiera que la gente trate con gente.

Berne dice que un objetivo importante del AT es "establecer la comunicación más franca y auténtica posible entre los componentes afectivos e intelectuales de la personalidad".[13] Cuando esto ocurre, la persona puede emplear tanto sus emociones como su intelecto de una manera equilibrada y no unas a costa del otro. Las técnicas *gestalt*, especialmente al nivel sensorial, pueden acelerar el proceso.

Cada capítulo de este libro contiene ejercicios y experimentos diseñados para ayudar al lector en la aplicación de la teoría. Le sugerimos que, al llegar al final de cada capítulo, lea los ejercicios y experimentos y haga inmediatamente los que le parezcan posibles e interesantes. Complete más tarde los que le sean más pertinentes.

RESUMEN

Una persona que no tiene conocimiento de cómo actúa o siente está empobrecida. Como carece de confianza básica, oscila entre sus fuerzas interiores en conflicto. Es menos que un todo porque ha enajenado partes de sí misma; puede haber enajenado su intelecto, sus emociones, su creatividad, sus sentidos corporales o alguna parte de su comportamiento. Cuando una persona se hace consciente de sí misma y se encamina hacia la realización total, se enriquece.

Cualquier persona que decida convertirse más en triunfador que en perdedor acepta semejantes intuiciones. A través de ellas descubre que puede confiar cada vez más en su propia capacidad de sentir y de juzgar. Continúa descubriéndose y renovándose a sí mismo. Para él, la vida no consiste en conseguir más, sino en ser más. ¡El triunfador se alegra de vivir!

EXPERIMENTOS Y EJERCICIOS

1. Lista de rasgos

Revise rápidamente el contenido de la siguiente lista. Escriba una (√) frente a las apropiadas a su propia imagen. Use una (X) para indicar las no apropiadas. Use una (?) para indicar aquéllas sobre las que está poco seguro.

___ Me gusto.
___ Siento temor de otros o me siento ofendido por ellos
___ La gente puede confiar en mí.
___ Hago tripas de corazón.
___ Generalmente, digo lo apropiado.
___ Me siento mal respecto de mi mismo.
___ Le temo al futuro.
___ Dependo de las ideas de otros.
___ Pierdo el tiempo.
___ Uso mis aptitudes.
___ Pienso por mí mismo.
___ Conozco mis sentimientos.
___ No me entiendo.
___ No me gusta ser del sexo que soy.
___ Me siento desanimado por la vida.
___ No me gusta estar con la gente.
___ No he desarrollado mis aptitudes.
___ Me gusta ser del sexo que soy.
___ Me equivoco con frecuencia.
___ Me intereso por resolver los problemas de la comunidad.
___ A la gente le gusta estar conmigo.
___ Soy competente en mi profesión.
___ Le gente me rehuye.
___ No tengo interés por los problemas de la comunidad.
___ Me gusta el trabajo.

___ Me siento acosado.
___ Uso bien el tiempo.
___ No consigo durar en un empleo.
___ Confío en mí mismo.
___ Generalmente, digo lo que no debo.
___ Me gusta la gente.
___ Disfruto de la naturaleza.
___ No me gusta el trabajo.
___ Tengo control sobre mí mismo.
___ Disfruto de la vida.
___ Tengo problemas para controlarme.
___ No me gusto.

Ahora examine las características que ha marcado.

- ¿Hay una pauta?
- ¿Son las características del triunfador? ¿Del perdedor? ¿Una mezcla?
- ¿Qué características suyas le gustaría cambiar?

A medida que avance en la lectura del libro, regrese a esta lista. Examine las características que ha marcado y cambie lo que decida cambiar.

2. Continuo de Triunfador/Perdedor

Basándose en sus sentimientos acerca de sí mismo, lo que ha conseguido en su vida y cómo son sus relaciones con los demás, evalúese a lo largo del siguiente continuo. Piense que en un extremo del continuo se halla el perdedor trágico y en el otro extremo el triunfador completamente exitoso.

- ¿Cómo se siente acerca de sí mismo?

Perdedor ____ Triunfador

- ¿Cómo se siente acerca de lo que ha conseguido en su vida?

Perdedor ____ Triunfador

- ¿Cómo se siente acerca de sus relaciones con los demás?

Perdedor ____ Triunfador

- ¿Está satisfecho con el lugar en que se ha colocado?
- Si no lo está, ¿qué le gustaría cambiar?

3. Representación de un diálogo interior

La próxima vez que no pueda conciliar el sueño o no pueda concentrarse o no pueda escuchar a alguien porque tiene un diálogo interior continuo, entérese de lo esencial de la conversación.

- Escuche. ¿Quién habla en su interior? ¿Habla con alguna persona en particular?
- Ahora ponga esa conversación al descubierto. Coloque, una frente a otra, dos sillas. Usando el método de los roles de Perls, repita la conversación en voz alta y mude de silla cuando cambie de rol.
- Procure llevar el diálogo a alguna conclusión.

2

UNA VISION GENERAL DEL ANALISIS TRANSACCIONAL

El loco dice: "Yo soy Abraham Lincoln",
el neurótico: "Me gustaría ser Abraham Lincoln"
y la persona sana: "Yo soy yo y tú eres tú".

FREDERICK PERLS[1]

Hay un momento en la vida de muchas personas en el cual se ven obligadas a definirse a sí mismas. En ese momento, el análisis transaccional ofrece un marco de referencia que la mayoría puede entender y utilizar en sus propias vidas. Este capítulo proporciona una breve visión general de la teoría del AT y sus aplicaciones. Los capítulos subsiguientes consideran cada fase con mayor detenimiento.

El AT se refiere a cuatro clases de análisis:

Análisis estructural:	el análisis de la personalidad individual.
Análisis transaccional:	el análisis de lo que la gente hace y dice entre sí.
Análisis de juegos:	el análisis de las transacciones ulteriores que conducen a una recompensa.
Análisis de guiones:	el análisis de dramas específicos de la vida que las personas representan compulsivamente.

INTRODUCCION AL ANALISIS ESTRUCTURAL

El análisis estructural ofrece una manera de responder a estas preguntas: ¿Quién soy yo? ¿Por qué actúo en la forma en que lo hago? ¿Cómo llegué a ello? Este es un método para analizar los pensamientos, los sentimientos y el comportamiento del individuo, basado en el fenómeno de los estados del yo.[2]

Imaginemos a una madre que riñe a sus hijos ruidosos y pendencieros. Tiene el ceño fruncido, la voz estridente y el brazo rígido y levantado en actitud amenazante. De pronto, suena el teléfono, lo coge y escucha una voz amiga. La actitud de la madre, el tono de su voz y su expresión empiezan a cambiar; su voz se suaviza y el brazo descansa tranquilamente sobre su regazo.

Imaginemos a dos obreros que discuten acaloradamente sobre un problema laboral; expresan sus argumentos de una manera fuerte, casi violenta; parecen dos niños que se pelean por un caramelo. De pronto, oyen un estruendo metálico seguido de un grito angustioso. Su actitud cambia por completo; se olvidan de su disputa y su expresión de enfado da paso a la preocupación. Uno corre a ver qué ha ocurrido y el otro llama una ambulancia. Según la teoría del análisis estructural, en los dos casos anteriores, tanto la madre como los obreros cambiaron de estados del yo.

Berne define así un estado del yo: "Pauta consistente de sentimiento y de experiencia directamente relacionada con una correspondiente pauta consistente de comportamiento".[3] Los descubrimientos del Dr. Wilder Penfield, un neurocirujano, apoyan esta definición. El Dr. Penfield estableció que un electrodo aplicado a diferentes zonas del cerebro de una persona hacía que ésta evocase recuerdos y sentimientos olvidados durante mucho tiempo.[4] Berne ha dicho:

> ...en este aspecto, el cerebro funciona como una grabadora para conservar experiencias completas en sucesión, en una forma reconocida como "estados del yo", lo que indica que los estados del yo comprenden la forma natural de experimentar y de grabar en su totalidad las experiencias. Simultáneamente, claro está, las experiencias son grabadas en formas fragmentadas...[5]

De lo anterior se puede inferir que una persona graba en su cerebro y en su tejido nervioso lo que le haya ocurrido, incluyendo todas las experiencias de la infancia, lo que incorporó de las figuras de sus padres, sus percepciones de los acontecimientos y los sentimientos asociados con éstos y las distorsiones que acompañan sus recuerdos. Estas grabaciones son registradas como si se tratara de una cinta fonóptica y, como ella, pueden ser vistas y escuchadas de nuevo; incluso se puede reexperimentar el hecho que se recuerda.

Cada persona tiene tres estados del yo que son fuentes separadas y diferentes de conducta: el estado Padre del yo, el estado Adulto del yo y el estado Niño del yo. Estos no son conceptos abstractos, sino realidades. "Padre, Adulto y Niño representan a personas que existen ahora o que existieron alguna vez, que tienen nombres legales e identidades cívicas."[6]

El la figura 1.1 aparece el diagrama que representa la estructura de la personalidad.

En un lenguaje familiar, estos estados del yo se denominan Padre, Adulto y Niño. Siempre que dichas palabras aparezcan con mayúscula inicial en este libro, nos referimos a estados del yo, no a padres, adultos o niños reales.

Los tres estados del yo se definen de la siguiente manera:

El *estado Padre del yo* contiene las actitudes y el comportamiento incorporados de procedencias externas, especialmente de los padres. Exteriormente, se expresa a menudo contra los demás con un comportamiento

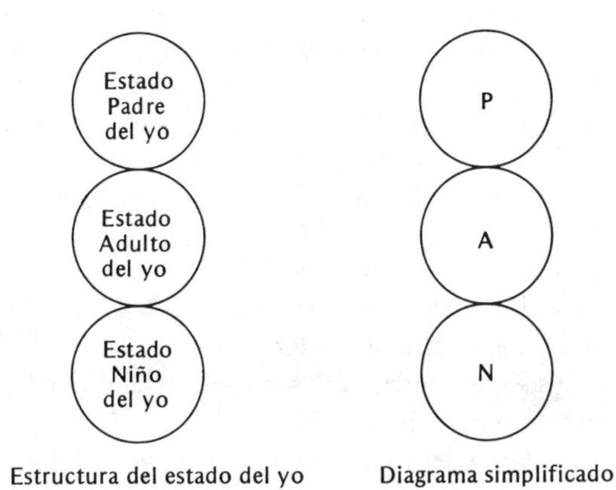

Figura 1.1

perjudicial, crítico y preceptista. Interiormente, es experimentado como los antiguos mensajes Paternales que continúan influyendo en el Niño interior.

El *estado Adulto del yo* no guarda relación con la edad de la persona. Está orientado hacia la realidad presente y la recolección objetiva de información. Es organizado, adaptable e inteligente y funciona poniendo a prueba la realidad, estimando probabilidades y calculando desapasionadamente.

El *estado Niño del yo* contiene todos los impulsos naturales de un infante; contiene también todas las grabaciones de sus primeras experiencias, de cómo respondió a ellas y de las "posturas" que asumió consigo mismo y con los demás. Se expresa como "antiguo" (arcaico) comportamiento de la niñez.

Cuando una persona actúa, siente o piensa como observó que lo hacían sus padres, está en el estado Padre del yo; si analiza la realidad presente, recolectando datos y calculando objetivamente, está en el estado Adulto del yo y, finalmente, cuando siente y actúa como lo hizo cuando niño, está en el estado Niño del yo.

Caso ilustrativo

Un padre de familia deseaba educar a su hijo en un colegio determinado y se le aconsejó que lo investigase cuidadosamente. Cuando refirió el resultado de sus investigaciones sobre el colegio, en el cual existía un sistema informal de enseñanza y se estimulaba la creatividad, fue fácil observar en él tres reacciones diferentes. En primer lugar frunció el ceño y dijo: "No creo que un niño pueda aprender nada en ese colegio. Y está tan sucio.. !" Después se retrepó en su silla; mientras reflexionaba, su entrecejo se suavizó: "Creo que, antes de decidir, debo averiguar la evaluación escolar del colegio y hablar con los padres de algunos alumnos." Un momento después, su rostro reflejaba una sonrisa amplia mientras decía: "¡Cómo me hubiera gustado ir a un colegio como ése!"

Cuando se le interrogó en relación con sus respuestas, el cliente rápidamente dijo que la primera hubiera sido la reacción de su padre; la segunda era la suya como Adulto que buscaba una mayor información y la tercera era la de su Niño que recordó sus propias experiencias escolares poco felices y se imaginaba lo contento que hubiera podido estar en un colegio como el que había visitado.

Antes de adoptar una decisión, continuó adelantando su investigación de Adulto y decidió finalmente enviar a su hijo a ese colegio; el niño está contento y ha progresado notablemente en sus estudios.

Según el análisis estructural, cada persona puede responder a un estímulo específico en formas bastante distintas desde cada uno de sus estados del yo; algunas veces, esos estados del yo actúan en concordancia, otras en pugna. Miremos los siguientes ejemplos:

Ante el estímulo de una obra de arte moderna

Padre: Y eso, ¿qué diablos es?

Adulto: Según la etiqueta, su precio es de 10.000 pesos.

Niño: ¡Oh, qué color tan bonito!

Ante la petición de un informe en la oficina

Padre: El señor Gómez no tiene madera para ser supervisor.

Adulto: Sé que el señor Gómez lo necesita para las cinco en punto.

Niño: No importa lo que yo haga, el señor Gómez nunca queda contento.

Ante un acto de violencia en la calle

Padre: Esa chica se lo merece por andar tan tarde por la calle.

Adulto: Hay que llamar a la policía.

Nino: ¡Uaao, qué emocionante!

Al serle ofrecido un trozo de tarta de chocolate, estando a régimen

Padre: Cómetelo, querida, te dará energía.

Adulto: Son cuatrocientas calorías, por lo menos. No me lo como.

Niño: Está rica. Podría comérmela entera.

Ante el estrépito de música rock

Padre: ¿Cómo se atreven a decir que eso es música?

Adulto: No puedo pensar ni hablar con esa música tan alta. Baja el volumen un poco.

Niño: Con esa música me dan ganas de bailar.

Ante la llegada con retraso de una joven secretaria

Padre: Pobre chica, tiene aspecto de haber pasado la noche en blanco.

Adulto: Si no recupera el tiempo perdido, me va a crear problemas con las otras secretarias.

Niño: ¡Ojalá pudiera tomar un rato libre para divertirme!

Al escuchar a un conferenciante que usa palabras "feas"

Padre: Usando palabrotas, tan solo demuestra que su vocabulario es muy pobre.

Adulto: Me pregunto por qué elige emplear esas palabrotas y cuál será su efecto sobre el público.

Niño: ¡Ojalá yo me atreviera a hablar así!

Ante el olor a col

Padre: La verdad es que las coles mantienen saludable a la familia.

Adulto: La col contiene mucha vitamina C.

Niño: A mí nadie me hace comer eso.

A un nuevo conocido que echa un brazo sobre tus hombros

Padre: No dejes nunca que te toque un extraño.

Adulto: ¿Por qué hará eso?

Niño: Este hombre me da miedo.

Las personas pueden sentir, oler, tocar, hablar, escuchar, mirar y actuar desde cualquier estado del yo. Cada estado del yo tiene su propia programación. Algunas personas responden más desde un estado del yo que desde los otros dos. Si una persona, por ejemplo, tiende a responder más a menudo desde el Padre, su opinión sobre el mundo se parecerá a la que tenían sus padres y, en este caso, su capacidad de sentir el mundo por sí mismo está disminuída o deformada.

DESARROLLO DE LOS ESTADOS DEL YO

En un recién nacido, el conocimiento se centra alrededor de la satisfacción de sus propias necesidades y bienestar; procura evitar las experiencias dolorosas y responde a nivel del sentimiento con todo lo que posee y es. Casi inmediatamente, aparece su estado Niño del yo. (Las influencias prenatales sobre el estado Niño del yo no han sido determinadas todavía.)

TODO EL MUNDO TIENE TRES ESTADOS DEL YO

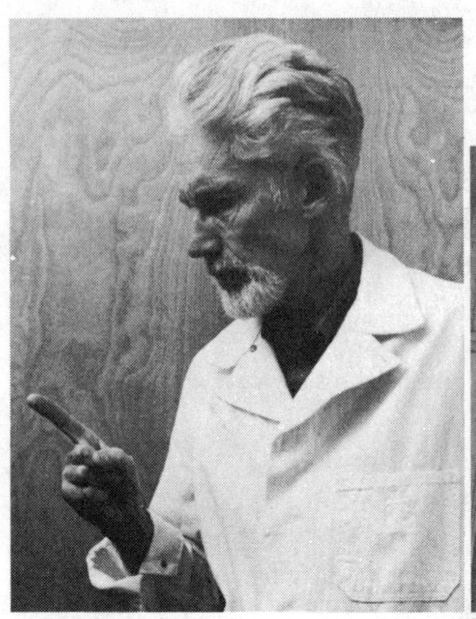

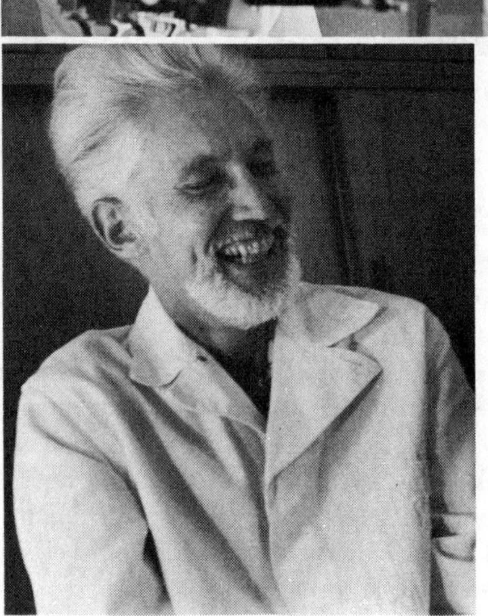

La conducta crítica procede a menudo del estado Padre del yo.

La solución de problemas, del estado Adulto del yo.

La alegría y las risas, del estado Niño del yo.

LAMINA I

INCLUSO LOS NIÑOS TIENEN TRES ESTADOS DEL YO

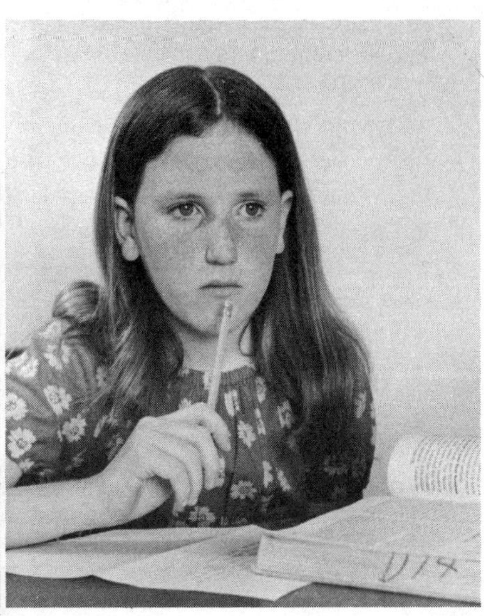

La conducta nutricia procede a menudo del estado Padre del yo.

El raciocinio, del estado Adulto del yo.

El comportamiento rebelde, del estado Niño del yo.

LAMINA II

A continuación, se desarrolla el estado Padre del yo; a menudo, puede observarse cuando el niño juega a la familia, imitando a sus padres. Unas veces, los padres se disgustan al verse "representados" por sus hijos. Otras veces, se sienten complacidos.

El estado Adulto del yo se desarrolla cuando el niño intenta dar sentido a su propio mundo y concluye que puede manipular a otros. Por ejemplo, puede preguntar: "¿Por qué tengo que comer si no tengo hambre?" Entonces se da cuenta de que puede manipular a los demás fingiendo que le duele el estómago cuando no quiere comer.

Caso ilustrativo

Cuando Sarita tenía veintidós meses de edad, sus padres le regalaron en Navidad un cochecito para muñecas. Sarita quiso acomodarse en el cochecito diciendo: "Yo, bebé", pero, como era muy pequeño, no cupo. Su muñequita, en cambio, sí cupo perfectamente. "Yo, mamá", dijo Sarita y empezó a pasear la muñequita hasta que se cansó. Entonces, enojada, tiró la muñequita al suelo, volcó el cochecito, lo enderezó y trató de meterse en él otra vez, obviamente, sin lograrlo. Frustrada, metió la muñequita otra vez en el cochecito. Repitió esta operación cuatro veces consecutivas. Finalmente, decidió que era demasiado grande, se resignó a hacer el papel de madre y comenzó a cuidar a su muñequita de la misma forma en que su madre le cuidaba a ella.

La conducta maternal de Sarita fue una imitación de su madre desde su estado Padre del yo; aunque en su estado Niño del yo quería ser un bebé, su naciente estado Adulto del yo recogió y procesó un dato objetivo: ella no cabía en el cochecito.

Cualquier situación puede activar un estado específico del yo y, a veces, como en el caso de Sarita, diferentes estados del yo compiten dentro de la persona por el control sobre la misma. Entre dos personas, un "bebé" confrontado con otro "bebé" puede intentar ser un padre o un bebé "mayor"

INTRODUCCION AL ANALISIS DE TRANSACCIONES

Todo lo que ocurre entre personas implica una transacción entre sus estados del yo. Cuando una persona envía un mensaje a otra, espera una respuesta. Todas las transacciones pueden ser clasificadas como: 1) complementarias, 2) cruzadas ó 3) ulteriores.[7]

Transacciones complementarias

Una transacción complementaria tiene lugar cuando un mensaje enviado por un estado específico del yo recibe, desde un estado específico del yo de la otra persona, la respuesta prevista. Berne califica como transacción complementaria aquella que es "apropriada, cabe esperar y sigue el orden natural de las relaciones humanas saludables".[8] Si, por ejemplo, una esposa afligida por la pérdida de una amiga es consolada por su esposo comprensivo, su necesidad momentánea de dependencia ha recibido una respuesta apropiada (véase la fig. 2.1).

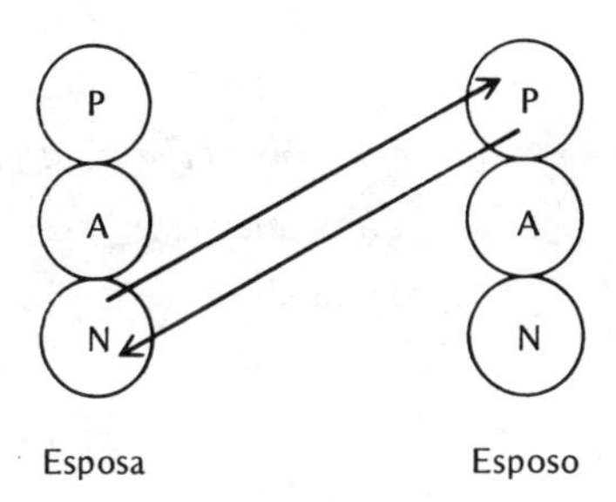

Figura 2.1

Una transacción complementaria puede ocurrir entre dos estados cualesquiera del yo. Por ejemplo, dos personas pueden llevar a cabo una transacción Padre-Padre cuando se lamentan de que sus hijos abandonan el hogar; Adulto-Adulto cuando resuelven un problema; Niño-Niño o Padre-Niño cuando se divierten juntos. Una persona puede efectuar una transacción desde su Padre con cualquiera de los estados del yo de otra persona; puede también hacerlo con su Adulto o con su Niño. Si la respuesta es la esperada, la transacción es complementaria; las líneas de comunicación están abiertas y las transacciones mutuas pueden continuar.

Los gestos, las expresiones faciales y las posturas del cuerpo, el tono de la voz, etc., todos contribuyen al significado de cada transacción. Para que un mensaje verbal sea comprendido totalmente, el destinatario debe tomar en consideración tanto los aspectos verbales como los no verbales.

Para entender mejor las ilustraciones que figuran a continuación, debemos suponer que el estímulo es franco y los mensajes verbales y no verbales son congruentes. Cada ilustración es, a lo más, una conjetura bien fundada. Para que sean más exactas, será necesario conocer los estados reales Padre, Adulto y Niño del yo de cada persona.

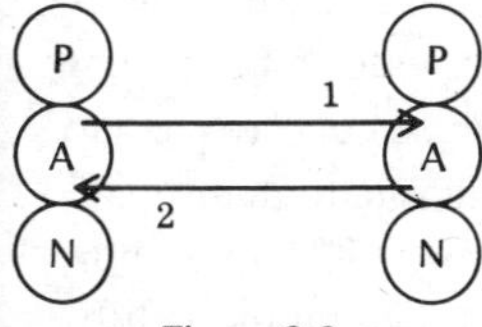

Figura 2.2

Intercambio de datos en una transacción Adulto-Adulto.

1. ¿Cuál es el salario para ese empleo?
2. Empieza en los $10.000,00.

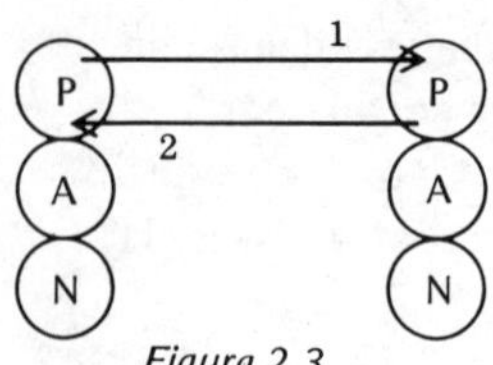

Figura 2.3

Transacción Padre compasivo-Padre:

1. Esos niños echan de menos a su padre.
2. Sí, vamos a llevarlos al parque para que se diviertan un poco.

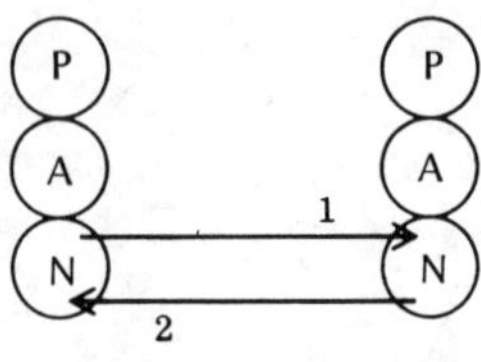

Figura 2.4

Transacción Niño juguetón-Niño:

1. ¡Cómo me gustas!
2. ¡Tú también me gustas!

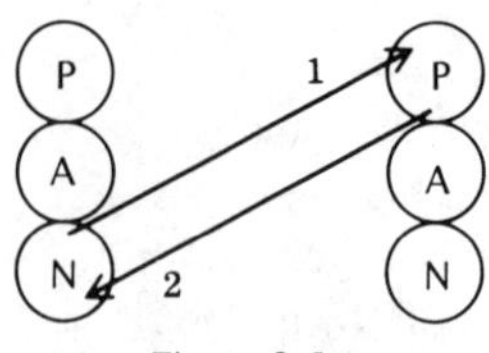

Figura 2.5

Transacción Niño-Padre nutricio:

1. Estoy tan preocupado por mi hijo que no puedo concentrarme en el trabajo.
2. Puedes salir temprano e ir al hospital a visitarlo.

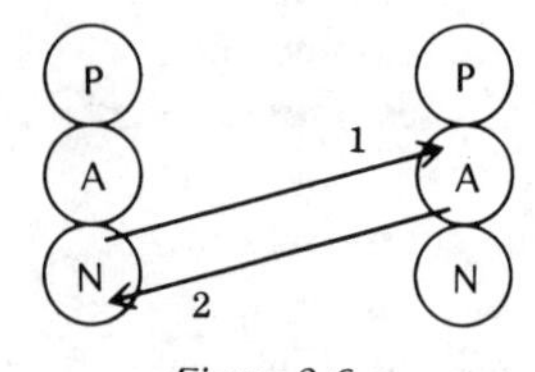

Figura 2.6

Transacción Niño colérico-Adulto oyente:

1. Tengo tanta ira que de buena gana tiraría la máquina de escribir por la ventana.
2. Algo te ha enfadado tanto que te gustaría tirar todo, ¿verdad?

En cada una de las transacciones anteriores, la comunicación permaneció abierta porque las respuestas correspondieron al estímulo. Esto no ocurre siempre porque, en ocasiones, el estímulo recibe una respuesta inesperada o impropia y las líneas de comunicación se cruzan.

Transacciones cruzadas

Una *transacción cruzada* ocurre cuando las personas se miran en actitud desafiante, se dan la espalda, se sienten reacias a continuar la transacción o quedan perplejas por lo que acaba de ocurrir. Una transacción cruzada ocurre cuando la respuesta al estímulo es inesperada; se activa entonces un estado inapropiado del yo, se cruzan las líneas de transacción entre las personas y éstas optan por retirarse, alejarse o cambiar de conversación. Por ejemplo, si en un momento dado el esposo, dominado por sus propias preocupaciones, responde duramente a su esposa: "¿Y cómo crees que me siento yo?", puede forzar a su esposa a alejarse.

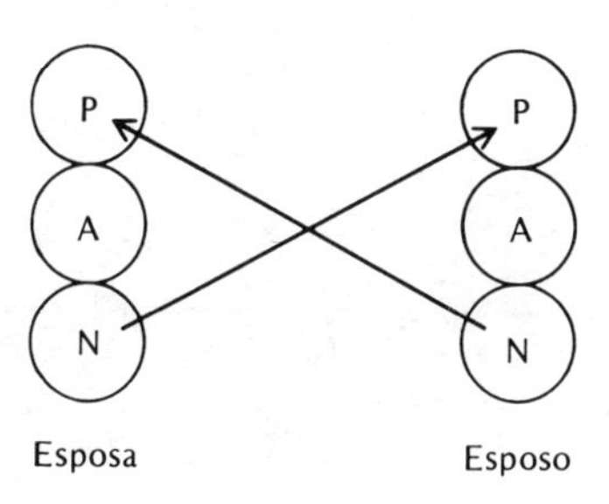

Figura 2.7

Con frecuencia, las transacciones cruzadas originan situaciones dolorosas entre las personas: padres e hijos, esposo y esposa, patrón y obrero, profesor y estudiante, etc. Cuando alguien inicia una transacción con la esperanza de obtener alguna respuesta que, desgraciadamente, no llega, se siente frustrado y, a menudo, descontado.

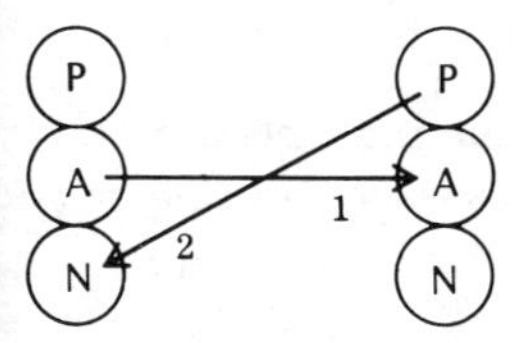

Figura 2.8

1. *Jefe:* ¿Qué hora es?
2. *Secretaria:* ¡Usted siempre tiene tanta prisa!

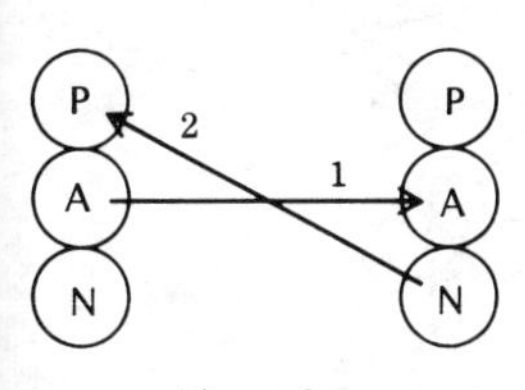

Figura 2.9

1. *Esposo:* ¿Puedes llevar esta tarde el automóvil a que lo arreglen?
2. *Esposa:* Hoy voy a planchar. Juanito espera que le haga un pastel de cumpleaños. Hay que llevar el gato al veterinario. ¡Y tú quieres que lleve el automóvil a arreglar!

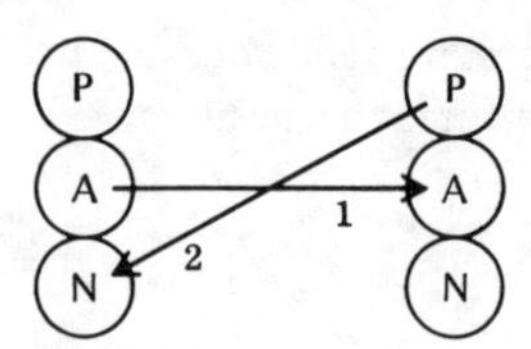

Figura 2.10

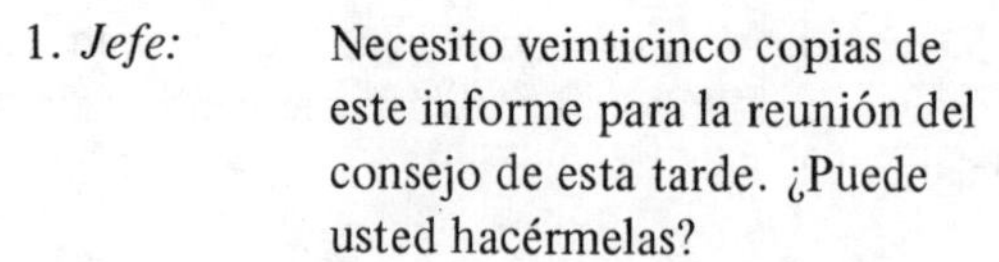

1. *Jefe:* Necesito veinticinco copias de este informe para la reunión del consejo de esta tarde. ¿Puede usted hacérmelas?
2. *Secretaria:* ¿No se siente usted dichoso, teniéndome a mi para cuidar de sus cosas?

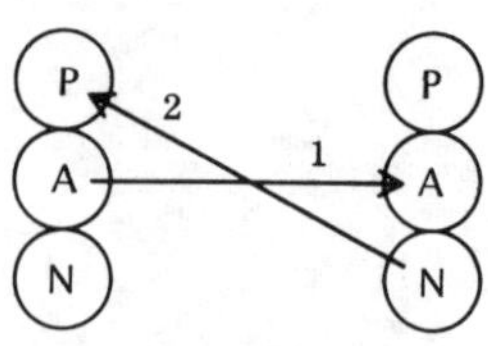

Figura 2.11

1. *Científico A:* Probablemente no hayamos considerado algunas variables en este experimento.
2. *Científico B:* ¿Y qué? A quién le importa eso aquí?

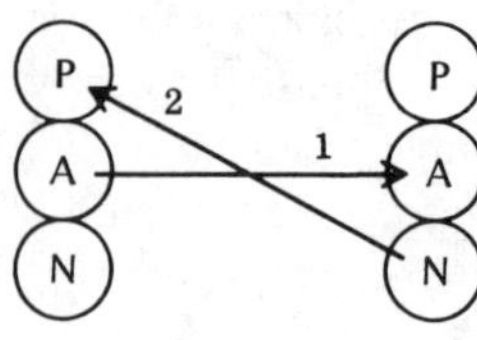

Figura 2.12

1. *Esposa:* Necesito el automóvil el miércoles por la noche para hacerle una visita a mi hermana.
2. *Esposo:* ¡Es una pena que nunca quieres hablar conmigo!

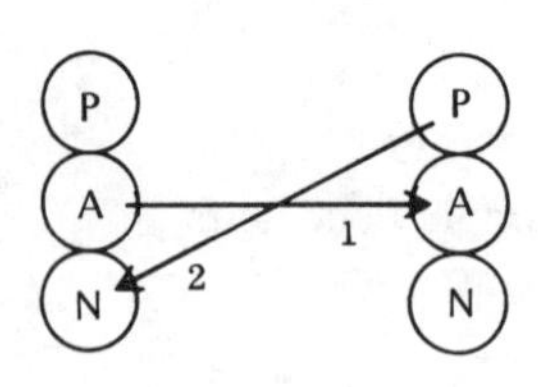

Figura 2.13

1. *Supervisor:* Señorita Pérez, ¿ha visto usted el contrato de los Ruiz?
2. *Archivadora:* Si usted hiciera funcionar este departamento como debe ser, no tendría que preguntarme dónde está ese contrato.

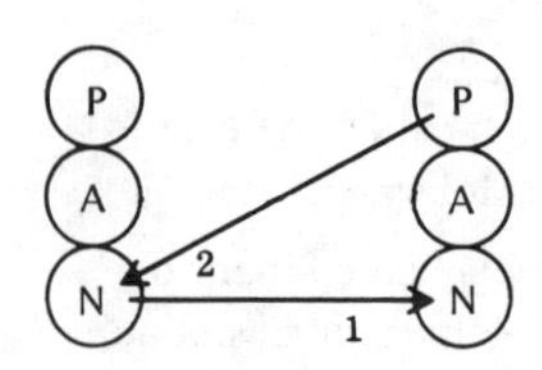

Figura 2.14

1. *Juan:* ¡Vamos a divertirnos!
2. *Marta:* ¿No puedes tener seriedad nunca?

Las transacciones pueden ser directas o indirectas, francas o atenuadas, intensas o débiles. Las *transacciones indirectas* se juegan a *tres manos*. Una persona habla a otra, aunque en realidad espera influir a una tercera que puede alcanzar a oír de lo que se está hablando. Por ejemplo, el empleado temeroso dice algo al compañero para que éste se lo diga "distraídamente" al jefe.

Las *transacciones atenuadas* son en parte hostiles, en parte afectivas. El mensaje está oculto en alguna forma de broma o chanza: un estudiante, por ejemplo, que le dice a otro: "¡Genio! ¿Cuándo vas a acabar ese libro? Yo quiero leerlo", y el otro, tirándole el libro, le contesta: "¡Ahí va, torpe, cógelo si puedes!"

Las *transacciones débiles* son superficiales, rutinarias, sin sentimiento alguno de intensidad. Tal es el caso de una mujer que le dice a su marido: "¿Te parece que cenemos fuera esta noche?", y él responde: "Me da lo mismo, querida. Lo que tú digas."

En las relaciones saludables las personas actúan directamente, con franqueza y, en ocasiones, intensamente.[9] Esas transacciones son complementarias y están libres de motivos ulteriores.

Transacciones ulteriores

Las transacciones ulteriores son las más complejas. Difieren la las complementarias y de las cruzadas en que siempre comprenden más de dos estados del yo. Cuando se envía un mensaje ulterior, éste va disimulado bajo una transacción socialmente aceptable. Tal es el propósito del cliché: "¿Te gustaría venir a escuchar mis discos?" En este caso, mientras el Adulto dice una cosa, el Niño envía un mensaje diferente a través de una insinuación (fig. 2.15).

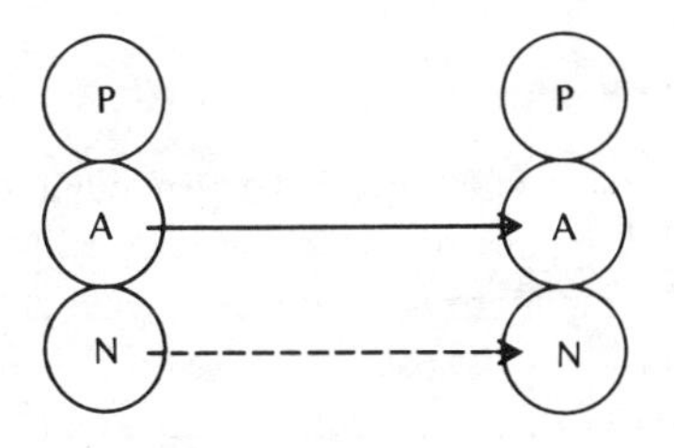

Figura 2.15

Cuando un vendedor de automóviles mira de reojo a su cliente y le dice: "Este es nuestro mejor automóvil deportivo, pero... puede que sea demasiado veloz para usted", está enviando un mensaje que puede ser oído por el Adulto del yo del cliente o por el Niño (ver fig. 2.16). Si el Adulto del cliente oye el mensaje, probablemente conteste: "Tiene usted razón; no es lo que necesito para mi trabajo"; pero, si el mensaje es percibido por el Niño, la respuesta bien puede ser: "Es exactamente lo que necesito. Me quedo con él."

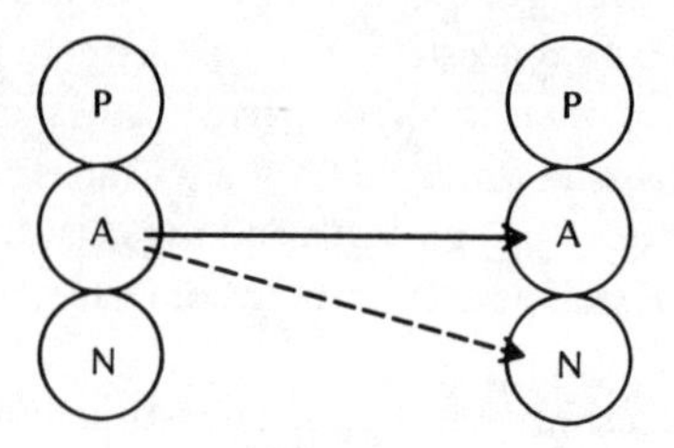

Figura 2.16

Cuando una secretaria presenta a su jefe una carta con varios errores y éste le da una reprimenda paternal, también ha habido un mensaje ulterior (ver fig. 2.17). Lo mismo ocurre cuando un estudiante se retrasa continuamente con sus tareas, falta a clase, escribe ilegiblemente o provoca en alguna forma un equivalente de la crítica paternal.

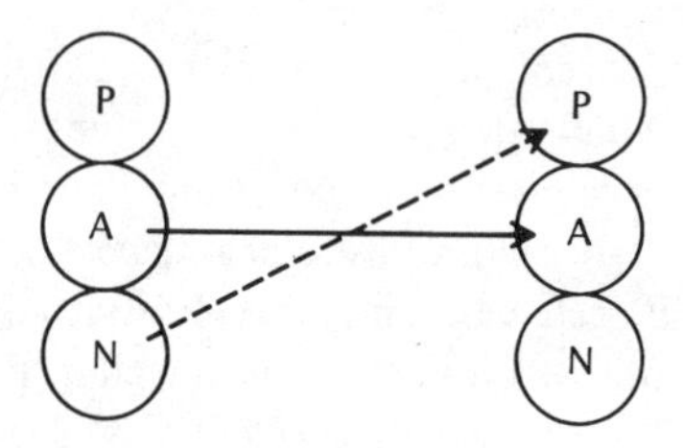

Figura 2.17

El mismo tipo de transacción ulterior ocurre cuando, una mañana, un alcohólico "reformado" llega a la oficina con resaca y los ojos destellantes y le dice jactancioso a su compañero: "Anoche me pasé de tragos y ¡qué cabeza la que tengo hoy!" A primera vista su información es verídica; sin embargo, al nivel ulterior, el Niño del yo del alcohólico busca en el Padre de su colega una sonrisa comprensiva que condone su beber.

No obstante, en vez de activar al Padre, puede que active al Niño de su compañero y que éste responda riéndose de su tragedia. Sea que se ría desde el estado Padre, sea desde el Niño, en cualquiera de los dos casos refuerza el mandato (Paternal), generalmente no verbal, dirigido al alcohólico (como Niño): "Vete de aquí, sinvergüenza!" Claude Sterner define esta risa o sonrisa inoportunas como *transacción de horca*.[10] La sonrisa, en este caso, sirve para apretar el dogal y refuerza la conducta destructiva.

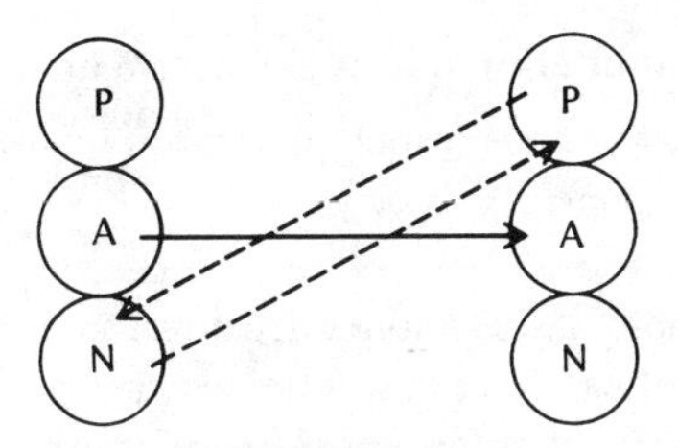

Figura 2.18

Cualquier respuesta sonriente ante la desgracia de una persona puede servir como transacción de horca. Este es el caso cuando

un maestro se divierte de la "conducta estúpida" de su alumno;

una madre se ríe de su hijo de tres años de edad, propenso a accidentes;

un padre se alegra de los riesgos con que se enfrenta su hijo.

Estas transacciones de horca, así como otras que implican motivos ulteriores, son corrientes entre perdedores, quienes las usan para promover sus juegos psicológicos.

LOS JUEGOS QUE LA GENTE PRACTICA

La gente practica entre sí juegos psicológicos muy semejantes al monopolio, el bridge o las damas, que se juegan en las reuniones sociales. Los jugadores deben conocer el juego para poder participar en él; después de todo, si una persona se une a una partida de cartas para jugar al bridge y todos los otros están jugando al pinoclo, mal podrá participar en el juego.

Todos los juegos tienen un comienzo, una serie de reglas y una recompensa final. Los juegos psicológicos, sin embargo, tienen un propósito ulterior: no se juegan por diversión; claro está que algunas partidas de póquer tampoco se juegan por diversión.

Berne define así un *juego psicológico*: "serie periódica de transacciones, a menudo repetitivas, superficialmente racionales, con una motivación oculta; o, en lenguaje llano: serie de transacciones con truco".[11] Para que una transacción pueda ser definida como juego, debe tener tres elementos:

1. una serie de transacciones complementarias en progreso, que son razonables al nivel social;

2. una transacción ulterior, que es el mensaje implícito en el juego; y
3. una recompensa pronosticable que acaba el juego y es el propósito real de que se juegue.

Aunque los juegos impiden las relaciones decentes, íntimas y sinceras entre los jugadores, éstos los practican porque son un pasatiempo para ellos, provocan atención, refuerzan opiniones anteriores sobre ellos mismos y sobre los demás y satisfacen un sentimiento del destino.

Normalmente, los juegos psicológicos se juegan para ganarlos, pero la persona que los practica como una forma de vida no es un triunfador. Una persona actúa a veces como perdedor para ganar su juego (fig. 2.19). Por ejemplo, en un juego de *Dame una patada*, un jugador provoca a alguien para que le humille.

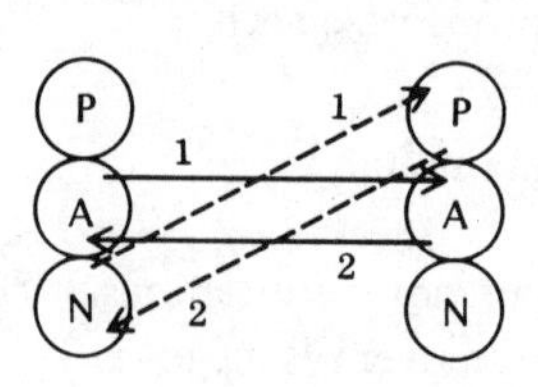

Figura 2.19

Estudiante: Anoche me quedé mirando el juego de fútbol en la televisión y no tengo mi tarea lista. (Ulterior: soy malo, dame una patada.)

Profesor: No tienes suerte; hoy es el último día que puedo calificar esa tarea. (Ulterior: sí, eres malo y ahí va tu patada.)

Aunque puede negarlo, la persona que se habitúa a este juego tiende a atraer a otros que puedan jugar la mano complementaria y estén dispuestos a darle la "patada".

Todo juego tiene un primer movimiento. Algunos primeros movimientos no son verbales: volver la espalda, coquetear con los ojos, sacudir un dedo acusador, cerrar dando un portazo, dejar huellas de zapatos embarrados por la casa, leer la correspondencia de alguien, parecer melancólico o abatido, no hablar. Otros primeros movimientos son declaraciones verbales como:

Pareces tan triste estando solo por aquí...

¿Cómo puedes ir a la escuela vestida así?

Te criticó, ¿verdad? ¿Vas a dejar que se salga con la suya?

Yo tengo este terrible problema...

¿No es horrible que...?

El juego favorito de Bárbara y Tomás era *Alboroto.* Ambos sabían cuál era su primer movimiento y cualquiera de los dos podía iniciarlo. Una vez que el juego estaba en marcha, tenía lugar una serie previsible de transacciones que culminaban en un escandaloso enfrentamiento. El resultado era siempre el mismo: una retirada hostil para evitar la proximidad. La recompensa de este juego era el evitar la intimidad.

Para poner en marcha el juego, uno de ellos provocaba al otro con un comportamiento no verbal como, por ejemplo, mostrarse malhumorado, fumar continuamente, retirarse o mostrarse irritado. Cuando el compañero de juego estaba "atrapado", la partida se ponía en marcha y, a medida que ésta continuaba, uno de los dos conseguía su rechazo o su desprecio. Después de un largo intercambio de palabras, ambos se apartaban.

Cuando Bárbara inicia la partida, las transacciones son:

Bárbara: (Empieza a hacer pucheros y a fumar continuamente con gestos exagerados.)

Tomás: ¿Qué pasa? ¿Algo anda mal?

Bárbara: ¡A tí no te importa!

Tomás: (Sale y se marcha a un bar cercano.)

Bárbara: (Estalla con rabia cuando él regresa; sigue una larga serie de acusaciones y contra-acusaciones. La recompensa tiene lugar cuando Bárbara rompe a llorar, corre hacia su alcoba y da un portazo. Tomás se va a la cocina y sigue bebiendo. Esa noche no hay más contacto entre ellos.)

Cuando Tomás inicia la partida, las transacciones son:

Tomás: (Se sirve algo de beber, sale hacia su cuarto y cierra la puerta.)

Bárbara: ¿No me sirves nada a mí? ¿Va algo mal?

Tomás: ¿No puedo tener nunca unos minutos a solas?

Bárbara: Si lo que quieres es estar solo, ¡me iré yo! (Se va de compras, adquiere cosas que no puede costear y regresa cargada con varios paquetes.)

Tomás: (Estalla con rabia al ver cómo gasta ella el dinero. Se completa el círculo cuando ella se marcha enfadada y él se prepara una cama provisional en la sala.)

Los juegos tienden a ser repetitivos. La gente se sorprende diciendo las mismas palabras en forma idéntica, sólo que el momento y el lugar son diferentes. Tal vez esta repetición contribuya a lo que se describe con frecuencia como: "Siento como si yo hubiese hecho esto antes".

Los juegos se pueden practicar con grados diversos de intensidad que van desde lo socialmente aceptable y reposado hasta el nivel de lo criminal: homicidio o suicidio. Berne ha dicho:

a) Un juego de primer grado es el socialmente aceptable en el círculo del sujeto.

b) Un juego de segundo grado es el que no causa daño permanente o irremediable, pero que los jugadores prefieren mantener fuera de la vista del público.

c) Un juego de tercer grado es el que se juega muy en serio y acaba en el hospital, en el juzgado o en el depósito de cadáveres.[12]

Los juegos son programados individualmente. Se juegan desde el Padre si se imitan los juegos paternales; desde el Adulto si son conscientemente calculados; o desde el Niño si se basan en experiencias de la niñez temprana y en las decisiones y "posturas" que un niño adopta en relación consigo mismo y con los demás.

DIAS DECISIVOS

Antes de cumplir los ocho años de edad, el niño desarrolla un concepto sobre su propio valor, así como también formula ideas sobre el valor de los demás. Cristaliza sus experiencias y decide lo que significan para él, qué roles va a representar y cómo los va a representar. Esos son sus días decisivos.[13]

Cuando las decisiones sobre uno mismo y sobre los demás se hacen muy pronto en la vida, pueden ser muy irreales. Es muy probable que sean algo distorsionadas e irracionales, ya que los niños perciben la vida a través de la pequeña mirilla de sus existencias. Esas distorsiones pueden crear cierto grado de patología, que irá de lo intrascendente a lo grave. Sin embargo, las decisiones parecen lógicas y tienen sentido para el niño cuando las adopta. El relato que sigue, contado por Isabel, una mujer de cuarenta y tres años de edad, casada con un alcohólico durante veinte, ilustra el efecto de las decisiones tempranas.

Caso ilustrativo

Mi padre era un alcohólico brutal. Cuando se emborrachaba, me golpeaba y me gritaba. Yo trataba de esconderme. Un día, al llegar él a casa, se abrió violentamente la puerta y vi que estaba más borracho que de costumbre. Cogió un cuchillo de carnicero y empezó a correr por toda la casa. Me escondí en un armario. Tenía ya casi cuatro años y tenía tanto miedo en el armario...; estaba oscuro y horripilante y algunas cosas no hacían más que golpearme en la cara. Ese día llegué a la conclusión de que los hombres son bestias que solamente querrían hacerme daño. Yo era una niña muy crecida y recuerdo haber pensado: "Si yo fuese más pequeña, me querría mi padre" o "Si fuese más bonita, él me querría". Y siempre pensaba que yo no valía nada.

Los "días decisivos" llevan a la persona a adoptar sus posturas psicológicas.[14] En el caso antes mencionado, la mujer adoptó las siguientes posturas: "Yo soy indigna (Yo estoy mal)" y "los hombres son unas bestias que quieren hacerme daño (los hombres están mal)"; con base en estas posturas, escogió gente que podría representar ciertos roles que encajaban en el drama de su vida.

Se casó con un "bestia" que, además, era alcohólico. En las reuniones sociales, con frecuencia, ella jugaba a *Violación*. Cuando practicaba su juego, entablaba conversación con un hombre y le inducía hacia ella de modo seductor; si él respondía a su mensaje, ella se alejaba con virtuosa indignación, segura una vez más de que "los hombres son unos bestias que quieren hacerme daño".

POSTURAS PSICOLOGICAS

Cuando los individuos adoptan posturas sobre ellos mismos, pueden concluir:

Yo soy inteligente. Soy estúpido. Soy poderoso. Soy inadecuado.
Soy agradable. Soy desagradable. Soy un ángel. Soy un diablo.
No puedo hacer nada mal. No puedo hacer nada bien.
Soy tan bueno como cualquier otra persona. No merezco vivir.

Cuando los individuos adoptan posturas sobre los demás, pueden concluir:

La gente me dará todo lo que yo quiera. Nadie me dará nada.
La gente es estupenda. La gente no es buena.
Alguien me ayudará. La gente se quiere aprovechar de mí.
Le gusto a todo el mundo. No le gusto a nadie.
La gente es agradable. Todo el mundo es vil.

En general, las posturas precedentes son: "Yo estoy bien" o "Yo estoy mal" y "Tú estás bien" o "Tú estás mal". Las posturas psicológicas que se adoptan sobre uno mismo y sobre los demás encajan en cuatro patrones básicos.[15] El primero es la postura del triunfador, pero incluso los triunfadores pueden, en ocasiones, tener sentimientos que se parecen a los otros tres.

La primera postura: Yo estoy bien; tú estás bien

es potencialmente una postura mentalmente saludable. Si es realista, la persona que adopta esta postura sobre sí misma y sobre los demás puede resolver sus problemas en forma constructiva. Probablemente, sus expectativas sean válidas. El acepta la importancia de las personas.

La segunda postura, proyectiva: Yo estoy bien; tú estás mal

es la de las personas que se sienten víctimas o perseguidas. Hacen recaer sobre los demás la culpa de sus desdichas. Esta postura es adoptada con frecuencia por criminales y delincuentes y se convierte en comportamiento paranoide que, en casos extremos, puede conducir al homicidio.

La tercera postura, introyectiva: Yo estoy mal; tú estás bien

es una postura común en personas que se sienten impotentes al compararse con otras. Esta postura les hace retirarse, sufrir de depresión y, en casos graves, les lleva al suicidio.

La cuarta postura, inutilidad: Yo estoy mal; tú estás mal

es la postura de quienes pierden interés en seguir viviendo, cuyo comportamiento es esquizoide y, en casos extremos, cometen suicidio u homicidio.

La persona que ha adoptado la primera postura siente: "Vale la pena vivir la vida"; con la segunda: "Tu vida apenas tiene valor"; con la tercera: "Mi vida no vale la pena"; con la cuarta: "La vida no vale nada".

LA SEXUALIDAD Y LAS POSTURAS PSICOLOGICAS

Las posturas psicológicas también son sexualizadas. Cuando un individuo está desarrollando su identidad, adopta una postura sobre sí mismo que es una valoración general y otra postura sobre sí mismo que es una valoración sexual. Unas veces estas posturas son semejantes, otras son diferentes; así, por ejemplo, algunas personas adoptan la postura de estar bien sobre ellas mismas como estudiantes, obreros, etc., y la de estar mal como hombres o mujeres. Las personas que adoptan estas posturas frecuentemente participan en juegos sexuales como *Violación* e *Indignación.*

El antiguo mito de Cadmo refleja esta doble identidad. Cadmo fue sumamente capaz en la construcción de la antigua ciudad de Tebas, pero un fracaso con su familia en sus roles sexuales; sus descendientes sufrieron innumerables tragedias; de todos, el más conocido fue Edipo.

En un grupo terapéutico y expresándose sobre el mismo problema, decía un Cadmo moderno: "Yo sé que soy un arquitecto competente, pero como hombre soy un fracaso... especialmente en casa con mi familia." Una mujer contestó: "Yo sé cómo se siente usted. Obtuve las mejores notas de mi curso, pero, en realidad, no me siento femenina." Muchas afirmaciones son indicativas de una postura psicológica relacionada con un sexo en particular.

Nunca conseguiré un hombre. Nunca seré un hombre (una mujer).

Soy bien parecido (bellísima). No se puede confiar en las mujeres.

Las mujeres son tiranas. Los hombres son tiranos.

Las mujeres son dulces y afectuosas. Los hombres me protegerán.

Algunas personas adoptan la postura de que un sexo está bien y el otro está mal:

Los hombres son inteligentes, pero las mujeres son estúpidas.

Los hombres son sucios, pero las mujeres son puras.

Cuando una persona ha adoptado una postura, se esfuerza por mantener su mundo predecible, reforzando su postura; ésta se convierte en una actitud vital desde la cual se practican los juegos y se representan los guiones. Cuanto más grave la patología, más empujada se siente la persona a reforzarla. Este proceso puede ser diagramado así:

Experiencias ⟶ Decisiones ⟶ Posturas psicológicas ⟶ Comportamiento reforzante del guión

INTRODUCCION AL ANALISIS DEL GUION

Brevemente, puede definirse un guión como el plan de vida, muy parecido al argumento de una obra dramática, que el individuo se siente obligado a representar.

El guión está relacionado con las decisiones y posturas adoptadas por el niño en sus primeros años. Está en el estado Niño del yo, "escrito" mediante las transacciones entre el niño y sus padres. Los juegos que se practican son parte del guión. Cuando una persona identifica sus posturas y juegos, puede hacerse más consciente de su guión.

Caso ilustrativo

En orientación psicológica, un individuo enunció su caso así: "Lo he oído una y mil veces. '¡Qué estupidez hacer eso Federico! ¿No puedes hacer nada bien?' Según decía mi familia, yo no podía ni hablar lo suficientemente rápido. A veces todavía tartamudeo. Cuando iba a la escuela primaria, nada parecía salirme bien. Siempre era el último de la clase. Me acuerdo que los maestros me decían: 'Federico, ¡que pregunta tan estúpida!' Los profesores eran iguales a mi mamá. Cuando leían las notas en voz alta, mi nombre era el último y los muchachos se reían de mí. Después, fui a la escuela secundaria y el psicólogo dijo que yo podía mejorar; que no era torpe, que solamente era perezoso. No lo entiendo."

En subsecuentes sesiones de terapia, Federico averigüó que, muy temprano en su vida, había adoptado la postura: "Yo estoy mal; yo soy estúpido". Se consideró como un fracaso y representó ese rol. Aunque recibía malas calificaciones, Federico permaneció en la escuela, practicó el juego de *Estúpido* y estimuló comentarios negativos, calificaciones inferiores y regaños de sus profesores, todo lo cual contribuyó a reforzar su postura psicológica básica.

Federico descubrió que su guión era de perdedor. En su estado Niño del yo se sintió estúpido y representó el rol de *Estúpido*. También descubrió que su Padre estaba de acuerdo con esa postura y, por tanto, lo animaba a fracasar. El análisis de sus estados del yo le proporcionó a su Adulto los datos objetivos acerca de quién era él, cómo llegó a ser lo que era y adónde iba con su vida. Federico dedicó algún tiempo a decidir cuál de sus estados del yo controlaría su vida. Finalmente, triunfó su Adulto, se matriculó en una universidad y obtuvo buenas calificaciones.

Después de descubrir su guión de perdedor, Federico decidió que él no tenía por qué serlo, que podía convertirse en triunfador si así lo deseaba. Berne dice que: "La finalidad última del análisis transaccional es el análisis de los guiones, ya que el guión determina el destino y la identidad del individuo".[16]

RESUMEN

El hombre moderno usa muchas máscaras y tiene muchas formas de coraza que mantienen su realidad restringida y desconocida, incluso para sí mismo. La posibilidad de hallar la propia realidad –de conocerse a sí mismo– puede ser aterradora y frustrante. Muchos individuos esperan descubrir *lo peor*, pero también existe un temor oculto en el hecho de que pueden descubrir *lo mejor*.

Descubrir lo peor es enfrentarse con la decisión de continuar o no con las mismas normas. Descubrir lo mejor es enfrentarse con la decisión de vivirlo o no. Uno cualquiera de estos descubrimientos puede indicar la necesidad de un cambio y, por tanto, provocar ansiedad. Sin embargo, ésta puede ser

LAS TRANSACCIONES PUEDEN SER ANALIZADAS

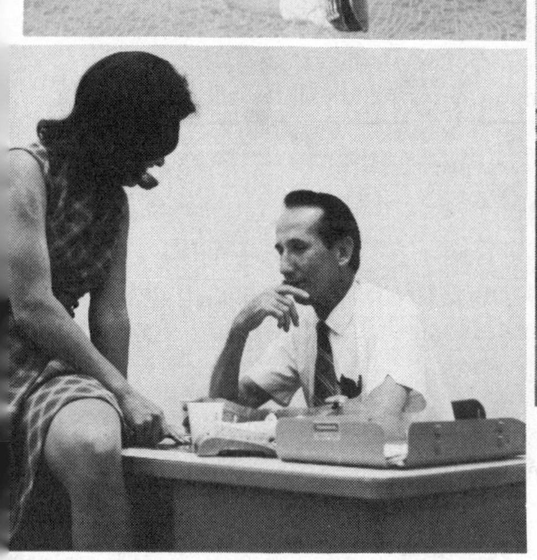

Todas las transacciones pueden ser clasificadas como complementarias, cruzadas o ulteriores.

LAMINA III

creadora y, como tal, constituir un aliciente: el estímulo a aumentar las posibilidades de ser un triunfador.

El AT es un instrumento que el lector puede usar para conocerse a sí mismo, para saber cómo relacionarse con los demás y para descubrir el curso dramático que está siguiendo su vida. La unidad en la estructura de la personalidad es el estado del yo. Al hacerse consciente de sus estados del yo, usted puede distinguir entre los varios orígenes de sus pensamientos, sentimientos y normas de conducta; puede descubrir dónde está la discrepancia y dónde la armonía dentro de su propia personalidad y puede hacerse más consciente de los recursos que tiene a su disposición.

La unidad de medida en las relaciones interpersonales es la transacción. Por medio del análisis de sus transacciones, usted puede conseguir un control más consciente de cómo actúa en relación con otros y de cómo actúan ellos en relación con usted; puede determinar cuándo sus transacciones son complementarias, cruzadas o ulteriores; y puede, por último, descubrir qué "juegos" practica usted.

El AT es un punto de referencia práctico, desde el cual puede usted evaluar decisiones y comportamientos antiguos y cambiar aquellos que decida que le conviene cambiar.

EXPERIMENTOS Y EJERCICIOS

Busque un lugar donde nadie le pueda molestar. Pase allí el tiempo suficiente como para imaginarse detalladamente cada una de las situaciones y considerar las preguntas que siguen:

1. Empezar a conocer sus estados del yo

Su Padre

- Piense en algo que usted hace ahora, copiado de una figura paternal, que tal vez repita con su cónyuge, sus hijos, sus amigos o sus compañeros de trabajo.
- Piense en un mensaje paternal que aún escucha íntimamente y al cual responde con sumisión, rebeldía o confusión.

Su Adulto

- Piense en una situación reciente en la que usted cree haber acumulado datos suficientes y, basado en ellos, adoptó una decisión razonable.

- Piense en otra situación reciente en la cual se sintió hostil y agresivo (o malhumorado, deprimido, etc.), pero pudo, a pesar de sus sentimientos, actuar de forma razonable y apropiada.

Su Niño

- Piense en una forma de manipulación que empleaba con éxito cuando era niño y que continúa empleando en la actualidad.
- Piense en algo que hacía cuando niño para divertirse y que todavía hace ahora.

2. Sus estados del yo y sus sentimientos

Imagine que, en una noche de tormenta, está solo en su casa. Desde hace varias horas, duerme. De pronto, suena el timbre de la puerta y, por las campanadas de un reloj, sabe que son las tres de la madrugada.

- ¿Cuáles son sus pensamientos y sentimientos? ¿Qué hará?
- ¿Qué hubiera sentido cuando niño? ¿Siente lo mismo ahora?
- ¿Qué hubieran hecho sus padres, uno u otro? ¿Se parecerá su conducta ahora a la de la imagen que conserva de uno de sus padres?
- ¿Qué cree usted que es lo "mejor" que se puede hacer?

Imagine que ha ido a su trabajo como de costumbre. Su jefe le está esperando; su semblante denota tensión y enfado. En cuanto le ve, le reprende ásperamente porque a usted se le olvidó hacer algo.

- ¿Cuáles son sus sentimientos y pensamientos? ¿Qué hará?
- ¿Qué hubiera sentido cuando niño si el jefe fuese uno de sus padres o un maestro? ¿Siente lo mismo ahora?
- ¿Qué hubieran hecho sus padres? ¿Actuaría usted como uno de ellos?
- ¿Qué cree usted que es lo "mejor" que se puede hacer?

3. Análisis de una transacción

Recuerde una transacción en que haya participado hoy. Intente representarla gráficamente. ¿Cree usted que había una transacción ulterior encubierta bajo otro mensaje? Si ése es el caso, inclúyala en el diagrama siguiente:

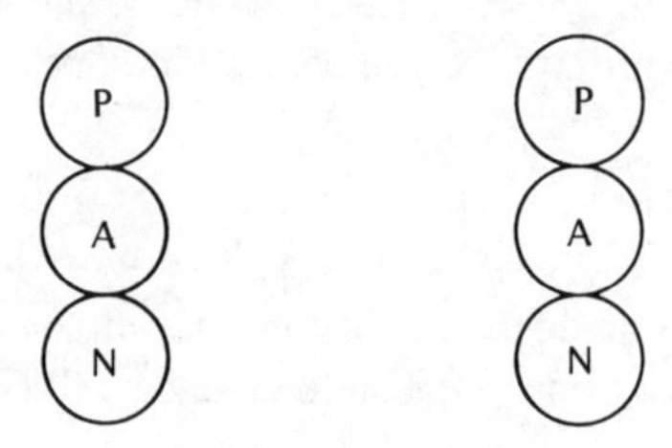

4. Estar bien

Imagínese cara a cara con una persona importante. El le mira directamente a los ojos y le pregunta: "Se siente usted bien o mal?"

- ¿Cuáles serán sus sentimientos y pensamientos? ¿Cómo va a responder?
- ¿Puede recordar en qué momento decidió usted que estaba bien o estaba mal?
- Imagine aquel momento. ¿Quiénes estaban con usted y qué ocurrió? Intente revivirlo.

5. Estar sexualmente bien

Imagínese en una situación en la que su rol sexual es importante. Asuma el de esposo/esposa, novio/novia o padre. ¿Se siente usted bien o mal como hombre o mujer?

- Recuerde las actitudes de sus padres en relación con la masculinidad o femineidad de usted y cuánto les oyó decir al respecto.
- Procure revivir un incidente que recuerde estaba relacionado con su sexualidad.

3
EL HAMBRE HUMANA DE CARICIAS Y LA ESTRUCTURACION DEL TIEMPO

Si me tocas suave y dulcemente,
si me miras y me sonríes,
si me escuchas algunas veces antes de hablar tú
yo creceré, creceré de verdad.
BRADLEY (9 años de edad)

Toda persona tiene necesidad de ser tocada y reconocida por los demás; toda persona tiene necesidad de hacer algo con su tiempo entre el nacer y el morir. Estas son necesidades biológicas y psicológicas a las que Berne llama "hambres".

Las hambres de contacto y reconocimiento pueden ser apaciguadas con *caricias*, las cuales son "cualquier acto que implique el reconocimiento de la presencia de otro".[1] Las caricias pueden ser dadas en forma de toque físico real o por medio de alguna forma simbólica de reconocimiento como una mirada, una palabra, un gesto o cualquier acto que signifique: "Yo sé que estás ahí".

El hambre de caricias de una persona determina a menudo lo que ésta hace con su tiempo. Por ejemplo, puede pasar minutos, horas o toda una vida intentando ser acariciada en muchas formas, incluso practicando juegos psicológicos; o puede pasar minutos, horas o toda una vida intentando evitar por medio de retiradas el ser acariciada.

HAMBRE DE CARICIAS

Los bebés no crecerán normalmente sin el contacto de otros.[2] Esta necesidad se cumple generalmente en las transacciones íntimas diarias del cambio de pañales, la alimentación, el eructar, el baño, los mimos y las caricias que los padres tienen para con sus hijos. Algo inherente en el contacto físico estimula la química del infante hacia el crecimiento mental y físico. Los infantes que son desatendidos, abandonados o que por alguna razón no experimentan suficiente contacto físico sufren un deterioro mental y físico que puede llevarlos incluso hasta la muerte.

Los recién nacidos aislados del tacto normal, los niños de corta edad recluidos en centros correccionales y los que son criados bajo la teoría de que "el coger a los niños en brazos los maleduca" pueden sufrir de una privación de tacto similar a una deficiencia nutritiva grave. Ambas perjudican el crecimiento.

Hay un dicho que circula entre analistas transaccionales: "Si el niño no es acariciado, se consume su médula espinal".[3] La película documental *Second Chance* (*Seguna Oportunidad*),[4] que resumimos a continuación, ilustra dramáticamente la necesidad del tacto.

Caso ilustrativo

Cuando el padre de Susana la dejó en un gran hospital infantil, la niña tenía 22 meses de edad, pero su peso (15 libras) correspondía a una niña de cinco meses y su tamaño (56 centímentros) al de una niña de 10 meses. Prácticamente carecía de habilidades motoras, no podía gatear, ni podía hablar; casi ni podía balbucir siquiera. Si alguien se le acercara, ella se retiraba llorando.

Después de tres semanas, durante las cuales nadie visitó a Susana, una trabajadora social se puso en comunicación con la madre. Tanto el padre como la madre tenían una educación superior a lo normal, pese a lo cual la madre se quejó: "Los niños son una pobre excusa para los seres humanos". Hablando de su hija, dijo que a Susana no le gustaba que la cogieran en brazos y que prefería que la dejaran sola; dijo, además, que había abandonado todo esfuerzo por tener contacto con Susana y, en cuanto a cuidarla, admitió: "No quiero hacerlo más".

Los exámenes clínicos demostraron que no existía ninguna causa fisiológica que explicara el retardo físico y mental extremo de Susana y su caso fue diagnosticado como "síndrome de privación materna".

Se llamó entonces a una madre sustituta voluntaria para que, durante seis horas diarias, cinco días a la semana, le diera cariño a la niña. El personal de planta del hospital también dedicó mucha atención a Susana, cogiéndola en brazos, meciéndola y alimentándola con abundancia de intenso contacto físico.

Dos meses más tarde, Susana ya había desarrollado una respuesta afectiva altamente desarrollada, aunque todavía continuaba siendo una niña insuficientemente desarrollada para su edad. Había ganado seis libras de peso y crecido cinco centímetros. Sus capacidades motoras se habían desarrollado notablemente: podía gatear por sí sola o caminar si alguien la ayudaba. Ya no demostraba temor a personas relativamente desconocidas. El cariño había logrado un efecto sorprendente sobre Susana.

A medida que un niño crece, el hambre primaria temprana por tacto físico real se modifica y se convierte en hambre de reconocimiento. Una sonrisa, una señal de asentimiento, una palabra, un ceño fruncido, un gesto reemplazan finalmente a algunas caricias físicas. Como el tacto, esas formas de reconocimiento, ya sean positivas o negativas, estimulan el cerebro de quien las recibe y sirven para comprobar el hecho de que está ahí y está vivo. Las caricias de reconocimiento impiden, además, que su sistema nervioso se "consuma".

Algunos individuos necesitan mucho reconocimiento para sentirse seguros; tal hambre puede ser intensamente sentida en cualquier parte: en el hogar, en el aula, incluso en el trabajo. En una empresa se quejaba un supervisor de que uno de los empleados de su laboratorio se pasaba demasiado tiempo en el refrigerador de agua y dejaba su aislado laboratorio cada hora, buscando a alguien con quien hablar. Después de un entrenamiento en el AT, el supervisor hizo una práctica corriente de asomarse por el laboratorio a intervalos para una breve conversación amistosa con su empleado, quien hizo menos frecuentes sus paseos por el pasillo. Tal como lo descubrió este supervisor, las diversas necesidades humanas por reconocimiento confrontan a quienquiera que trabaje con gente. A menudo, los gerentes más efectivos son aquellos que pueden acariciar y reconocer apropiadamente a los demás.

CARICIAS POSITIVAS

La falta de suficientes caricias tiene siempre un efecto perjudicial sobre la persona. Aunque las caricias, sean positivas o negativas, pueden estimular la química corporal de un bebé, se precisan *caricias positivas* para que las personas de desarrollen emocionalmente sanas con una sensación de "estar bien". Las caricias positivas abarcan en valor desde el mantenimiento mínimo de un "hola" al encuentro profundo de la intimidad.

Algunas caricias son encuentros meramente superficiales, son transacciones sencillas de las que puede decirse que son caricias de mantenimiento. Generalmente, carecen de contenido significativo, pero al menos proporcionan reconocimiento, mantienen activa la comunicación y proporcionan a la persona la sensación de estar viva. Saludos rituales como el inclinarse y el darse la mano son formas estructuradas de dar y recibir caricias de este tipo.

Las caricias positivas son, por lo general, transacciones complementarias directas, apropiadas y pertinentes a la situación. Cuando las caricias son positivas, dejan a la persona sintiéndose bien, viva, alerta y trascendente y, más profundamente, aumentan la sensación de bienestar del individuo, confirman su inteligencia y son a menudo placenteras. Los sentimientos subyacentes son sentimientos de buena voluntad y comunican la postura: "Yo estoy bien; tú estás bien". Si la caricia es genuina, concuerda francamente con los hechos; si no es exagerada, sustenta a la persona. De esta manera, la buena racha se prolonga.

Algunas formas de caricias positivas son las siguientes: el padre que espontáneamente coge en brazos a su hijo y le dice: "Hijo, ¡cuánto te quiero!";

el supervisor que contesta con sinceridad a la pregunta de un subordinado; o el dependiente que saluda a un cliente con un "¡Buenos días!".

Las caricias positivas son con frecuencia expresión de sentimientos de afecto y apreciación:

> "Qué bien bailas."
> "Me alegro de que seas mi hijo."
> "Me salvaste el día acabando ese informe."
> "Es un placer trabajar contigo en la misma oficina."

Algunas veces, las caricias positivas son cumplidos:

> "Tú eres lo suficientemente bonita como para aparecer en la portada de una revista."
> "Tener una chica por aquí es estupendo."
> "La oficina luce más agradable con tu arreglo floral."
> "Nadas como un campeón."
> "La chaqueta deportiva que has escogido es elegante."
> "Tu propuesta es clara, concisa; es exactamente lo que necesitábamos."

Las caricias positivas dan a la persona información sobre sus aptitudes; además, pueden ayudarle a hacerse más consciente de sus habilidades y recursos individuales. Si un padre, por ejemplo, hace que su hijo corte el césped y después le dice: "Has cortado el césped muy bien. Tiene un aspecto excelente y te lo agradezco", permite que su hijo infiera cosas positivas sobre sí mismo y sepa que tiene habilidades específicas. Esto ayuda al hijo a mantener su posición de triunfador: "Yo estoy bien".

Una estudiante informó que sus padres habían evaluado siempre su comportamiento con: "¡Eres una muchacha tan agradable y tan buena!" Esta caricia no era desagradable, pero, cuando a los cuarenta estaba buscando empleo y le preguntaron qué podía hacer, el disco paternal se oyó de nuevo: "¡Eres una muchacha tan agradable y tan buena!"

Esto también es cierto de las caricias de un adulto a otro. Por ejemplo, una nueva secretaria que se libra eficientemente de un visitante inoportuno a su oficina puede ser felicitada con: "Eres un ángel", en vez de con: "Estimo mucho el tacto con que ha tratado a esa persona". Aunque a muchas secretarias les gusta ser llamadas "ángel" de vez en cuando, esto no les proporciona muchos datos sobre su competencia en el trabajo, especialmente si son nuevas en él.

Un niño es acariciado positivamente cuando su padre, su profesor o un amigo le saluda con un cariñoso "¡hola!", usa su nombre, le mira la cara atentamente y, más importante, escucha sin censura lo que tiene que decir acerca de sus sentimientos e ideas. Todo protege su dignidad.

Escuchar es una de las mejores caricias que una persona puede dar a otra. El escuchar más efectivo implica prestar toda la atención posible al hablante; ésta es una disciplina que puede ser aprendida. Muchas personas inconscientes o desinteresadas nunca desarrollan esa habilidad, por lo que frecuentemente se oyen quejas como:

Los niños: "Mis padres nunca me escuchan."

Los padres: "Mis chicos no me escuchan nunca."

Los esposos: "El/ella nunca me escucha realmente."

Los jefes: "Se lo he dicho una y mil veces y él sigue sin escucharme."

Los subordinados: "Ninguno de los de arriba nos escucha."

Cuando una persona ha sido escuchada, deja el encuentro sabiendo que sus sentimientos, opiniones e ideas han sido verdaderamente oídos; no ha sido desatendida, sino que, por el contrario, ha sido retroalimentada activamente. El escuchar activo, con frecuencia llamado escuchar reflexivo, comprende la retroalimentación verbal del contenido de lo que se dijo o hizo, junto con una conjetura sobre los sentimientos inherentes en las palabras pronunciadas o los actos. Estos se expresan verbalmente. Escuchar de verdad no significa necesariamente estar de acuerdo. Sencillamente quiere decir aclarar y comprender los sentimientos y puntos de vista de otra persona.

Cuando un adolescente llega a su casa, tira sus libros sobre una mesa y se queja: "La escuela es insoportable", su madre, que le ha oído, dirá algo así como: "La escuela te pareció insoportable hoy y te sientes bastante enojado por eso. ¿No es verdad?"

Cuando una secretaria empieza de pronto a cometer bastantes errores mecanográficos, habla entre dientes y trata bruscamente a los visitantes a su oficina, un jefe que escucha de verdad dirá algo como: "A juzgar por lo que acaba de decir, me parece que usted está preocupada, ¿verdad?".

En los casos que acabamos de mencionar, se utilizó la transacción de retroalimentación del Adulto. Sin condenar o condonar, el Adulto escucha tanto el contenido como los sentimientos que la otra persona expresa desde su Niño. El receptor no habla sobre sí mismo, sino que hace hincapié en el mensaje "tú". Esta transacción es apropiada cuando en una persona se han activado fuertes sentimientos y necesita ser escuchada más bien que censurada.

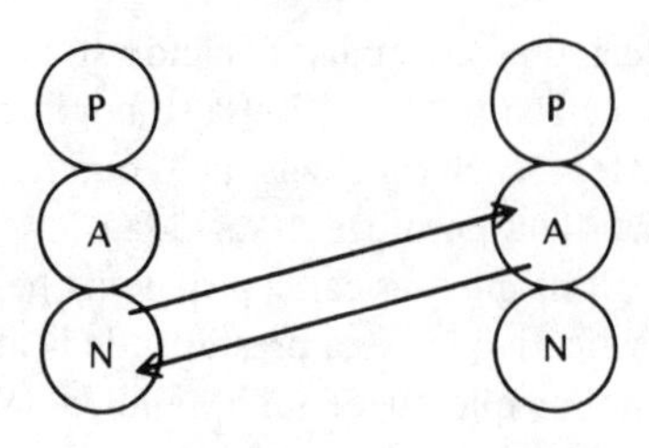

Figura 3.1

Un maestro que tenía problemas disciplinarios aprendió a utilizar esta transacción con tanta habilidad que mejoró el tono de su clase. Reconoció que "Cuando intenté por primera vez este escuchar activamente, realmente tenía que lidiar internamente con mi Padre y mi Niño. Mi primera reacción ante cualquier comportamiento que no me agradara era de Padre y quería castigar y regañar al muchacho. Mi siguiente reacción era de Niño. Yo me sentía muy inadecuado cuando los muchachos se conducían mal y me decía: '¡Vaya, hombre! O yo soy un maestro malísimo... o esto no ocurriría'. Una vez que aprendí otra manera de reaccionar, ya no me sentía tan inadecuado o con deseos de regañar. Ahora parece que los muchachos aprecian la clase mucho más."

Todo el mundo necesita ser acariciado y, si las personas no reciben suficientes caricias positivas, a menudo provocan caricias negativas. Un niño puede hacerse un delincuente, invitando así a sus padres a que le castiguen, le riñan y le degraden. Los esposos pueden quejarse, gastar demasiado, regresar tarde a casa, coquetear, beber, reñir o, de alguna manera, provocar una confrontación. Lo mismo es aplicable a un ambiente laboral. Los obreros pueden demorarse, cometer errores o lastimarse. Algunos estudios muestran que, si en una situación laboral no se toman en cuenta los sentimientos, la producción disminuye y emergen los conflictos. Parece ser que, tanto para los adultos como para los niños, es mejor la atención negativa que ninguna.

DESCUENTO Y CARICIAS NEGATIVAS

Si un padre descuenta los sentimientos y las necesidades de un bebé, su desarrollo saludable se ve impedido. Un *descuento* es o la falta de atención o la atención negativa que ocasiona daño emocional o físico. Desatender a un niño o acariciarle negativamente envía el mensaje: "Tú no estás bien". Cuando una persona es dejada de lado, embromada, disminuida, humillada, degradada físicamente, es motivo de risa, o es ridiculizada, en alguna forma está siendo tratada como si fuese insignificante; está siendo rebajada. El descuento siempre conlleva una degradación ulterior.

Según Jacqui Schiff, muchas formas de descuento giran alrededor de la solución de problemas.[5] Un descuento tiene lugar si: 1) el problema en sí no es tomado en serio (por ejemplo, si la madre mira la televisión mientras el bebé llora), 2) la importancia del problema es denegada (un supervisor dice: "Usted lo toma todo demasiado en serio; y la cosa no tiene tanta importancia"), 3) la solución es negada ("No puedes hacer nada con respecto a un marido díscolo"), ó 4) una persona niega su propia capacidad para resolver un problema ("Yo no puedo evitar el ser malhumorado; no es culpa mía").

Si una esposa pregunta francamente a su marido: "Querido, ¿a qué hora estarás en casa para cenar?" y él responde ampulosamente: "Estaré en casa cuando me veas llegar", la esposa ha sido descontada; su importancia es disminuida por el mensaje ulterior: "Tú no eres importante". Como resultado de esta transacción tóxica, es probable que la esposa sufra.

Siempre es doloroso ser descontado. Entre padres e hijos conduce a una patología de la personalidad, creando perdedores; entre adultos conduce a relaciones humanas infelices o acaba en guiones destructivos que "no llevan a ninguna parte".

Como vimos en el caso ilustrativo sobre Susana, desatender a un niño pequeño es una manera desastrosa de descontarlo. El caso de Emilio es algo similar. Cuando era niño, sus padres raramente le hablaban directamente. Un día, en un esfuerzo desesperado por tener alguna clase de encuentro con ellos, hizo un agujero en la pared de la alcoba con su bate de béisbol y esperó la respuesta de sus padres. No la hubo: sus padres pasaron por alto su acción. Al día siguiente, Emilio acertó a oír a su madre decir: "Emilio ha debido caerse contra la pared; hay un agujero en ella". La repetición de incidentes en los que no le hicieron caso hizo que el niño se sintiera tan descontado que acabó psicótico.

Los efectos del contacto insuficiente pueden continuar hasta en la vida adulta.

Caso ilustrativo

Humberto fue hijo único; cuando él nació, su madre tenía cuarenta y un años de edad y su padre cincuenta y ocho. Humberto fue criado en una casa de catorce habitaciones que estaba situada en un lote de una hectárea, muy aislada de los vecinos. Humberto describe a sus padres como fríos y reservados; aunque en casos de absoluta necesidad eran capaces de tocarlo, nunca daban demostraciones espontáneas de afecto, como, por ejemplo, abrazarlo.

En la edad adulta, Humberto no acariciaba a su esposa y sus hijos y explicaba este hecho diciendo, al igual que su padre, "Considero que son de mal gusto las demostraciones en público de cariño", y "No me beses delante de los niños, Alicia. ¡No se sabe qué pueden pensar!"

Humberto era profesor, pero le resultaba incómodo estar con la gente y, siempre que podía, evitaba cualquier contacto con las personas. Rehusaba reunirse con los estudiantes después de las clases o con sus padres, procuraba no asistir a las reuniones de profesores y se describía a sí mismo como "incapaz de llegar a ninguna parte".

El insuficiente contacto de Humberto cuando era niño contribuyó a su guión improductivo. Indudablemente, hasta que descubrió cómo acariciar y ser acariciado, su vida no tenía trazas de ir muy lejos. Tanto su vida hogareña como su carrera profesional mejoraron cuando aprendió a valorar una caricia.

Los padres desatienden y no acarician a sus hijos por muchas razones; muy a menudo porque, en su propia infancia, ellos mismos no fueron suficientemente acariciados y aprendieron a "mantenerse a distancia".

Otros padres, sintiendo su propia intensa ira, intentan mantener "fuera las manos" como freno para evitar el "romperle la cabeza al niño". En palabras de un padre: "Si la toco alguna vez, me temo que la voy a matar. De hecho, cuando, en una ocasión, mi padre se enfureció, tiró a mi hermana por una ventana; ella se fracturó el cráneo y nunca se recuperó."

Mas aún, otros padres desatienden a sus hijos porque se sienten resentidos contra ellos y contra las responsabilidades que les acompañan. Las investigaciones han revelado que en los Estados Unidos nacen cada año por lo menos 700.000 niños que no figuraban en los planes de sus padres; muchos de ellos jamás son aceptados por sus padres y viven en un ambiente emocional de hostilidad y rechazo.

Una madre describe el ambiente emocional que ella creó a causa de sus reacciones de resentimiento contra su hijo, Diego, esquizofrénico de seis años de edad a quien se consideraba un retrasado mental, a pesar de que su cociente intelectual era 168:

El es un niño muy difícil de entender. He procurado comprenderlo una y muchas veces, pero he fracasado. Desde el principio, cuando era bebé, no he podido entenderle. La verdad es que, antes de Diego, yo no había conocido a otros niños; no tenía experiencia real como mujer con niños o bebés; ni siquiera tenía la menor idea de cómo eran; de cómo son realmente como personas. Biológica, física y médicamente sabía todo lo que se puede saber sobre ellos, pero, a pesar de eso, no podía entender a Diego. El fue tal pena, tal desilusión desde el momento que nació... Nosotros no habíamos planeado tener un hijo; su concepción fue accidental y trastornó todos nuestros proyectos. Yo tenía una carrera profesional y mi marido estaba orgulloso de mis logros; él y yo éramos muy felices antes de nacer Diego. Y, cuando él nació, era tan diferente... Era tan grande y tan feo. ¡Semejante pedazo de algo informe! Sin interés en absoluto. De hecho, me rechazó desde el momento en que nacio. ¡Se ponía rígido y lloraba cada vez que le cogía en brazos! ...

Mi embarazo fue muy difícil; estuve muy enferma casi todo el tiempo. Y mi marido resentía mi embarazo; él creía que yo podía haberlo evitado. Oh, no le culpo; yo también resentía mi embarazo. No podíamos hacer nada de lo que solíamos hacer juntos, no podíamos ir a ningún sitio. Mi marido se ausentó cada vez más, absorbido por su trabajo. El es un científico, ¿sabe?, ¡un hombre admirable! Pero remoto; y muy sensible, mucho.[7]

Dejar de lado y aislar a las personas son formas bien conocidas de castigar, incluso para los adultos. Castigos semejantes privan a la persona hasta de la mínima caricia; el mensaje "está mal" es enviado abiertamente o por inferencia. Para la pregunta de una niña: "¿Puedo ponerme mi vestido nuevo?", el descuento directo podría ser: "Tú eres tan descuidada que, probablemente, lo vas a romper el primer día"; un descuento implícito podría ser: "¿Cómo podemos estar seguros de que no vas a ser descuidada?" En ambos casos, la muchacha infiere: "No merezco confianza".

A menudo, no son las palabras, sino el sentido expresado por el tono de voz, la expresión facial, el gesto, la postura, etc., lo que hace que una caricia sea ulterior y negativa o directa y positiva. Un marido acaricia positivamente a su esposa cuando dice: "¡Hola, preciosa!", al regresar a su casa del trabajo. Sin embargo, si una vendedora llama a una clienta "preciosa", probablemente la está descontando al implicar que la clienta es una crédula.

Descuentos similares son enviados por las personas que, bromeando, dicen lo contrario de lo que quieren decir. Las frases siguientes, escritas sobre papel, parecen ser cumplidos, pero, si son pronunciadas sarcásticamente o con desprecio, son caricias negativas. El verdadero mensaje es enviado por una transacción ulterior por medio de insinuación. Ese es el caso cuando

> "¡Qué bien te va ese suéter!" es dicho con una mirada de desaprobación;
>
> "Eso es muy bueno para la máquina de escribir" es dicho sarcásticamente cuando alguien está usando el borrador justamente encima del mecanismo interior;
>
> "Tu informe es algo especial" es dicho con desprecio;
>
> "¡Bueno, bien por tí!" es dicho con tono de disgusto.

La adulación falsa y los cumplidos falsos expresados con aparente sinceridad son también maneras de descontar:

> "¡Gran idea!", dice un presidente de comité, aunque realmente piensa que la idea no sirve para nada.
>
> "Está usted realizando una gran labor", dice un jefe, aunque el volumen de ventas acaba de bajar.

"Ese peinado es maravilloso", dice una amiga, cuando, en realidad, es lo contrario.

Los comentarios en broma y los gestos pueden ser otras formas de descontar. Un marido que dice: "No es extraño que el parachoques vaya arrastrando; estando tú en el asiento de atrás...", es probable que esté expresando hostilidad hacia su esposa porque ésta pesa demasiado. Aunque los adultos pueden aprender a decir directamente: "Déjame en paz!", cuando las bromas son verdaderamente molestas para ellos, esto es muy difícil para los niños. Bach dice que:

> Los padres se engañan a sí mismos al creer que a los niños les gusta ser embromados. En realidad, ellos lo aceptan, en el mejor de los casos, para acomodarse a la necesidad paternal de liberarse de hostilidad. Cuando los niños permiten ser embromados como "buenos perdedores", en realidad están hambrientos de atención paternal. Y aceptan las bromas u otras hostilidades como sustitutos de estímulo genuino. Ser embromado es mejor que ser dejado de lado.[8]

El pegar a un niño es una forma extrema de descuento, llevada a cabo generalmente por padres que fueron asimismo pegados. La cadena de castigos puede continuar a través de varias generaciones, a no ser que los padres desarrollen un comportamiento más adecuado. Se calcula que, en los Estados Unidos, unos 60.000 niños mueren o son gravemente heridos anualmente, debido a los severos golpetazos de sus padres. Solamente en la ciudad de San Francisco, los casos de 60 a 100 niños que han sido mutilados por uno u otro de sus padres llegan al conocimiento de las autoridades cada año.

La violencia paternal contra los niños adopta muchas formas. Un padre, que utilizaba el dolor como técnica educativa, quemó con una cerilla el dedo de su hijo, declarando que le estaba enseñando a no acercarse al fuego. Otro padre azotó a su hijo y lo ató a una cama porque éste hurtó 10 centavos de su tocador; una madre golpeó a su bebé de un mes de edad y le produjo coágulos de sangre en el cerebro. La madre se expresó así: "Nadie me quiso en toda mi vida y cuando tuve a mi bebé creí que él me querría. Cuando lloraba, yo pensaba que era porque no me quería; y por eso le golpeé." El niño murió.

Los padres que abusan físicamente de sus hijos necesitan, en general, tratamiento profesional y a menudo lo desean. La mayoría de ellos tienen un estado Padre del yo inadecuado, así como un Niño interior lastimado. Activando e informando a su Adulto, esos padres pueden saber qué es lo que realmente pueden esperar de un niño y cómo modificar su propio comportamiento brutal.

Caso ilustrativo

Muy temprano en su vida, Cecilia experimentó diversas formas de crueldad física. No era extraño que "accidentalmente" le derramasen encima café caliente, resultando en varias quemaduras; además, su madre la cortó deliberadamente con un cuchillo "para que aprendiese a no tocar los cuchillos" y, para que no se acercase a los enchufes eléctricos, le hicieron meter el dedo en uno. Años después, y cuando Cecilia fue madre, a menudo, su comportamiento con sus hijos era cruel, tal como había sido el comportamiento de su propia madre. Más aún, ella desconfiaba excesivamente de cualquiera que se comportaba amistosamente con ella. Siempre esperaba que habría de suceder "lo peor".

A través del estudio del AT, Cecilia se hizo consciente de lo que su madre le había hecho y de cómo ella estaba repitiendo la misma conducta en relación con sus hijos. Aprendió a no usar el comportamiento destructivo de su estado Padre del yo y, en cambio, usó control Adulto para criar a sus hijos. Finalmente, se convirtió en una madre adecuada, cesó de ser brutal y aprendió a acariciar en forma positiva.

En la vida de cada día, el descuento es generalmente más sutil que la violencia física. Adopta la forma de transacciones cruzadas, de rebajamientos ulteriores, desprecios o bromas. Algunos desprecios en acción se parecen a los "merengues" que los padres arrojan a sus hijos para que desaparezcan. Berne ha dicho:

> Las frases paternales de apoyo (comúnmente conocidas como "arrojar merengues" o "pastillas de goma") son esencialmente de índole protectora y, transaccionalmente, son desaires. Funcionalmente, éstas pueden ser interpretadas... como sigue: 1) "Me alegra tener la oportunidad de protegerte; me hace sentirme importante", ó 2) "no me molestes con tus problemas; toma este merengue y cállate para que yo pueda hablar de los míos".[9]

Un vendedor puede arrojar un merengue a otro al decir: "Lo que te ocurrió fue horrible, pero espérate y te cuento lo que me ocurrió a mí; ¡eso fue peor todavía!" o "¡Si tú crees que estás en apuros, espera hasta que yo te diga cuáles son los míos!"

Las maneras en que la gente es tocada y reconocida afecta a menudo su forma de acariciar en la vida adulta. Las personas que fueron tratadas brutalmente o descontadas tienden a rehuir el ser tocadas. Las que fueron estimuladas excesivamente pueden continuar con un deseo insaciable de contacto físico; esas personas son cónyuges muy exigentes y pueden sentirse desamados, a menos que con frecuencia reciban contacto físico. Muchas personas desarrollan formas peculiares de tener contacto físico.

Caso ilustrativo

Un marido angustiado se quejaba de que su esposa quería que él le rascase la espalda cuando se sentía amoroso, hecho que él interpretaba como un rechazo, y se sentía aún más frustrado cuando ella se negaba a que él le acariciase los pechos. En algunas sesiones de consejo matrimonial, ella recordó que, cuando era niña, su madre le demostraba su afecto rascándole la espalda; para ella, el rascar la espalda significaba amor y cariño. También recordó que, en la época de su pubertad, un peón de una hacienda le había cogido los pechos de una manera inesperada y le había hecho daño. Su actitud era muy firme: "No quería ser herida de nuevo".

Finalmente, la mujer aprendió a no confundir a su marido con el peón. Cuando la vieja grabación era activada, se recordaba: "Este es mi marido y él me quiere". Poco a poco aprendió a abrazar a su esposo con sus pechos en contacto con él. Por su parte, el esposo se hizo más consciente de las ansiedades de su esposa y se dio cuenta de que éstas no eran reacciones negativas contra su masculinidad.

EL HAMBRE DE TIEMPO ESTRUCTURADO

El aburrirse durante largos períodos apresura el deterioro emocional y físico de forma semejante a lo que ocurre con las caricias inadecuadas. Para evitar las penas que causa el aburrimiento, la gente busca algo que hacer con su tiempo. ¿Qué padre no ha oído las quejas de un hijo aburrido: "¿Qué puedo hacer ahora, papá?", o qué matrimonio no se ha sentado pensando: "¿Qué podemos hacer este fin de semana?", o qué obrero no ha oído decir a otro: "Detesto este trabajo cuando no hay suficiente que hacer"?

La gente estructura su tiempo de seis maneras posibles: algunas veces se aislan de los demás; otras, se ocupan con rituales o pasatiempos; en ocasiones, practican juegos psicológicos; en otras, trabajan juntos y, de vez en cuando, tienen un momento de intimidad.

Aislamiento

Una persona puede aislarse de los otros, ya sea quitándose físicamente de en medio o apartándose psicológicamente, encerrándose en sí misma con sus fantasías. El comportamiento de aislamiento puede originarse en cualquiera de los tres estados del yo.

El aislarse es, a veces, una decisión racional del Adulto. Todo el mundo necesita un poco de tiempre para estar solo, relajarse, concentrarse, hacer inventario de sí mismo y rejuvenecer su propia humanidad. Incluso el aislarse con las propias fantasías es a menudo admisible. Una buena fantasía puede ser un mejor uso del tiempo que escuchar una mala conferencia.

En ocasiones, el aislarse se basa en la imitación de los padres; en este caso, la persona hace lo que vio hacer a sus padres. Por ejemplo, ante la amenaza de un conflicto con su esposa, un hombre puede aislarse como hacía su padre cuando su madre se enfadaba; puede marcharse de casa, irse a su negocio o encerrarse en su estudio; o, en vez de marcharse físicamente, puede echarse a dormir o, simplemente, "desintonizar" a su esposa y no escuchar lo que ésta diga.

Las normas de aislamiento también se originan en el estado Niño del yo. A menudo, éstas son representaciones de adaptaciones de la persona en su niñez, surgidas de la necesidad de protegerse a sí misma contra el sufrimiento o el conflicto. Un niño acostumbrado a oír decir a sus padres: "Vete a tu habitación y no salgas de allí hasta que lo hagas con una sonrisa", aprende a aislarse física o psicológicamente tras una sonrisa forzada.

Cuando una persona se aisla psicológicamente, con frecuencia, se vuelve hacia un mundo fantástico. Es probable que sus fantasías sean de placer o violencia no censurados, ideas creativas o miedos aprendidos y expectativas catastróficas. Todo el mundo se aisla con sus fantasías de vez en cuando. ¿Quién no ha imaginado todas esas cosas grandiosas que "podría" haber dicho? ¿Quién no se ha ocupado en algún placer imaginario no censurado?

Rituales

Las transacciones rituales son transacciones complementarias sencillas y estereotipadas como los cotidianos "holas" y "adioses". Si alguien dice: "¡Buenos días ¡ ¿Cómo estás?", en la mayoría de los casos no pregunta por la salud y los sentimientos de la otra persona; lo que espera recibir es una respuesta ritual: "Bien, ¿y tú?" Durante este corto encuentro, ambas personas han recibido caricias de mantenimiento.

Muchos rituales de esta clase suavizan el intercambio social; proporcionan a desconocidos una manera de acercarse, economizan el tiempo de explicar quién va primero o es servido antes, etc. Algunas culturas, grupos religiosos, partidos políticos, órdenes secretas y clubes sociales estructuran una gran cantidad de tiempo con formas muy rituales de comportamiento. Otros grupos son menos estructurados y emplean su tiempo de maneras diversas. Para muchas personas, los rituales se convierten en una manera de vivir. Después de que la ceremonia nupcial se ha convertido en algo del pasado, el matrimonio puede ser solamente una serie de transacciones rituales que consisten principalmente en la representación de roles, en acciones vacías de significado e intimidad reales, pero que mantienen vivas a las personas con un mínimo de caricias.

Pasatiempos

Las transacciones de pasatiempo son aquellas en las que las personas pasan el tiempo hablando de temas inocuos. ¿Quién no ha visto a una pareja de viejos sentados en un banco de un parque discutiendo excitadamente de política: "¡El gobierno debiera poner orden en este caos...!"? ¿Quién no ha oído a unos padres que pasaban el tiempo compartiendo prejucios comunes: "¿No son terribles los chicos de hoy en día? La forma en que...”? En ambos casos, las personas pueden intercambiar una opinión tras otra, sin atender en absoluto a los hechos y disfrutando cada minuto de su conversación.

Los pasatiempos son relativamente seguros. Frecuentemente, estos intercambios superficiales son utilizados por personas que no se conocen bien. Por ejemplo, en una cena es corriente que los hombres pasen el tiempo hablando de empleos, automóviles, deportes, o la bolsa, mientras las mujeres lo pasan hablando de recetas de cocina, los niños, las modas, etc.

Los pasatiempos, así como los rituales, son maneras de pasar el tiempo juntos cortésmente sin complicarse a un nivel más profundo; proporcionan a las personas oportunidades de estudiarse psicológicamente unas a otras ante la posibilidad de posterior implicación en juegos, actividades o intimidad.

Juegos

Una “ventaja” de practicar juegos psicológicos es el estructurar el tiempo. Algunos juegos estructuran solamente cinco minutos. Por ejemplo, cuando una secretaria juega a *Defecto* con su jefe, ella se toma unos minutos para indicarle que siempre comete errores ortográficos en determinadas palabras.

Otros juegos, como *Deudor*, pueden estructurar toda una vida. Por ejemplo, cuando un matrimonio joven practica *Deudor*, incurre en deudas considerables por muebles, aparatos domésticos, automóviles y demás y, a cada aumento de salario, contraen más deudas: una casa más grande, un automóvil mejor, etc. De esta manera, no importa cuánto ganen, toda su vida estarán endeudados. Cuando los *deudores* quieren jugar “más fuerte”, pueden acabar en bancarrota o yendo a la cárcel.

Actividades

Las actividades son formas de estructurar el tiempo relacionadas con la realidad exterior y, corrientemente, se consideran como trabajo, el llevar algo a cabo. Las actividades son a menudo lo que la gente quiere, necesita o tiene que hacer, como, por ejemplo:

coleccionar sellos	preparar las tareas
ordeñar	nivelar el libro mayor
vestirse	contestar cartas
programar cohetes	cocinar
desherbar el jardín	descargar un barco
construir una pajarera	coser un vestido
dibujar planos	construir puentes

Cuando algunas de ésas y otras actividades consagradas se acaban, la persona se siente con frecuencia vacía, intranquila o inútil. Este problema se hace claramente ostensible cuando actividades estructuradas tales como cuidar niños, ir al colegio o tener empleo se acaban súbitamente.

Muchas madres que han ocupado su tiempo en el cuidado de los niños y los quehaceres domésticos se sienten aburridas e inútiles cuando los hijos crecen y dejan el hogar; de igual manera, un padre que ha dedicado su vida a sostener a su familia puede sufrir el mismo aburrimiento y empeorar rápidamente después de jubilarse.

En medio de las actividades pueden surgir diferentes maneras de estructurar el tiempo. Pueden tener lugar los rituales, los pasatiempos, los juegos e incluso la intimidad. Por ejemplo, un directivo de una empresa puede jugar a *Directivo acosado* contestando *Sí* a tantas peticiones que, al final, puede sufrir un colapso. Entretanto, hostiga y hace trabajar excesivamente a sus secretarias tanto como a sí mismo. Cuando el Sr. Acosado sale del despacho, sus secretarias pueden dejar de mecanografiar y archivar y entregarse al pasatiempo común: *Esto es horrible*. "Ese fulano dice 'Sí' a todo el mundo y nosotras acabamos trabajando demasiado; ¡esto es horrible!" Cuando el jefe vuelve al despacho, ellas regresan a sus actividades, acuden al ritual de una pausa para tomar café o se retiran a sus propias fantasías– tal vez furiosas–o inician un juego.

Intimidad

A un nivel más profundo del encuentro humano que los rituales, pasatiempos, juegos y actividades, se halla la capacidad para intimidad que posee cada persona. La intimidad está libre de juegos y de explotación y tiene lugar en esos raros momentos de contacto humano que despiertan sentimientos de ternura, empatía y cariño. Tal cariño no es sólo la sensación cálida que una persona puede sentir al ver unas piernas bien formadas o unos hombros anchos. La intimidad implica interés verdadero.

Varias personas pueden vivir o trabajar juntas durante muchos años y nunca "verse" u "oírse" unas a otras. Sin embargo, puede llegar un momento en el cual uno ve al otro por primera vez; ve su color, sus expresiones, sus muchas formas, sus movimientos, sus diferencias. Puede también oír al otro por primera vez: oír todos sus mensajes, verbales y no verbales, emocionales y objetivos.

La sensación de intimidad puede acontecer en medio de una multitud o a través de una amistad continuada, en el trabajo o en una relación matrimonial. La intimidad puede tener lugar si:

> En un concierto, una persona sorprende brevemente la mirada de un desconocido. Durante ese momento, ambos son conscientes del vínculo de mutuo placer y se sonríen abiertamente en un momento de intimidad.

LA NECESIDAD DE CONTACTO

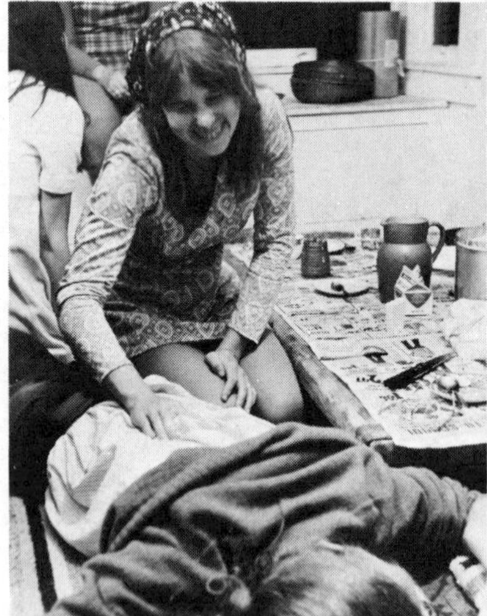

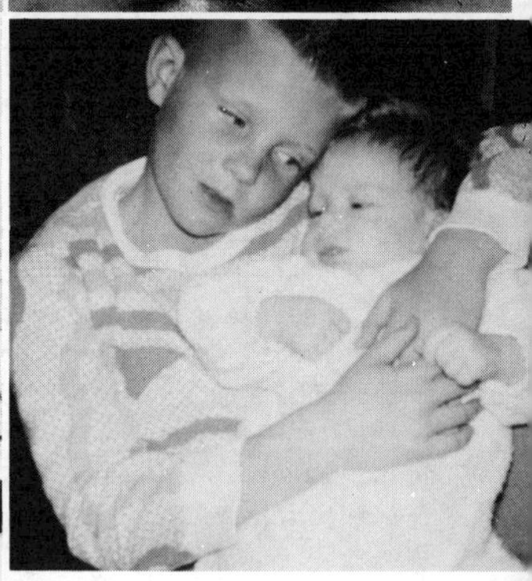

El hambre de contacto se satisface con caricias positivas.

LAMINA IV

TRUCTURANDO EL TIEMPO

A veces la gente se ocupa en juegos psicológicos aprendidos en la infancia.

A veces:
se ocupan en rituales o pasatiempos,
experimentan un momento de intimidad,
se alejan mutuamente,
trabajan juntos.

LAMINA V

Marido y mujer trabajan juntos desherbando su jardín y experimentan una sensación de proximidad que los conduce espontáneamente al contacto físico que valida su cariño.

Un padre ve el rostro bañado en lágrimas de su hijo, que acaba de enterrar a su perro. Abraza al niño y le dice: "Es penoso enterrar a un buen amigo". El niño se deshace en llanto entre los brazos de su padre, liberándose así de su aflicción. Durante ese momento están muy unidos.

Dos hombres trabajan juntos durante varias semanas en la preparación de una propuesta para su compañía. Uno de ellos la presenta a la dirección y es rechazada. Al regreso, su colega lo mira y, sin palabras, una sensación de comprensión por la decepción mutua se cruza entre ellos.

Cualquier clase de actividades tales como ir a un concierto, desherbar el jardín, enterrar un perro o trabajar en una propuesta sirven como contexto en el cual la intimidad es posible. En la vida moderna, la intimidad parece rara. Las personas que, de una u otra forma, se sienten apretadas, a menudo buscan espacio "psicológico". Pueden aislarse o recurrir a vivir ritualmente y usar la técnica de "mantén tu distancia". Incluso cuando están apiñadas en un ascensor o en un tren atestado, las personas se mantienen distantes, fingiendo no verse las unas a las otras.

La intimidad es con frecuencia aterradora porque implica riesgo. En una relación íntima, las personas son vulnerables y, muchas veces, parece más fácil pasar el tiempo o practicar juegos que arriesgar sensaciones de afecto o de rechazo.

Si la capacidad para la intimidad ha sido innecesariamente suprimida, ésta puede ser recuperada. A través de la activación y el fortalecimiento del estado Adulto del yo, una persona puede cambiar a pesar de las experiencias de su vida temprana. Uno de los más importantes objetivos del AT y signo de una persona autónoma es el recuperar la capacidad para la intimidad. Los triunfadores arriesgan intimidad verdadera.

RESUMEN

Todo bebé necesita contacto para crecer. Las caricias positivas estimulan a los bebés a convertirse en los triunfadores que nacieron para ser; por el contrario, el descuento fomenta perdedores. Los bebés que son desatendidos o acariciados negativamente reciben un estímulo que tiende a convertirlos en perdedores. A su turno, estas personas tienden a producir otros perdedores, a menos que haya una intervención vigorosa y una decidida acción contra el guión de perdedor.

La salud mental y física de una persona probablemente está relacionada con las formas en que fue tocada y reconocida. Si sus pautas de reconocimiento son negativas y desea ampliar sus posibilidades, nunca es tarde para aprender cómo hacerlo.

El aprender a cambiar viejos hábitos de descontar no es siempre fácil. No obstante, una persona puede hacerse consciente de cómo se descuenta a sí misma y a los demás y, consecuentemente, desarrollar nuevas normas de efectuar transacciones. En lugar de descontar, puede activar deliberadamente su Adulto para controlar sus comentarios y comportamiento destructivos; puede seleccionar lo que decida utilizar de sus estados Padre y Niño del yo a través de su Adulto. En vez de descontar, una persona puede dar caricias positivas a otros e incluso a sí misma. Se hace responsable de su comportamiento.

Cuando un padre hace un esfuerzo por cambiar, generalmente necesita más datos procedentes de su Adulto; necesita las habilidades que se enseñan en los cursos de entrenamiento para padres;[10] necesita estudiar el desarrollo infantil; necesita observar más padres "exitosos" y prepararse para transacciones positivas.

Cuando una persona cualquiera decide hacer esto, sus mensajes se hacen más apropiados a la situación: claros, naturales, directos y pertinentes. Habla francamente. Así, por ejemplo, cuando una hija pequeña pregunta si se puede poner su vestido nuevo, el padre (o la madre) dice "Sí" o "No" razonando su respuesta; y cuando la esposa pregunta al marido cuándo va a regresar a casa, él le contesta con los datos disponibles.

El tiempo está estructurado en el proceso de recibir, administrar o evitar caricias. Aislarse es una manera de evitar caricias. Los rituales y los pasatiempos proporcionan un mínimo de caricias a nivel superficial. Los juegos son también origen de caricias... a menudo, negativas. Las actividades y la intimidad permiten las caricias positivas que convienen a un triunfador.

EXPERIMENTOS Y EJERCICIOS

1. Usted y el sentido del tacto

Para hacerse más consciente de su uso del sentido del tacto, reflexione sobre los dos últimos días. Evalúe su capacidad para tocar y ser tocado.

- ¿A quiénes tocó? ¿Cómo los tocó? ¿Positivamente? ¿Negativamente?
- ¿Ha evitado tocar a alguien? ¿Por qué? ¿Quisiera haber tocado a alguien? ¿Por qué?

  ¿Quién le tocó? ¿Cómo le tocaron? ¿Positivamente? ¿Negativamente?
- ¿Ha evitado que alguien le tocara? ¿Por qué? ¿Quisiera que alguien le hubiese tocado?

Piense ahora en su hambre de contacto físico como si se tratara de una escala que se extiende entre el evitar contacto y el buscarlo constantemente. ¿Dónde se colocaría en esta escala? ¿Dónde quisiera estar?

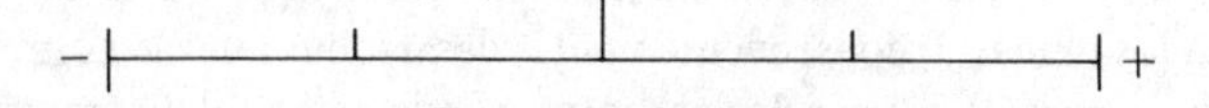

Ahora use otra escala para evaluar la frecuencia, la intensidad y la autenticidad de su contacto físico con los demás.

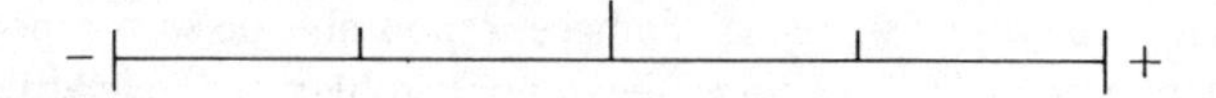

¿Puede relacionar su actual uso del contacto físico con las experiencias de su niñez? Si no puede recordar dónde y cómo fue tocado, el siguiente ejercicio le servirá de ayuda.

- Dibuje el contorno de su cuerpo, de frente y de espaldas. Coloree de rojo las zonas donde fue tocado con frecuencia; de rosa, las zonas donde fue tocado con menor frecuencia; de verde, la zonas donde apenas fue tocado; de azul, donde nunca fue tocado. En las zonas donde el contacto fue negativo, dibuje rayas negras sobre el color.[11]
- Estudie su "retrato de contacto físico". Intente reexperimentar sus sentimientos pasados. ¿Conserva todavía barreras contra el contacto físico relacionadas con esas primeras experiencias?

Ahora pruebe a hacer uno de los experimentos de Bernard Gunther sobre la conciencia sensorial.

- "...Doble sus dedos por las articulaciones y empiece a golpearse ligeramente con los nudillos en la cabeza: golpecitos vigorosos que reboten como gotas de lluvia (de 15 a 20 segundos en cada zona). Después, pase cerca de las orejas y a los lados de la cabeza. A continuación, pase a la frente. Vuelva a golpearse ligeramente sobre toda la cabeza, poniendo especial atención en cualquier zona en donde sean necesarios algunos toquecitos adicionales; reduzca poco a poco la frecuencia de los golpes hasta parar. Baje las manos a los lados del cuerpo, cierre los ojos y hágase consciente de cómo se siente la cabeza a consecuencia de lo que acaba de hacer y abra lentamente los ojos."[12]

El siguiente experimento es para las personas que le tienen miedo al contacto:

- Piense en una pauta táctil que quisiera cambiar. ¿Cómo actúa ahora? ¿Cómo quisiera poder actuar?

- Imagínese actuando de otra manera. Imagínese en situaciones diversas en las que emplea el tacto como quisiera hacerlo realmente.
- Considere lo que ha imaginado y pregúntese: "¿Estaría bien hacer eso?"
- Imagínese que lo hace muchas veces. Vea a la otra persona. Véase a usted mismo tocando.
- Cuando tenga suficiente confianza, póngalo a prueba con una persona real.

2. **Usted y el reconocimiento**

Para conocer sus pautas de reconocimiento, vuelva al experimento 1. Sustituya la palabra "contacto" por la palabra "reconocimiento".

Evalúe su hambre de reconocimiento en la siguiente escala:

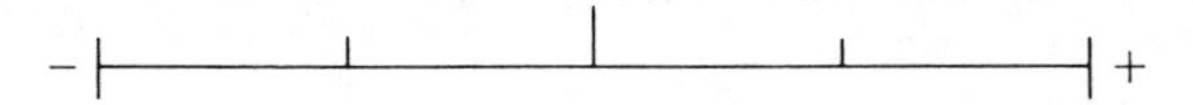

Ahora evalúe su capacidad para reconocer el mérito de los demás.

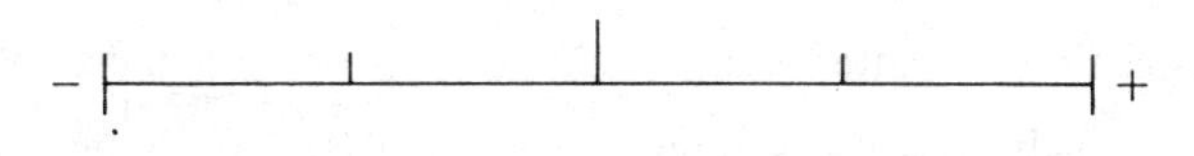

- ¿Está usted satisfecho con su localización en estas escalas? Si no es así, ¿qué desearía cambiar?

Recuerde las clases de reconocimiento que le fueron ortogadas cuando niño. ¿Cree usted que sus padres reconocieron suficientemente sus méritos? ¿Fue el reconocimiento positivo o negativo?

- ¿Cómo le elogiaban o criticaban? ¿Con qué palabras?
- ¿Qué mensajes no verbales de reconocimiento le fueron transmitidos? ¿Existían en su familia señales como guiños aprobatorios; gestos con la mano que indicaban "está bien" o "estás loco"; un movimiento de índice que decía "no, no"; un puño crispado frente al rostro; la amenaza de quitarse el cinturón?

Piense en sus pautas actuales de reconocimiento:

- ¿Imita usted ahora las pautas de reconocimiento de sus padres con sus hijos, amigos o compañeros de trabajo?
- ¿Qué pautas ha logrado cambiar?

- ¿Hay alguien en su vida –cónyuge, jefe o amigo– que le conceda el mismo tipo de reconocimiento, ya sea positivo o negativo, que le dieron sus padres?

3. Usted y la estructuración del tiempo

- ¿Qué decían sus padres acerca del tiempo? Empleaban frases como: "Sólo se vive una vez", "Disfruta mientras puedas", "No pierdas tu tiempo", "¿Piensas quedarte ahí parado todo el día? Vamos, muévete", o "Tranquilo, hijo, mañana será otro día"?
- ¿Cómo empleaban sus padres el tiempo?
- ¿Influye todavía en usted algún mensaje, verbal o no verbal, de sus padres en relación con el tiempo? ¿Se siente empujado, perezoso, confuso, parado, satisfecho, vacío? ¿Cómo?
- ¿Lucha usted contra el tiempo? ¿Lo desperdicia? ¿Lo usa? ¿Disfruta de él?
- Elija un día laboral cualquiera e intente determinar qué porcentaje de su tiempo está estructurado con rituales, pasatiempos, actividades, juegos, soledad e intimidad.
- Repita el ejercicio anterior en relación con un fin de semana.
- ¿Está satisfecho con sus actitudes y sentimientos respecto del tiempo?
- Si no es así, ¿cómo cree que podría aprovechar mejor el tiempo de su vida? Por ejemplo, si dejara de practicar un juego con su cónyuge o amigo, ¿cómo podría estructurar ese tiempo de una manera más satisfactoria?

4. Su capacidad para intimidad

Este experimento es para aquellas personas que deseen conocer mejor su capacidad para intimidad.[13] Debe ser puesto a prueba con el (o la) cónyuge o con un amigo de confianza, y después de haber obtenido su aprobación. Deben estar de acuerdo en no retirarse ni entregarse a rituales, pasatiempos o juegos. El tiempo límite es de 15 minutos.

- Busquen un lugar tranquilo con pocas distracciones. Siéntense frente a frente, a una distancia de no más de metro y medio, mirándose fijamente el uno al otro.
- Compartan alternativamente asuntos de verdadera importancia: una preocupación, un interés, un suceso. Compartan tanto sus sentimientos como sus emociones.

- Cuando escuche, procure que sus aportaciones sean relevantes. Cuando hable, hágalo claramente. Sea consciente de sus emociones y exprésela. Observe cómo cambian sus emociones.
- Repita este procedimiento varias veces. ¿Qué siente hacia su pareja al terminar el experimento?

4
LOS GUIONES DEL DRAMA DE LA VIDA

Todo el mundo es un escenario
y todos los hombres y mujeres sólo actores;
ellos tienen sus salidas y sus entradas;
cada hombre en su tiempo representa muchos papeles.

SHAKESPEARE

La mayoría de la gente participa en alguna forma de teatro y representa en varios escenarios para públicos diferentes. A veces, el público sólo existe en la mente de la persona.

Según Frederick Perls, cada persona tiene dos escenarios: el privado, en el cual, en lo más recóndito de sus pensamientos, ensaya continuamente para el futuro; y el escenario público, en el que su representación puede ser vista por otros. Afirma el Dr. Perls: "Vivimos en dos niveles: el público, en el cual *hacemos* y que es visible, verificable; y el escenario privado, el pensante, el de ensayo, en el que nos preparamos para los roles que queremos representar en el futuro".[1]

Ensayar en el escenario privado de la mente puede ser apropiado en ocasiones, pero demasiado ensayo deja a la persona al margen y preocupada.

Caso ilustrativo

En su primera sesión de orientación psicológica en grupo, Dolores evitó mirar a los otros asistentes. Miró al techo, a la pared, al suelo o se miró las manos. Cuando le preguntaron "qué sucedía", respondió: "Estaba tratando de decidir cómo debería actuar aquí. Lo pensé mucho cuando venía y lo sigo pensando, pero sigo sin saber qué hacer. Sé que quiero causar una buena impresión a todos. Esto puede parecer una bobada, pero me preguntaba si debería actuar tímidamente o si les gustaría más a todos si me vieran en una actitud decidida, o si debería mostrarme inteligente o torpe. Estaba pensando tan intensamente sobre cómo debería actuar que casi no me di cuenta de que un perro se había metido delante de mi auto."

Dolores había estado tan preocupada ensayando en su escenario privado el tipo de representación que quería realizar en el escenario público del grupo que estaba como si no tuviese ojos.

Los escenarios públicos en los cuales la gente representa sus guiones son el hogar, la iglesia, las reuniones sociales, la escuela, la oficina, la fábrica, etc. Algunas personas prefieren un cierto escenario a otros. Esto es cierto de la persona que pasa la mayor parte de su tiempo en la oficina y poco en su casa; o de la que es estudiante perpetuo y cuyo único escenario público es la universidad. No obstante, la mayoría de la gente divide su energía entre varios escenarios y, a menudo, representan roles diferentes en cada uno de ellos. Un individuo que es un jefe difícil en su trabajo, en su casa puede convertirse en gelatina en manos de una hija pequeña.

GUIONES

En la vida de cada individuo, los sucesos dramáticos de la existencia, los roles que se aprenden, ensayan y representan son determinados originalmente por un guión.

Un guión psicológico[2] tiene un notable parecido con un argumento teatral. Cada uno consta de un elenco de personajes, diálogos, actos y escenas, temas y tramas que avanzan hacia un clímax y un final con caída de telón. Un guión psicológico es el continuo programar que hace una persona de su propio drama, el cual dispone lo que ésta va a hacer con su vida y cómo. Es un drama que la persona representa compulsivamente, aunque es posible que no tenga plena conciencia de ello.

El guión de una persona puede parecerse a un melodrama cursi, una aventura violenta, una tragedia, una epopeya, una farsa, una historia de amor, una comedia divertida o una obra sin interés que aburre a los actores y hace que los espectadores se duerman. Los diferentes dramas contienen diversos grados de constructividad, destructividad o improductividad (es decir, no conducen a nada).

El drama de la vida comienza al nacer. Las instrucciones del guión son programadas dentro del Niño por medio de transacciones entre las figuras paternales y sus hijos. A medida que los niños crecen, aprenden a desempeñar papeles: de héroes, heroínas, malvados, víctimas o salvadores y, sin saberlo, procuran que otros representen los roles complementarios del guión.

El adulto representa su guión en el contexto de la sociedad en que vive, la cual posee sus propias normas dramáticas. Ya lo dijo Shakespeare: todo el mundo *es* un escenario.

Los individuos siguen guiones, las familias siguen guiones y las naciones también los siguen. La vida de cada individuo es un drama único, que puede incluir elementos tanto del guión cultural como del familiar. La interacción de esos guiones afecta el drama vital de cada persona y, por tanto, revela la idiosincrasia de un pueblo.

GUIONES CULTURALES

Los guiones culturales son las normas dramáticas aceptadas y esperadas que surgen dentro de una sociedad; estos son determinados por suposiciones expresas o tácitas, aceptadas por la mayoría de los individuos pertenecientes a ese grupo. Al igual que los argumentos teatrales, los guiones culturales poseen temas, personajes, roles esperados, dirección escénica, vestuario, decorados, escenas y telón final. Los guiones culturales reflejan lo que se ha denominado el "carácter nacional". Un mismo drama puede repetirse generación tras generación.

Los temas de los guiones difieren de una cultura a otra. Un guión puede contener temas de sufrimiento, persecución e infortunio (los judíos, históricamente); puede contener temas de creación de imperios y conquista de vastos territorios (como los romanos). A través de la historia, algunas naciones han actuado desde la postura dominante del conquistador (como los españoles de los siglos XV y XVI); otras, desde la postura desvalida del conquistado (los aztecas, los incas, los mayas). En la primera época de los Estados Unidos, a donde llegaron grupos inmigrantes que huían de la opresión a sacar partido de la situación y a explorar lo desconocido, un tema básico fue "la lucha por la vida". En muchos casos, esta lucha se llevó a cabo por medio de la exploración y la colonización; algunos participaron en ambas.

Como antes lo hicieron los Pizarro, Cortés, Alvarado, Jiménez de Quesada y muchos otros durante la exploración y colonización de Hispanoamérica, algunos exploradores (o pioneros) de lo que hoy son los Estados Unidos estaban siempre en camino, en busca de nuevos "escenarios", arriesgándose y preparando la escena para los colonizadores que venían detrás de ellos. Aunque algunos de los escenarios, actos, personajes y acciones cambiaban –tanto en la América hispana como en la anglosajona–, el tema básico fue con frecuencia el mismo. Un guión parecido de exploración, aunque con vestuario y decoración diferentes, es el que representan los astronautas hoy día. Las armaduras y los cascos de los conquistadores, los gorros de piel de mapache de los pioneros, han dado paso a complicadas escafandras y a vestiduras muy especiales y complejas; los caballos y las carabelas, a cohetes espaciales; los asados y los pucheros, al alimento empacado en una bolsa de plástico.

El escenario ha cambiado de tierras y mares a espacio y polvo lunar; la acción, desde la confianza en uno mismo a la dependencia de la tecnología. Puede que los exploradores del espacio, como sus predecesores de antaño, estén preparando una nueva escena para los colonizadores que seguirán. Sin embargo, no todas las exploraciones son geográficas. El mismo espíritu puede observarse en otras vastas fronteras: las de los mundos científico y social.

A diferencia de los exploradores y pioneros, que siempre estaban en camino, el guión de los primeros colonizadores era cavar y echar raíces. Los colonizadores araban la tierra, edificaban casas y pueblos, establecían negocios, trabajaban arduamente para adquirir bienes materiales e incrementar la población. Su lucha era penosa y sus vidas cortas y precarias en un ambiente nuevo que con frecuencia era hostil.

Actualmente, una gran parte de la sociedad norteamericana –por cierto no toda ella– ya no se preocupa por la lucha por la supervivencia individual. Un colonizador de nuestros días tiene una esperanza de vida cercana a los ochenta años. En vez de trabajar independientemente, probablemente forme parte de una compañía importante o de una dependencia gubernamental. En vez de ganarse la vida a duras penas, puede encontrarse atrapado por los placeres y problemas de la opulencia.

A medida que los tiempos cambian, surgen nuevos temas para el guión: educarse, ganar dinero, buscar placeres y buscar el sentido de la vida. El escenario norteamericano está hoy día atestado de gente y de bienes y el telón se levanta para una escena nueva. Cuando un gran porcentaje de individuos adopta temas que son diferentes de los normalmente aceptados por su cultura, el estilo dramático de la cultura entera empieza a cambiar. Mientras algunas transiciones son relativamente indoloras, otras están llenas de angustia e incluso de derramamiento de sangre.

Muchos jóvenes modernos, nacidos en un ambiente diferente del de sus padres, rechazan los temas de guiones anteriores porque carecen de validez o aplicabilidad para *sus* vidas. Sin embargo, muchos se enfrentan de nuevo con el tema de "la lucha por la vida", al reaparecer éste en relación con la supervivencia de la humanidad y la conservación de la naturaleza.

Además de los temas, los guiones culturales generalmente dictan roles específicos. La mayoría de las culturas distinguen –lógica o ilógicamente– entre los roles que deben representar los hombres y los que se espera que representen las mujeres. Margaret Mead describe una tribu de Nueva Guinea en la que los hombres están programados para ser pasivos y las mujeres para ser agresivas. De los hombres se espera que actuén como padres nutricios, cuidando de los niños y de las viviendas; de las mujeres, que sean proveedoras enérgicas. En cambio, en los países hispanoamericanos, así como en los Estados Unidos, si un hombre elige el cuidado de la casa mientras su mujer provee el sustento, probablemente esté degradándose a los ojos de la sociedad.

Al contrario de la tribu de Nueva Guinea, una de cazadores de cabezas cerca de Birmania programa a sus niños desde su nacimiento para el combate y la brutalidad. Cada niño ensaya diariamente su rol de guerrero, como preparación para su esperada escena de muerte violenta. Pocos hombres pasan de la plenitud de la vida; las mujeres aceptan que sus hombres sean exterminados y comparten los que quedan.

Una norma de combate parecida existe en los países que tienen servicio militar obligatorio; en tales casos se espera que los hombres luchen en las guerras y las mujeres no son llamadas a filas. Esta expectativa es aceptada por muchas personas, aunque el compartir a los supervivientes no goza de tanta popularidad. Un ejemplo diferente lo proporciona el moderno estado de Israel, en donde tanto las mujeres como los hombres aprenden tácticas bélicas y ambos sexos son llamados a filas.

Mientras algunas culturas demandan que los roles de los sexos sean polarizados, otras demandan que se traslapen, con lo que se facilita el intercambio de los roles. No importa cuáles sean los roles de los sexos, la destrucción aparece escrita en alguna forma en los guiones de la mayoría de las culturas. *Entre* culturas, la destrucción se manifesta por medio de la explotación económica y las guerras. *Dentro* de una cultura, los suicidios y homicidios, la superpoblación y la alteración del equilibrio ecológico causan un tipo diferente de destrucción.

En el pasado, el Japón fomentaba el suicidio como honorable escena final y todavía tiene uno de los porcentajes de suicidios más altos del mundo. En 1964, el porcentaje de suicidios en el Berlín Occidental fue extremadamente elevado, suicidándose los hombres a razón de un 56,3 por 100.000 y las mujeres a razón de un 30,9. Otros países con elevados porcentajes de suicidios son Suiza, Austria, Suecia y Dinamarca.

Aunque la tasa de suicidios por cabeza en los Estados Unidos es la mitad de la de Suecia y Dinamarca, la tasa de homicidios es diez veces más alta.[3] Los crímenes están aumentando de una manera apreciable en los Estados Unidos. Esto indica que, de una forma u otra, un número considerable de personas está siendo programado hacia la violencia.

Algunas culturas, en vez de programar para la muerte súbita, lo hacen para una forma más lenta de destrucción: la superproducción de "personajes". Cuando el elenco es demasiado grande para la capacidad del escenario, el final inevitable es la muerte por hambre y enfermedad. Una superpoblación semejante a la de la India es una forma de suicidio nacional y se fomenta cuando los individuos perpetúan guiones que demandan familias numerosas. La explosión demográfica aporta una nueva serie de problemas. ¡El número de personas vivas en la actualidad es la mitad del total de todas las que han vivido en todos los tiempos![4]

Los guiones culturales poseen direcciones escénicas para el reparto de personajes: en ellas constan detalles tales como posturas, gestos y acciones aceptables; incluso el mostrar emociones puede estar determinado culturalmente. Muchos hombres italianos muestran sus sentimientos con facilidad y, sin timidez alguna, se abrazan efusivamente los unos a los otros; los rusos se besan en los labios; en los Estados Unidos, donde predomina la influencia inglesa, una demostración pública semejante entre hombres se considera sospechosa. El apretón de manos de los europeos e hispanoamericanos se está abriendo paso lentamente en otras culturas, debido a que los contactos internacionales son cada vez más frecuentes. La mayoría de las culturas poseen posturas y gestos favoritos, centrados en torno de rituales, manierismos y hábitos sexuales. El caso que figura a continuación ilustra cómo este aspecto de un guión cultural se refleja en el comportamiento individual.

Caso ilustrativo

Mai, una bellísima chino-americana, asistió a un maratón* sabiendo exactamente lo que quería obtener en ella. Expuso su contrato en estos términos: "Quiero tener más libertad para comportarme. Nosotros los chinos somos siempre muy corteses: nunca interrumpimos, nunca estamos en desacuerdo y, lo que es aún peor, nunca mostramos nuestras emociones. No quiero continuar con estas costumbres tradicionales chinas." Se le pidió a Mai que usara la técnica *gestalt* de pensar y actuar en opuestos. "¿Qué cultura se conduce en una forma que tú consideras muy diferente de la china?" Su respuesta fue inmediata: "¡Los italianos!" Se le sugirió que se colocase frente al grupo y que se dirigiera a cada uno de sus miembros con su tradicional conducta china primero y, después, con su concepto de lo que es la italiana. Ella lo hizo con creciente entusiasmo, exagerando sus emociones, su voz y su expresión. Se derrumbó finalmente sobre una silla, puso los brazos en alto y, riéndose a carcajadas, dijo: "¡Oh, mamma mia! Ahora hay por lo menos dos Mais: mi yo china y mi yo italiana."

Algunos individuos aceptan su guión cultural, otros no. Si el drama de la vida de un individuo encaja con lo que su cultura espera de él, éste es aceptado y aprobado. Por ejemplo, si "hacer dinero" es el foco cultural, la persona que tiene éxito financiero es muy respetada porque su guión concuerda con el de su cultura.

Dentro de la misma cultura, otra persona puede ser considerada un fracaso si escoge ir tras sus propios intereses, ideas o habilidades y rechaza el tema "hacer dinero". Como su guión personal no armoniza con el de su cultura, tal individuo probablemente reciba desaprobación, ridículo o castigo por parte de otros.

En la historia de la humanidad, muchos guiones culturales contienen temas que reflejan creencias religiosas o sobrenaturales; éstas pueden ser anatema para ciertas personas pertenecientes a la cultura y, en consecuencia, los guiones están en conflicto. Por ejemplo, en una época en que se consideró que

---

*Orientación intensiva de grupo por un período concentrado, de un día completo o un fin de semana.

la toma de decisiones era una función de la Iglesia, el científico italiano Galileo Galilei (1564-1642) se apartó de las creencias más generalizadas en temas de astronomía, aplicó su propio conocimiento e hizo sus propias observaciones. Se manifestó firmemente a favor de la teoría de que la tierra se mueve alrededor del sol, contrariando los deseos de la Iglesia, la cual defendía la postura tradicional contraria con base en la creencia de que, como el hombre tiene una relación única y favorecida con Diós, él y su tierra tenían que ser el centro de todas las cosas. Galileo fue juzgado y declarado culpable de herejía y murió en prisión.

Algo semejante sucedió alrededor de 1600 con Anne Hutchinson, de Boston, quien desafió la prevaleciente teología puritana. No sólo estaba en contra del dogma religioso, sino también en contra de la costumbre que negaba a las mujeres voz en la Iglesia. Evidentemente, su guión personal, como el de Galileo, la autorizó a pensar por sí misma e invitó abiertamente a los demás, incluso a las mujeres, a imitarla. Por su conducta sufrió un largo y miserable juicio, en el cual fue declarada culpable de herejía, excomulgada y desterrada como castigo. Finalmente, Anne y su familia fueron asesinadas. La única voz que se alzó en defensa de Anne Hutchinson fue la de una joven, Mary Dyer. Veintidós años después, el mismo drama pareció repetirse cuando Mary perdió la vida; fue ahorcada por Cuáquera por los concejales de Boston.[5]

Aunque es probable que algunos individuos culpen siempre a su cultura por su falta de éxito, no es menos cierto que la historia está llena de ejemplos de hombres y mujeres que fueron autónomos, gente reflexiva, pero que existieron dentro de un guión cultural que no podía tolerar el que se introdujesen posibilidades dramáticas nuevas.

GUIONES SUBCULTURALES

Cuando una cultura es grande y compleja, existen en ella muchas subculturas. Las subculturas son definidas a menudo por su ubicación geográfica, antecedentes étnicos, creencias religiosas, sexo, educación, edad u otros vínculos comunes. Por ejemplo, en el pasado era corriente que los jóvenes imitasen a las generaciones anteriores, pensando ilusionadamente imitar a sus padres o antecesores más notables. Sin embargo, hoy día no es raro que la juventud se distinga por sí misma de sus predecesores por la ropa, los peinados, los gustos en música y danza, el vocabulario, los adornos personales y porque conceden mucho crédito a las opiniones de sus iguales.

Cada subcultura, ya esté relacionada por la edad o por otro elemento cualquiera, desarrolla sus acciones dramáticas propias. Las personas que forman parte de ella pueden identificarse a sí mismas al decir "nosotros", a la vez que identifican otras subculturas con expresiones cargadas de intención peyorativa, como, por ejemplo, "esos".

Nosotros la gente seria.	Esos hippies.
Nosotros los jóvenes.	Esos viejos.
Nosotros los presbiterianos.	Esos ateos.
Nosotros los católicos.	Esos judíos.
Nosotros los indios.	Esos gallegos.
Nosotros la gente bien.	Esos lobos.

A menudo estallan conflictos entre guiones subculturales: rico contra pobre, liberal contra conservador, protestante contra católico. También pueden ocurrir conflictos entre los guiones de una subcultura y los de una cultura mayor: judíos contra cristianos, ineducados contra educados, blancos contra negros. Un niño chicano de trece años de edad evidenció este tipo de conflicto. "¡Esto es tremendo!", dijo. "Si nosotros los chicanos hablamos español en la escuela, se nos echan encima los maestros; y, si en la casa yo hablo inglés en vez de español, mi padre se pone hecho una fiera. Además, tengo el bigote en contra. Mi maestro dice que me lo tengo que afeitar, pero mi madre dice que me cae muy bien, que muestra que me estoy haciendo un hombre. No importa lo que haga, nunca puedo ganar."

Las diferencias dramáticas que las subculturas pueden introducir son permisibles solamente en una cultura mayor tolerante. Sin embargo, incluso en una cultura tolerante, siempre hay individuos que detestan o les tienen miedo a las diferencias. Cada nación tiene normas para sus propios guiones únicos en relación con las subculturas.

GUIONES FAMILIARES

Cuando los guiones culturales y subculturales se perpetúan, por lo general, lo hacen a través de la familia. Todas las familias, naturalmente, poseen normas dramáticas que contienen elementos del guión cultural. Algunas familias, sin embargo, desarrollan una serie única de dramas e insisten en que sus hijos desempeñen los roles tradicionales y apropiados.

Un guión familiar contiene tradiciones y expectativas identificables para cada miembro de la familia y que son transmitidas con éxito de generación en generación. Esos guiones pasan de estados Padre del yo a estados Padre del yo. Históricamente, se pueden observar en familias reales o en familias muy ricas que han producido durante generaciones filántropos, políticos, profesionales, dictadores, etc. Se dan familias de perdedores, pero también se dan familias de triunfadores.

Cuando se perpetúan los guiones familiares, la unidad de los miembros de la familia y las expectativas de determinados comportamientos se reflejan en frases como:

Los Pérez hemos vivido siempre de la tierra y así seguiremos viviendo.

Los López siempre seremos el alma de esta comunidad.

Los Martínez tenemos fama de filántropos.

Las tradiciones de nuestra familia no nos permiten ser cobardes.

En nuestra familia preferimos pasar hambre antes que pedir ayuda.

Los Rodríguez siempre hemos sido superiores a los demás.

Todo el mundo nos tiene mala voluntad a los González.

Las mujeres de nuestra familia han sido siempre sólidas como rocas.

En nuestra familia, el hogar es el castillo del hombre.

Algunos guiones familiares incluyen tradiciones sobre expectativas profesionales que se mantienen por largo tiempo:

Siempre ha habido un médico en nuestra familia.

Los Ramírez venimos de una larga línea de educadores.

Las mujeres de nuestra familia hemos sido siempre buenas enfermeras.

Los Hoyos hemos producido tres generaciones de políticos.

Siempre ha habido por lo menos un ladrón de caballos en nuestra familia.

Los hijos de nuestra familia siempre han defendido las tradiciones de las fuerzas armadas.

Cuando un miembro de la familia no está a la altura de las expectativas del guión, se le considera como la "oveja negra". Sin embargo, un guión familiar en particular puede pedir una oveja negra para añadir intriga o la posibilidad de un chivo expiatorio a la escena familiar.

Muchos guiones familiares tienen una serie de instrucciones explícitas para cada miembro de ella con expectativas diferentes para cada sexo. Por ejemplo, no es infrecuente que el primogénito tenga una posición única dentro del marco familiar. Con relación a su guión familiar, decía una estudiante:

Nuestro guión familiar tiene sus raíces en Italia. Cada hijo tiene que ser monaguillo. El día de la Primera Comunión es tan importante como el del cumpleaños. Siempre se espera que el hijo mayor se haga sacerdote y que por lo menos una hija entre en un convento. En realidad, recuerdo que cuando yo tenía más o menos nueve años decidí no ser monja porque no podría llevar zapatos con tacones altos en el convento.

El siguiente es el relato de otra estudiante:

En nuestra familia, los niños siguen las huellas de sus padres. De los muchachos se espera que sean granjeros y de las muchachas se espera que se casen y se dediquen a sus esposos e hijos. Cualquier otra cosa es considerada como poco femenina. Mi madre decía frecuentemente: "El Señor te hizo mujer para que tengas hijos y para que cuides de un marido. El gobernar el mundo es cosa de hombres." Siempre ha sido así en nuestra familia. Cuando me hice maestra, la familia quedó consternada. Parte de mí misma se sintió orgullosa; otra parte sintió como si yo hubiese hecho algo malo y hubiera traído una desgracia a mi familia. Yo estaba confundida.

Investigaciones recientes[6] indican que el tipo de guión que considera equivalentes el éxito intelectual y la pérdida de femineidad en las jóvenes es un tema común en muchas familias. En esta situación, algunas mujeres que han usado su inteligencia pueden mostrar la tendencia a empequeñecer sus éxitos y a sufrir del sentimiento de culpabilidad de no ser "femenina".

Como se hizo notar en los casos precedentes, no todas las familias perpetúan guiones familiares. En realidad, muchos individuos y/o familias tratan deliberadamente de deshacerse del guión de las tradiciones de "la madre patria" o de la de sus antepasados. Algunas tradiciones mueren porque, sencillamente, es difícil mantenerlas en circunstancias que están cambiando tan rápidamente. Esto puede ser experimentado como una "conmoción cultural". En la actualidad, están evolucionando nuevos guiones y tienden hacia una disminución del sentido comunitario y un debilitamiento de la estructura familiar. Nosotros hemos encontrado:

Gente que prefiere pedir ayuda al gobierno en vez de a sus familias.

Hijos que ya no cuidan a sus padres ancianos.

Hijos, padres y abuelos tan separados por la distancia –ya sea física, emocional o intelectual– que incluso les resulta difícil estar juntos durante días festivos.

Más gente joven se está comprometiendo en cometidos políticos y sociales.

Los guiones familiares pueden ser modificados por una influencia externa. En cualquier país se da el caso de familias que, agobiadas por la pobreza durante generaciones, no esperan casi nada para sí ni para los demás. Los niños están programados para fallar. Esto es especialmente cierto en relación con la educación. Thomas Szasz escribe:

Como los hombres sin educación no pueden competir en pie de igualdad con sus hermanos mejor educados en el juego de la vida, aquellos tienden a convertirse en perdedores crónicos. De jugadores que pierden siempre no se puede esperar que abriguen sentimientos de afecto hacia el juego o hacia sus contrarios.[7]

No obstante, si se aplica un poderoso correctivo, los guiones familiares de pobreza y fracaso se pueden cambiar. Este cambio se evidencia dramáticamente en muchas familias negras de los Estados Unidos que, con demasiada frecuencia, son pobres. Bajo la influencia de líderes que claman: "Negro es bello" o "Yo soy negro y estoy orgulloso de serlo", ha sido posible reescribir guiones familiares, orientándolos hacia la dignidad y la realización. Perdedores potenciales pueden convertirse en triunfadores potenciales.

Cuando se abandonan las expectativas y las viejas tradiciones, o éstas ya no son posibles por más tiempo, aparecen nuevos guiones. La experiencia del cambio puede ser penosa o agradable, perturbadora o unificadora, para mejor o peor, o una mezcla de todas esas cosas.

Algunos guiones familiares fomentan el éxito; otros fomentan el fracaso. Algunas familias reescriben sus guiones al fomentar cambio. Sin embargo, en la vida de cada individuo, las fuerzas más importantes en la formación de su guión son los mensajes que le fueron enviados por sus padres.

GUIONES PSICOLOGICOS DEL INDIVIDUO

El ser compelido a vivir el preprogramado drama continuo de la vida es un aspecto de la personalidad difícil de entender.* Sin embargo, en la vida cotidiana, la mayoría de la gente experimenta u observa en los demás una obligación de actuar en determinada forma, de vivir de acuerdo con una identidad específica y de cumplir un destino. Esto se observa más en el individuo cuyo drama personal es destructivo y que se suicida o mata a alguien.

Probablemente usted conozca a alguien cuya vida entera se dirige hacia un final trágico: el suicidio o uno de sus equivalentes, como el alcoholismo, las drogas o la obesidad.

Probablemente, también conozca a alguien que está luchando para llegar a la cima, sin detenerse a considerar lo que pueda costarle a él o a los que pisotea en su camino.

Probablemente conozca a alguien a quien le gusta vivir, explorar, pensar por sí mismo y cambiar.

Y, finalmente, también es probable que conozca a alguien que continúa andando en círculos, sin llegar a ninguna parte; que vive cada día como el anterior, vegetando, limitándose a existir en vez de vivir de verdad.

Según Eric Berne:

---

* En el momento de escribir este libro, los teóricos todavía están empeñados en la tarea de desarrollar la teoría y la nomenclatura. Véase: *Transactional Analysis Bulletin*, octubre 1969, vol. 8, pág. 112.

Casi toda actividad humana es programada por un guión continuo que data de la niñez temprana, de tal manera que la sensación de autonomía es casi siempre una ilusión, que constituye la mayor desgracia del género humano porque hace posible solamente para unos pocos individuos afortunados el conocimiento, la franqueza, la creatividad y la intimidad. Para el resto de la humanidad, los otros individuos son principalmente objetos que hay que manipular. Deben ser invitados, convencidos, seducidos, sobornados o forzados a representar los roles apropiados para reforzar la postura del protagonista y cumplir con su guión; su preocupación con estos esfuerzos es tan grande que le impide encajar con sus propias posibilidades en el mundo real.[8]

El guión de una persona siempre estará basado en tres preguntas que abarcan su identidad y su destino: ¿Quién soy yo? ¿Qué hago aquí? ¿Quienes son los otros? La experiencia puede llevarle a concluir:

Soy un vagabundo. Nunca seré nada. Otros vagabundos me desprecian.

Soy un hombre de cabeza y puedo hacer cualquier cosa que me proponga. Otra gente me ayudará.

Soy estúpido. Nunca haré nada lo suficientemente bien. Otra gente sabe qué hacer.

COMO OCURRE LA PROGRAMACION

La programación aparece primero de forma no verbal. Casi como si tuviese radar, un bebé empieza a captar mensajes sobre sí mismo y su valor a través de sus primeras experiencias de ser tocado o dejado de lado por los demás. Pronto distingue expresiones faciales y responde a ellas, así como al contacto y a los sonidos. Un niño al que se le abraza cariñosamente, al que se le sonríe y se le habla, recibe mensajes diferentes que un niño que es tratado con temor, hostilidad o ansiedad. Un niño que recibe poco contacto y experimenta indiferencia u hostilidad paternal es descontado. Y aprende a sentir que él no está bien y tal vez pueda sentirse como un "nadie".

Es probable que los primeros sentimientos del niño sobre sí mismo permanezcan como la fuerza más poderosa en el drama de su vida, influyendo significativamente en las posturas psicológicas que él adopta y los roles que representa.

En los primeros años, los niños comienzan a comprender los mensajes de programación que sus padres expresan verbalmente. Esos mensajes son instrucciones que el niño se siente obligado a seguir después:

Algún día serás famoso.
 Nunca llegarás a ninguna parte.

Eres un gran muchacho.
Eres un loco.
¡Vaya! ¡Qué caso eres!
Eres más lento que una tortuga.
Eres mala semilla.
Qué bien estaríamos sin tí.

Un niño es programado profesionalmente cuando los padres dicen:

Jorge tiene madera para ser médico.
Ese muchacho nunca durará en un empleo.
Eres tan hábil que podrías venderles refrigeradores a los esquimales.
¡Serás una excelente enfermera!
¡Es tan perezosa para el trabajo!

Un individuo recuerda que un amigo de su familia le miró fijamente y le dijo: "Serás un buen abogado, jovencito. Tienes un pico de oro". Ese individuo es hoy día fiscal de un tribunal.

Cada niño recibe instrucciones específicas para su guión en relación con su sexo y el matrimonio. Por ejemplo: "Cuando te cases..." envía un mensaje diferente que: "Si te casas..." El futuro de un niño, en lo que respecta a roles sexuales y actitudes, sufre la influencia de juicios como:

¡Es toda una mamacita!
Eres tan flaco que nunca serás un hombre.
¡Debiste haber nacido varón!
No te pases de lista porque puedes espantar a los muchachos.
Somos judíos y esperamos que te cases con uno.
Diviértete, pero no te cases con esa clase de mujer.
El matrimonio es una trampa en la que sólo caen los tontos.

La gente recibe mensajes programados en relación con muchos aspectos de la vida. Por ejemplo, en relación con la religión, una persona puede recibir mensajes como: "Esperamos de ti que sigas los Diez Mandamientos" o "La iglesia es cosa de beatas"; en relación con la educación: "Naturalmente que irás a la universidad" o "La universidad es para los intelectuales"; en relación con el recreo: "El ejercicio físico es necesario" o "El deporte es una pérdida de tiempo"; en relación con la salud: "Todo es pura imaginación" o "Procura que tus intestinos funcionen diariamente".

El resultado de una programación impráctica o errónea se manifiesta en guiones que conducen al fracaso o que no llevan a nada. Por ejemplo, se puede estimular a un joven para que estudie medicina o ingeniería, pero, al mismo tiempo, dejar de proporcionarle los mensajes sobre factores tales como duración de la carrera, capacidad intelectual, educación y recursos financieros necesarios para lograr ese propósito.

Hay mucho de verdad en la frase: "No es lo que dices, sino cómo lo dices". A veces, los padres programan a un hijo diciendo una cosa mientras dan a entender otra. Este es el aspecto que subraya el doctor Perls cuando dice que la mayor parte de lo que se habla es mentira. Diga lo que diga su padre, lo más probable es que un niño responda a mensajes no verbales. El mensaje: "Naturalmente, yo te quiero", dicho tierna y afectuosamente, es muy diferente del mensaje ulterior e incongruente de:

Un rígido: "Naturalmente, yo te quiero."
Un airado: "Naturalmente, yo te quiero."
Un desinteresado: "Naturalmente, yo te quiero."

GUIONES CON MALDICION

Aunque los mensajes paternales pueden ser constructivos, destructivos o improductivos en diversos grados, por razón de su propia patología, algunos padres envían mandatos abiertamente destructivos a sus hijos. Más tarde en la vida, esas órdenes destructivas pueden ser como un electrodo en el estado Niño del yo que, cuando es activado, compele a la persona a obrar de acuerdo con el mandato.

Caso ilustrativo

Roberto se ahorcó cuando tenía veinticinco años de edad. Había dedicado su vida a cuidar de su hermana gemela, que estaba enferma. Cuando ésta murió a los dieciocho años, Roberto se sintió cada vez más deprimido y, paulatinamente, se fue aislando de sus padres y amigos. Refiriéndose al suicidio de Roberto sus padres comentaron:

La madre: No me sorprende en lo más mínimo: era inevitable. En la familia hemos tenido varios casos de suicidio. De hecho, mi hermano se degolló. En repetidas ocasiones, le dije a Roberto que podría terminar suicidándose. Como su hermana ni siquiera tomaba las medicinas, no me extraña que haya muerto tan joven.

El padre: Toda la vida me he sentido derrotado y pesimista. Mi padre era dueño de una funeraria. Cuando Roberto me pedía consejo, yo hacía todo lo posible por no dárselo y me limitaba a citarle las parábolas de Jesús. ¿Qué más podía hacer? Me he sentido deprimido durante muchos años y me han despedido de dos empleos por borracho. Me parece que no he sido un buen ejemplo. Acaso la conducta de Roberto no haya sido tan mala.

Roberto había vivido bajo la expectativa de que pondría fin a su vida y su suicidio fue la consecuencia de mensajes directos y ulteriores: un trágico final para su guión. Los mensajes ulteriores son como maldiciones que hechizan a un niño;[9-10] los mandatos destructivos ordenados, ya sea directa y verbalmente o ya indirectamente y por implicación, son como "hechicerías". Ejemplos de órdenes directas que puede oír un niño son:

No puedes hacer eso. Déjame hacerlo por tí.

Si diesen un premio por feo, tú te lo ganarías.

Anda, vete a jugar a la carretera.

Piérdete.

Mátalos si se atraviesan en tu camino.

Tú eres la palomita lisiada de papá.

Un niño puede inferir una orden con base en las acciones de los padres:

El niño cuyos actos de agresión son todos impedidos puede inferir: "No seas hombre".

El niño criticado por sus emociones puede inferir: "No sientas" o "No exhibas tus sentimientos".

El niño que es castigado por estar en desacuerdo con sus mayores puede inferir: "No pienses".

El niño manipulado con sentido de culpabilidad infiere a menudo: "Tortúrate a tí mismo".

Esos mandamientos, frecuentemente proferidos como prohibiciones o permisos, son considerados imperativos por el niño y son difíciles de violar porque, en cierto modo, él es "un buen muchacho" o ella "una buena muchacha" al hacer lo que sus padres le han mandado.

Cuando una persona vive bajo mandatos destructivos –maldiciones– y rechaza pensar por sí misma, está hechizada. Cuando sea mayor, se sentirá indefensa frente a su destino. La hechicería se puede manifestar por medio de expresiones tales como:

Estoy atrapado. No me puedo ayudar.
Estoy en un bache. Es el destino.
¡Nací perdedor!

Cada persona nace como un individuo único, que ha heredado capacidades y posibilidades que desarrollar, experimentar y expresar. Según Berne, esto significa que cada niño es un "príncipe" en potencia y cada niña una "princesa". Sin embargo, desde muy pequeños, algunos niños reciben mensajes de personas importantes que los descuentan de una u otra manera, con lo cual se les da un estímulo negativo que les hace actuar a un nivel inferior al que les predisponen sus propias posibilidades. De esta manera, los niños se convierten en "ranas" o "bestias" en vez de los triunfadores que nacieron para ser.

El "Príncipe Rana" es un cuento de hadas que expresa esta experiencia demasiado frecuente de la vida real. Se trata de un guapo príncipe que, hechizado por una bruja malvada, está atrapado dentro del cuerpo de una rana y destinado a vivir como tal, en espera de que alguien le rescate.

Cuando una persona vive bajo el hechizo de una maldición, puede rehusar el dejar de culpar a sus padres de ello. Perls comenta:

> Como es bien sabido, los padres nunca son como deben ser. Son muy grandes o muy pequeños, muy listos o muy torpes. Si son severos, debieran ser tolerantes; y así sucesivamente. ¿Pero cuándo se da el caso de encontrar padres que sean como deben ser? Siempre se puede culpar a los padres si se quiere practicar el juego de la culpabilidad y responsabilizar a los padres de los problemas de los hijos. Hasta que un individuo no consienta en desasirse de sus padres, continuará imaginándose a sí mismo como un niño.[11]

CONTRAGUIONES

Algunas personas con guiones que poseen una maldición tienen también lo que se denomina *contraguión*. El contraguión se produce si los mensajes que un niño recibe más tarde en su vida van "contra" los mensajes embrujados que recibió cuando era un bebé. Por ejemplo, un niño pequeño puede recibir en forma no verbal el mensaje "Piérdete" y, cuando sea un poco mayor, un mensaje como: "Ten mucho cuidado cuando cruces la calle". En tal caso, la persona tiene dos series de mensajes, una de las cuales es aparentemente más constructiva que la otra. Con frecuencia, los contraguiones se basan en lemas o motes que el niño recibe como preceptos y que van dirigidos desde el estado Padre del yo del padre o de la madre al estado Padre del niño. El Dr. Claude Steiner cree que "el mandato de la bruja o del ogro es mucho más potente y significativo que el contraguión..."[12]

Aunque la persona puede vacilar entre su guión destructivo y su más constructivo contraguión, este último fracasará.

ROLES Y TEMAS EN LOS DRAMAS DE LA VIDA

Los mensajes, tal como el niño los recibe, le llevan a adoptar sus posturas psicológicas y a desarrollar los roles necesarios para realizar los dramas de su vida. Cuando una persona ha decidido sobre sus roles, selecciona y maneja a los demás desde su estado Niño del yo para que formen parte de su reparto de personajes. Por ejemplo, las personas que tienen inclinación hacia la intimidad tienden a basar su elección de pareja en guiones complementarios.

Un joven y ambicioso ejecutivo que está programado para llegar a la cima necesita una compañera matrimonial que tenga la motivación necesaria para ayudarle a lograr su objetivo y, consecuentemente, busca una mujer que tenga la debida educación, predispuesta como anfitriona y ambiciosa como él, que no haga fallar sus planes dramáticos. A su vez, ella le elige a él para que encaje en el rol necesario de su guión. Incluso cuando proyectan una reunión social, probablemente sus invitados sean personas que representan roles que puedan contribuir al progreso de sus guiones.

Un proceso análogo de selección tiene lugar cuando una mujer que ha adoptado la postura: "Los hombres son unos vagos" se casa con una serie de "vagos". Como parte de su guión está basado en: "Los hombres están mal", cumple su propia profecía regañando, adoptando posturas agresivas, quejándose y, en general, haciéndole la vida imposible a su marido (quien también tiene que representar su papel). Finalmente, ella logra desesperarlo hasta el punto en que él la deja. Y entonces puede decir: "¿Ves? Ya te lo dije. Los hombres son unos vagos que salen corriendo cuando las cosas se ponen difíciles".

Por lo general, un hipocondríaco manipula a los otros desde la postura de indefenso y débil. Es probable que su compañera reaccione "apareciendo" como salvadora o tal vez como perseguidora (o ambas cosas a la vez) y hasta puede sentirse víctima en el proceso. Si el hipocondríaco abandona su postura manipulativa de indefenso y su esposa no está preparada para abandonar la suya, ésta puede agravar la enfermedad de aquél para restablecer la anterior relación de roles. Por el contrario, si la esposa es la primera en decidir no representar el rol que se le había previsto, los síntomas del marido pueden hacerse más pronunciados o éste puede buscar a alguien para que represente los roles salvadora/perseguidora.

Algunas veces, un drama vital demanda que un co-protagonista salga de la escena y entre uno nuevo... Esto se ve a menudo en matrimonios de hombres de carrera que, durante muchos años de preparación profesional, necesitan una primera actriz que sea una esposa trabajadora y ahorrativa; sin embargo, cuando semejante hombre triunfa en su profesión y empieza a moverse en un círculo social diferente, su guión puede requerir una co-protagonista con habilidades distintas.

A menudo, los compañeros, jefes, amigos y enemigos se seleccionan según sus posibilidades manipulativas. Para que esta clase de selección dé buenos resultados, los colegas de reparto deben poder representar los juegos "apropiados" y cumplir con los requisitos de un rol que complementa al guión. Perls denomina dos de las posturas manipulativas primarias "el mandamás" y "el desvalido".

El mandamás es generalmente recto y autoritario; sabe mejor lo que conviene. Algunas veces tiene la razón, pero es siempre recto, justo. El mandamás es intimidante y trabaja con: "Usted debe" y "Usted no debe". El mandamás manipula con demandas y amenazas de catástrofe tales como: "Si tú no..., entonces no serás amado, no irás al cielo, te morirás", etc.

El desvalido manipula desde una postura defensiva, se disculpa, engatusa, representa el niño llorón, etc. El desvalido no tiene poder. El desvalido es el Ratón Miguelito. El mandamás es el Super Ratón. El desvalido trabaja con: "Mañana", "Lo hago lo mejor que puedo", "Mira, lo intento una y otra vez; si fallo es porque no lo puedo evitar", "No sé cómo se me olvidó tu cumpleaños", "Tengo una intenciones tan buenas..." Como puede verse, el desvalido es astuto, hábil y consigue, en general, lo mejor del mandamás porque no es tan elemental como éste. Así, pues, el mandamás y el desvalido luchan por el control. Como cada padre e hijo, ellos luchan el uno con el otro por el control.[13]

Desde las posturas manipulativas del mandamás y del desvalido se pueden representar muchos roles. Sin embargo, la mayoría de los roles dramáticos son los de perseguidor, de salvador y de víctima.

Esos roles son *admisibles* si no son pura farsa, sino, al contrario, auténticamente apropiados a la situación. Ejemplos de roles admisibles son:

Un perseguidor: Es alguien que fija límites necesarios sobre el comportamiento o está encargado de hacer cumplir una regla.

Una víctima: Es alguien que posee las condiciones requeridas para un empleo, el cual le es negado por razón de su raza, sexo o religión.

Un salvador: Es alguien que ayuda a una persona que funciona inadecuadamente a rehabilitarse y a valerse por sí misma.

Cuando estos roles son como máscaras, son *inadmisibles* y su propósito es la manipulación. En lo sucesivo, cuando los nombres de esos roles aparezcan con inicial mayúscula en este libro, se refieren a roles manipulativos inadmisibles

Un Perseguidor: Es alguien que fija límites innecesariamente estrictos sobre el comportamiento o está encargado de hacer cumplir reglas, pero lo hace con brutalidad sádica.

Una Víctima: Es alguien que *no* posee las condiciones requeridas para un empleo, pero asegura falsamente que éste le ha sido negado por razón de su raza, sexo o religión.

Un Salvador: Es alguien que, con el pretexto de ayudar, mantiene a los demás dependientes de él.

Los roles manipulativos son parte de las trapacerías y juegos de una persona y son contribuciones a su guión. Una persona puede jugar un juego de la misma manera en que vio jugarlo a sus padres. Sin embargo, generalmente, los juegos se juegan desde el Niño. El Niño comienza el juego con la intención de "enganchar" al Niño o al Padre de los otros jugadores. Se utilizan los roles manipulativos para provocar o invitar a los demás a responder en formas específicas, reforzando así las posturas psicológicas tempranas del Niño.

En los muchos escenarios de la vida, no es infrecuente que el reparto completo de personajes sepa cómo jugar todas las partes en todos los juegos. Cada uno puede cambiar y representar los tres roles básicos: Víctima, Perseguidor y Salvador. En AT, esta forma de representación se denomina Triángulo de Karpman.[14]

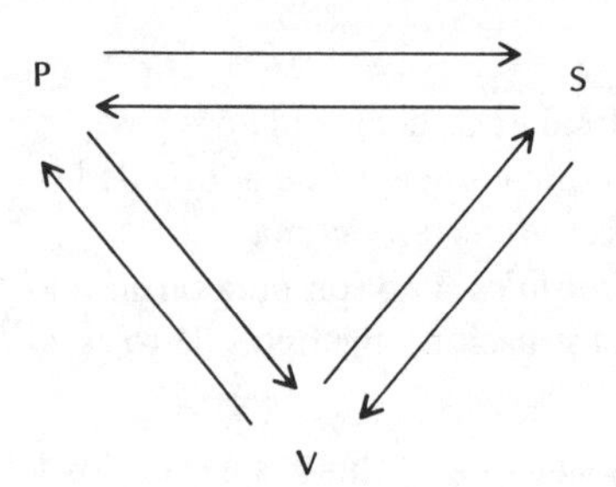

Escribe Karpman:

En el análisis de un drama, solamente se necesitan tres roles para representar los reveses emocionales que constituyen el drama. Estos roles activos, a diferencia de los roles de identidad mencionados anteriormente, son el de Perseguidor, el de Salvador y el de Víctima (o P, S y V en el diagrama). El drama comienza cuando estos roles son establecidos o cuando los espectadores los prevén. No hay drama a menos que haya cambio de roles. ...El drama es comparable a los juegos transaccionales, pero el drama cuenta con mayor número de sucesos, un mayor número de cambios por suceso, y una sola persona representa a menudo dos o tres roles al mismo tiempo. Los juegos son menos complicados y en ellos sólo se produce un cambio importante; por ejemplo, en "Sólo trato de ayudarte", hay una rotación (hacia la izquierda) en el triángulo dramático: la Víctima pasa a ser Perseguidor y el Salvador se convierte en Víctima.

Un drama familiar frecuente incluye la interacción de tres juegos específicos, cada uno de ellos iniciado desde un rol específico:

Juego	Rol básico
Dame una patada	Víctima
Te cogí ahora, h. de p.	Perseguidor
Sólo trato de ayudarte	Salvador

La escena empieza cuando el iniciador de *Dame una patada* manipula a otra persona para que ésta le dé una patada. Como Víctima, él busca un Perseguidor que le coge con las manos en la masa y juega atentamente el juego complementario, *Te cogí ahora, h. de p.* En este momento, el escenario está preparado para un Salvador. Si el Salvador toma parte en la escena con un rescate impotente o ilusorio, él mismo es rechazado y se siente entonces perseguido y pateado. Con la frase de su juego favorito, se lamenta: *Sólo trato de ayudarte.*

El siguiente diálogo ilustra el cambio de roles, aunque es probable que no represente todas las transacciones en los tres juegos de un drama familiar.

Hijo: (como Perseguidor, grita a su madre con enfado)	Sabes que no me gusta el azul. ¡Y vas y me compras otra camisa azul!
Madre: (como Víctima)	Según tú, nunca hago nada bien.
Padre: (rescata a la madre y persigue al hijo)	No te tolero que grites a tu madre, jovencito. ¡Vete a tu habitación! ¡Esta semana no hay dinero para tus gastos!
Hijo: (ahora como Víctima, malhumorado en su cuarto)	Me dicen que sea franco y cuando les digo que algo no me gusta, me hacen callar. ¿Quién puede tenerlos contentos?

Madre: (ahora Salvadora, le da dinero a escondidas)	No se lo vayas a decir a tu padre. No debemos enfadarnos tanto por una camisa.
Madre: (volviendo al padre como Perseguidora)	Juan, no seas tan severo con Alberto. Con seguridad, está en su cuarto, enojado contigo.
Padre: (como Víctima)	Bueno, querida, sólo quería ayudarte y me das una patada donde más duele.
Hijo: (llamando como Salvador)	¡Eh, mamá, déjale en paz! Papá está cansado, eso es todo.

De cuando en cuando, cada persona representa los papeles de Perseguidor, Salvador o Víctima. Sin embargo, cada persona tiende a enfrentarse con la vida y a jugar sus juegos más frecuentemente desde un rol favorito. El rol que representa no siempre está claro para el "actor", que puede actuar de una forma y sentir de otra. Por ejemplo, no es infrecuente el que una persona que se siente Víctima esté en realidad persiguiendo a los que le rodean. A menudo, el cambio de roles origina el drama.

Cuando marido y mujer buscan consejo matrimonial, cada uno de ellos se considera una Víctima que sufre la persecución de su cónyuge. Su expectativa puede ser la de que el terapéuta participe en su juego en el rol de Salvador, en vez de efectuar un rescate real.

Caso ilustrativo

Felipe y María acudieron en busca de consejo, quejándose del fracaso de su segunda luna de miel. Cada uno de ellos afirmaba que había sido víctima del otro. El gritó: "Tuviste el descaro de traerte a tu madre contigo. Ella compartió con nosotros hasta la habitación del motel". A lo que ella replicó: "Y tú fuiste muy grosero con ella y me avergonzaste". Después de varios intercambios hostiles, se les pidió que hablasen de su primera luna de miel. Felipe dijo desafiante: "¿Qué tiene que ver eso con nosotros ahora?", a lo que María replicó: "Te lo voy a decir. Tú llevaste a *tus* padres contigo en nuestra luna de miel hace quince años. Dijiste: 'Ellos nunca tienen oportunidad de ir a parte alguna'. Desde entonces te has estado aprovechando de mí."

Durante todos los años de su matrimonio, María había asumido el rol de Víctima y había practicado los juegos de *Pobre de mí* y *Mira si intenté en serio* hasta que, finalmente, ajustó las cuentas al asumir el papel de Perseguidora. El juego favorito de María llegó a ser *Te cogí ahora, h. de p.* y, durante quince años, el tema de su matrimonio había sido Ajustar cuentas.

TEMAS DEL GUION

Como el tema Ajustar cuentas de María (representado como Víctima que cambió a Perseguidora), todos los guiones tienen temas a través de ellos. Esos temas y roles contribuyen al drama continuo de la vida. En general, los temas se pueden expresar en frases breves:

Pierdo la cabeza	Volver a la gente loca
Ser el mejor	Suicidarse
Salvar pecadores	Llevar mi cruz
Ser servicial	Edificar imperios
Divertirse mucho	Sentirse abatido
Esforzarse mucho	Andar pisando huevos
Dominar a otros	Perder la ocasión
Tropezar y no caer	Arrepentido de estar vivo
Triunfar y fracasar después	Ser pisoteado
No ir a ninguna parte	Buscar un tesoro
Ahorrar para malos tiempos	

ROLES Y TEMAS DE LOS GUIONES EN LA MITOLOGIA GRIEGA

A través de la historia, los artistas y poetas han observado y registrado los roles y temas dramáticos de la vida humana. En la antigüedad, el mito fue una de las formas más difundidas de la literatura dramática. Un mito es un relato que revela, de forma simbólica, algo verdadero, no en el sentido de una verdad que pueda probarse científicamente, sino en el sentido de su universalidad y su significado básico.

Berne cree que los mitos griegos contienen los modelos de los guiones del hombre contemporáneo y pueden ser interpretados psicológicamente. Las figuras míticas muestran tipos universales cuya forma de expresión es muy parecida a la de la gente de hoy. Dos de los personajes más interesantes de la mitología fueron los hermanos Atlas y Prometeo: cada uno de ellos se rebeló contra la autoridad de Zeus, "el padre de los dioses", y su acto de rebeldía les acarreó un castigo. En el caso de Atlas, Zeus le condenó a cargar sobre sus hombros el peso del universo. Hércules, el hombre-músculo original, se ofreció a llevar la carga si Atlas consiguiera para él las famosas doradas de las Hespérides. Atlas lo hizo, pero, a su regreso, en vez de verse libre de su carga, fue "timado" fácilmente por Hércules para que cargara el universo otra vez.

Los Atlas modernos tienen muchos disfraces: el asistente social que tiene un trabajo excesivo, el directivo de un negocio que es renuente en delegar autoridad y "carga con todo el peso" de su departamento o la agotada ama de casa que trata de ser todo para todos. Aunque tal vez los Atlas protesten, ellos tienden a perpetuar su propio rol de Víctima y a extraer cierto placer de sus desdichas.

Los dramas con un personaje tipo Atlas como figura central tienen temas tales como: Llevar mi cruz, Llevar el peso del mundo, Esforzarse mucho, Disfrutar con mis desdichas. A menudo, Atlas se enmascara de "buen chico", pero, en realidad, puede estar practicando juegos como: *¿Por qué me ocurre siempre eso a mí?, Si no fuese por él, Pobre de mí* y *¿No es esto horrible?* En realidad, Atlas no dejaría ni su rol ni sus desgracias.

Prometeo y su hermano Epimeteo recibieron de los dioses el encargo de crear los animales y el hombre. Epimeteo realizaría el trabajo y Prometeo lo supervisaría. Epimeteo les dio a los animales dotes tales como fortaleza, rapidez, valentía y alas. Poco quedó para otorgar al hombre que lo hiciese superior; por tanto, Prometeo efectuó un rescate. Con la ayuda de Minerva, encendió su antorcha en el sol y le dio al hombre el fuego; con éste, el hombre podría hacer armas, utensilios y conseguir el dominio sobre los animales. Además, Prometeo hizo al hombre derecho, vertical como los dioses, y le aseguró la mejor carne del sacrificio, dejando el sebo y los huesos para los dioses.

Zeus se sintió ultrajado por el interés que Prometeo demostró hacia el hombre y le castigó. Como Perseguidor, encadenó a Prometeo a una roca para torturarle perpetuamente; sin embargo, pasadas trece generaciones, Prometeo fue rescatado por Hércules. Hasta hoy día, Prometeo sirve como símbolo de "magnánima resistencia al sufrimiento inmerecido, y fuerza de voluntad para resistir la opresión".[15]

Como el héroe griego, un Prometeo moderno es a menudo alguien que se rebela contra la autoridad y las demandas del poder establecido. Se imagina a sí mismo como un salvador de la humanidad y se identifica con el desvalido. Si sólo representa el rol y nunca rescata a nadie en realidad, actúa "como si" fuese un salvador en vez de serlo de verdad. Si es un legítimo salvador, hará a los otros independientes, aun a riesgo de atraer sobre sí la ira de la autoridad.

¿Tiene usted un Atlas o un Prometeo en su familia? ¿O en su barrio? ¿Entre sus amigos? ¿Es real o representa una farsa? ¿Conoce a otros que se parecen a los personajes de la mitología griega? Lo que sigue puede resultar familiar para el lector.

> Un Zeus que señala las reglas de procedimiento y controla a los demás por medio de la seducción, la amenaza y la brutalidad; es un cazador de mujeres.

Una Hera, esposa celosa de Zeus, que actúa como una detective, siempre investigando a su donjuanesco marido que está enredado con ella en un "divino" juego de *Guardias y ladrones*.

Una Eco, la pequeña ninfa condenada a no pensar por sí misma y que se limita a repetir lo que los demás ya han dicho.

Un Pigmalión, hombre que odia realmente a las mujeres, pero crea de la piedra una tan perfecta que no hay mujer que se pueda igualar con ella; se enamora entonces de su creación, en vez de enamorarse de una mujer del mundo real.

Un Narciso, tan enamorado de sí mismo que está ciego ante el resto del mundo y languidece mientras pasa su vida admirando su propia imagen en el agua.

Una Dafne que coquetea con los hombres y, cuando es perseguida, corre llorando a "papá", en busca de protección.

TEMAS DE LOS GUIONES EN LOS CUENTOS INFANTILES

Como en los mitos de la antigüedad, una gran variedad de dramas de la vida es popularizada en los cuentos infantiles que se transmiten a través de los libros, la radio, la televisión o alrededor de la chimenea durante las reuniones familiares. El guión de un individuo se refleja a menudo en cuentos que poseen los roles manipulativos básicos, así como el argumento sobre el cual se representan los roles.

Los Perseguidores de los cuentos de hadas son con frecuencia madrastras malvadas, brujas, ogros, lobos feroces, dragones u otras bestias. Las Víctimas son ranas, niños abandonados, bellas durmientes, pobrecitas cerilleras, patitos feos y otras clases de "pobres cosas". Los Salvadores son hadas buenas, duendes serviciales, sabios magos, bellísimas princesas y guapos príncipes.

Para ser rescatada, una Víctima debe encontrar a alguien que se considere a sí mismo como un Salvador. En los cuentos infantiles, el Salvador tiene a menudo "poderes mágicos" que le son atribuídos. Un cuento bien conocido, que muestra las funciones complementarias de Víctima y Salvador, es el de la Bella y la Bestia. La Bella, a diferencia de sus hermanas egoístas, nunca pide nada para sí misma. Cuando su padre pierde sus riquezas, ella se sacrifica y hace todas las tareas domésticas; esta conducta la convierte en el blanco de las burlas de sus hermanas, pero, por otra parte, la hace acreedora al elogio paterno.

En busca de nueva fortuna, el padre de la Bella cae en las manos de una Bestia que le amenaza con quitarle la vida si no le da una de sus hijas. La Bella se ofrece voluntariamente para la misión y su padre accede a ser rescatado de esa manera. Aunque la Bestia es muy fea, es también muy buena (se trata de un buen chico) y, cuando éste se enferma, la Bella, compasivamente, se casa con la patética figura. Y ¡he aquí que, por artes de magia, la Bestia se convierte en un guapo príncipe!

A partir de sus primeras experiencias con su padre, una joven que tiene una norma de conducta como la anterior puede concluir que "los hombres son poca cosa" y necesitan su abnegada devoción.

Como directora de reparto para el drama de su vida, una Bella moderna elige para marido a un hombre que, de alguna forma, es indigno o es "una bestia". Esta clase de hombre puede tener un aspecto de oprimido o de miserable, ser adicto a las drogas, ser alcohólico, estar lleno de deudas o andar en tratos con la justicia. Si la Bella descubre que su magia no funciona, puede adoptar una postura de sacrificio y continuar con la bestia; o puede pedir el divorcio y buscar un nuevo personaje (también una bestia de alguna forma) que rescatar. La bestia, por su parte, puede continuar esperando un nuevo Salvador, en lugar de decidirse a enderezar por sí mismo su propia vida. Después de todo, una bruja malvada (probablemente su madre) le echó un terrible hechizo encima y un ogro malo (probablemente su padre) le enseñó a ser una bestia.

Este mismo drama puede ser representado con los roles sexuales cambiados; en este caso, los principales personajes son el Guapo y la Mujer bestial.

Otro personaje de cuento de hadas es la Cenicienta, una Víctima que desempeña tareas domésticas y está rodeada de gente cruel y exigente. Su primer Salvador es un hada madrina quien le da a Cenicienta un magnífico vestido, zapatos de cristal y una elegante carroza para que vaya al baile. Cuando llega allí, atrae a otro Salvador: un príncipe.

Algunos terapéutas dan una interpretación un poco diferente del príncipe: éste actúa más como una rana que como un príncipe; la base para esta interpretación consiste en que, aunque el príncipe afirma que quiere a Cenicienta como novia, no consigue ni su nombre ni su dirección. Todos los temas de cuentos de hadas pueden ser seguidos tanto por los triunfadores como por los perdedores. Después de todo, algunas Cenicientas triunfan. No obstante, en la vida real, poca gente "vive felizmente para siempre jamás", ya que la magia escasea hoy día.

La Cenicienta moderna que representa un guión de perdedora es aquella persona que acepta lo que considera una tarea servil y, a menudo, hace lo que ella denomina "el trabajo sucio" de los demás. Esta Cenicienta actúa con la ilusión falsa de que, si un hada madrina le da vestidos de alta costura, un automóvil y una situación apropiada, podrá ganarse su príncipe y, por consiguiente, ser rescatada de su existencia trivial. Algunas Cenicientas se sorprenden al descubrir que, después de casadas con su príncipe, tienen otra serie de tareas domésticas que atender.[16] Los Cenicientos de hoy día también se ven a sí mismos como Víctimas atrapadas por trabajos que no les gustan y esperan el rescate mágico que, en realidad, probablemente nunca llegue.

El Príncipe cojito es otro cuento sobre una Víctima que ha sido injustamente perseguida y necesita ser rescatada. En el cuento original, una familia real exilia a su Príncipe cojito en una torre a causa de su cojera. Acude a su socorro una buena hada, quien le regala una capa mágica que permite al Príncipe "viajar". Con su recién encontrada magia, él puede volar sobre la Tierra de Nadie y, por primera vez, ver y observar los árboles, las flores y otras bellezas de la naturaleza.

W. Ray Poindexter cuenta de un joven cuyo drama sigue la línea argumental del cuento del Príncipe cojito.[17] El padre del muchacho había llegado a la conclusión de que su interrogativo e intelectual hijo "no estaba bien" (era cojo) porque no era atlético y no encajaba en la imagen del "muchacho ideal norteamericano". Aunque había sido bien cuidado físicamente y recibido una buena educación, el muchacho no había sido bien recibido. El muchacho se sintió proscrito y buscó refugio en una comunidad de fugitivos; allí, para escapar de su "torre", se entregó al uso de drogas como "capa" mágica para poder "viajar".

Los personajes de libros de cuentos se encuentran comúnmente en los dramas de la vida cotidiana. Una persona puede aislarse a sí misma como Robinson Crusoe (tal vez con un o una joven Viernes), huir como Huckleberry Finn, luchar contra los molinos de viento como don Quijote, volar al rescate como Superhombre, rehusarse a crecer como Peter Pan, enfrentarse continuamente con trivialidades y trauma como la protagonista de un melodrama, ser un malvado, un héroe o una heroína, un rey o una reina o un bufón. Una persona puede ser:

desgraciada como la pequeña cerillera,
avaro como Scrooge,
meloso con las mujeres y rápido con una pistola como James Bond,
una computadora sin sentimientos como el doctor Spock de *Viaje a las estrellas*,
un caballero que rescata doncellas en apuros como Sir Lancelote.

Las personas que viven al estilo de los personajes literarios, poco dispuestas a experimentar su propia unicidad, son con frecuencia perdedores.

RESUMEN

Toda persona tiene un guión psicológico y existe en una cultura que posee guiones. El guión psicológico contiene la programación continua para el drama de la vida del individuo. Este está arraigado en los mensajes que el niño recibe de sus padres, los cuales pueden ser constructivos, destructivos o improductivos, y en las posturas psicológicas que finalmente adopta en relación consigo mismo y con los demás. Las posturas pueden estar relacionadas con la gente en general o dirigidas hacia un sexo en particular.

En la medida en que los mensajes del guión no están de acuerdo con las posibilidades reales del niño y niegan su voluntad de supervivencia, crean condiciones patológicas. La patología tiene diferentes niveles de gravedad. Puede ir desde ser tan leve que rara vez estorba al funcionamiento normal de la persona, hasta ser tan grave que convierte al individuo en una grotesca caricatura de su propio yo.

Aunque todos los guiones son como hechizos, algunos llenan la función de proporcionar al individuo ideas bastante realistas acerca de lo que puede hacer con sus habilidades en la sociedad de que forma parte. Otros guiones lanzan equivocadamente al individuo en pos de una estrella que fue elegida ilusoriamente o, tal vez, como resultado de un resentimiento. Todavía otros guiones programan al Niño para la destrucción, para un final trágico.

Un día u otro, la mayoría de las personas representa roles y se enmascara de alguna forma. Si se hacen conscientes de sí mismas cuando están representando, este conocimiento les da cierta libertad para rechazar falsos roles. La farsa puede ser abandonada a favor de la autenticidad.

La persona consciente puede determinar el curso del plan de su *propia* vida y reescribir su drama de acuerdo con su personal unicidad. Puede ponerse en contacto con su posible yo y cambiar la dirección de su obligación de vivir la vida dentro de un sistema específico. Para muchas personas, esto no es fácil; por el contrario, frecuentemente es penoso y significa realizar un arduo esfuerzo de superación. En ocasiones, es necesario un salvador verdadero, tal como lo ilustra la siguiente paráfrasis de "La parábola del águila" de James Aggrey:[18]

> Erase una vez un hombre que, mientras caminaba por el bosque, encontró un aguilucho. Se lo llevó a su casa y lo puso en su corral, donde pronto aprendió a comer la misma comida que los pollos y a conducirse como éstos. Un día, un naturalista que pasaba por allí le preguntó al propietario por qué razón un águila, el rey de todas las aves y los pájaros, tenía que permanecer encerrada en el corral con los pollos.
>
> –Como le he dado la misma comida que a los pollos y le he enseñado a ser como un pollo, nunca ha aprendido a volar– respondió el propietario. –Se conduce como los pollos y, por tanto, ya no es un águila.
>
> –Sin embargo– insistió el naturalista–, tiene corazón de águila y, con toda seguridad, se le puede enseñar a volar.
>
> Después de discutir un poco más, los dos hombres convinieron en averiguar si era posible que el águila volara. El naturalista la cogió en brazos suavemente y le dijo: "Tú perteneces al cielo, no a la tierra. Abre las alas y vuela."
>
> El águila, sin embargo, estaba confusa; no sabía qué era y, al ver a los pollos comiendo, saltó y se reunió con ellos de nuevo.

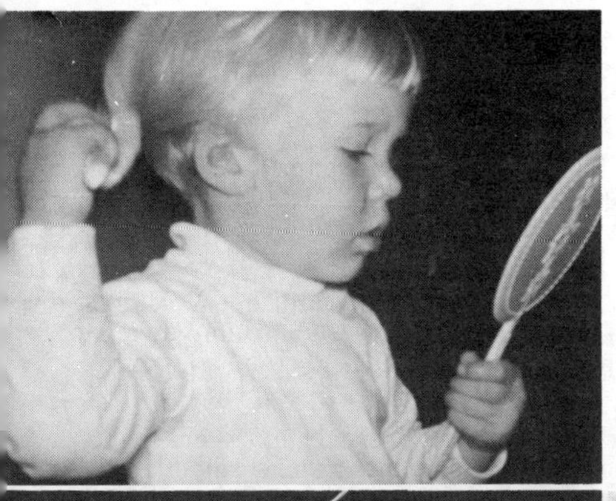

TODO EL MUNDO ES
UN ESCENARIO

Cada uno, en su tiempo,
representa muchos roles.

LAMINA VI

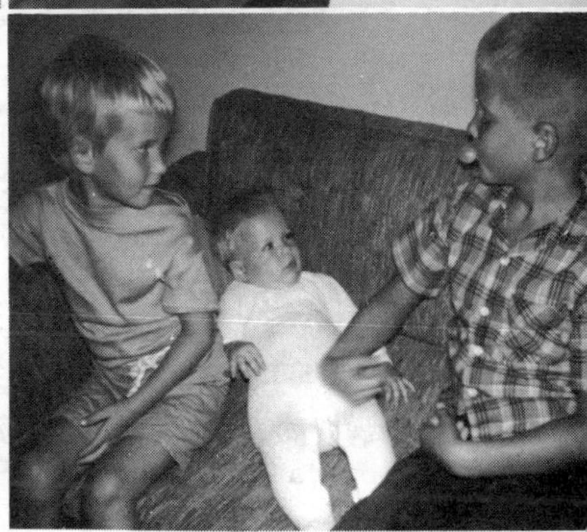

Sin desanimarse, al día siguiente, el naturalista llevó al águila al tejado de la casa y le animó diciéndole: "Eres un águila. Abre las alas y vuela." Pero el águila tenía miedo de su yo y del mundo desconocidos y saltó una vez más en busca de la comida de los pollos.

El naturalista se levantó temprano el tercer día, sacó al águila del corral y la llevó a una montaña. Una vez allí, alzó al rey de las aves y le animó diciéndo: "Eres un águila. Eres un águila y perteneces tanto al cielo como a la tierra. Ahora, abre las alas y vuela."

El águila miró alrededor, hacia el corral, y arriba, hacia el cielo. Pero siguió sin volar. Entonces, el naturalista la levantó directamente hacia el sol; el águila empezó a temblar, a abrir lentamente las alas y, finalmente, con un grito triunfante, se voló alejándose en el cielo.

Es posible que el águila recuerde todavía a los pollos con nostalgia; hasta es posible que, de cuando en cuando, vuelva a visitar el corral. Que nadie sepa, el águila nunca ha vuelto a vivir vida de pollo. Siempre fue un águila, pese a que fue mantenida y domesticada como un pollo.

Al igual que el águila, la persona que ha aprendido a pensar de sí misma como algo que no es, puede volver a decidirse a favor de sus verdaderas posibilidades. Puede convertirse en triunfadora.

EXPERIMENTOS Y EJERCICIOS

Si el lector desea empezar a conocer mejor su guión, resérvese algún tiempo para realizar, según le interesen, los siguientes experimentos y ejercicios:

1. Guiones familiares y culturales

Imagínese que regresa a una época anterior. ¿Cómo eran sus antepasados hace 75 ó 150 años?

- ¿Le afecta ahora de alguna manera su herencia cultural (por ejemplo: en sus roles sexuales, su trabajo, sus ambiciones educativas)?
- Piense por lo menos en una cosa que hace ahora y que es determinada por su cultura.
- Piense en sus escenarios vitales actuales. ¿Incluyen algunos de ellos subculturas?
- Considere las pautas dramáticas de la familia en la cual creció. ¿Repite usted ahora alguna de ellas? ¿Qué ha cambiado usted?

2. El guión individual

Mensajes no verbales en su guión. (Lea el experimento por completo antes de ponerlo a prueba.)

Cierre los ojos y procure imaginar las primeras expresiones faciales que recuerda haber visto. Si solamente surgen partes de caras, tales como ojos o bocas, concéntrese en ellas. ¿De quiénes son las caras que recuerda?

Ahora procure recordar los mensajes no verbales que sus padres le transmitieron mediante gestos (o sea: una caricia en la cabeza, un puño crispado, una bofetada, un beso cariñoso).

- ¿Qué sentimientos agradables o desagradables surgen dentro de usted?
- ¿Qué mensajes comunican esas expresiones faciales y gestos corporales?

Mensajes verbales en su guión

Imagine usted que es el niño que fue. Vuelva a oír las palabras de su familia. ¿Qué decían respecto a

su valía sus habilidades su moral su sexualidad
su aspecto su inteligencia su salud su futuro?

- Resuma en una frase lo que usted imagina que cada una de sus figuras paternales opinaba de usted.
- ¿Está relacionada de alguna manera su actual evaluación de sí mismo con la opinión de sus padres?

Identificación de su rol

Recuerde los últimos días y evalúe cómo se ha relacionado en ellos con los demás. ¿Se encuentra representando alguno de los tres roles dramáticos: Víctima, Perseguidor o Salvador?

- ¿Se modificó su rol cuando cambió la situación?
- ¿Representó un rol más a menudo que los otros?
- ¿Son los roles que usted representó semejantes a los de sus mitos, cuentos de hadas u otras lecturas preferidos?

Mientras leía "La parábola del águila", ¿se identificó usted con algún rol específico? Pregúntese:

- ¿Me ha mantenido y domesticado alguien? ¿He mantenido y domesticado a alguien?
- ¿He salvado realmente a alguien? ¿Me ha salvado alguien a mí?

En el escenario

Imagine que se está representando en un escenario el drama de su vida.

- ¿Es una comedia, una farsa, una epopeya, una serial, un melodrama, una tragedia? ¿Qué es?

- ¿Tiene su drama un tema central? Si es así, ¿se orienta hacia el éxito o hacia el fracaso? ¿Es constructivo, destructivo o improductivo?
- Imagínese en el lugar del público que asiste a la representación de su drama. ¿Aplaude, llora, patea, ríe, se duerme, quiere que le devuelvan su dinero? ¿Existe otra actitud diferente?

Los escenarios de la vida

Imagine que su vida es un escenario giratorio, dividido en secciones que son escenas de su vida. Diagrame estas diferentes escenas en escala, según la cantidad de *tiempo* que usted dedica a cada una de ellas. Evalúe un mes típico de su vida. Elimine el tiempo que pasa durmiendo, a no ser que tenga importancia especial para usted. Vea los siguientes diagramas de muestra:

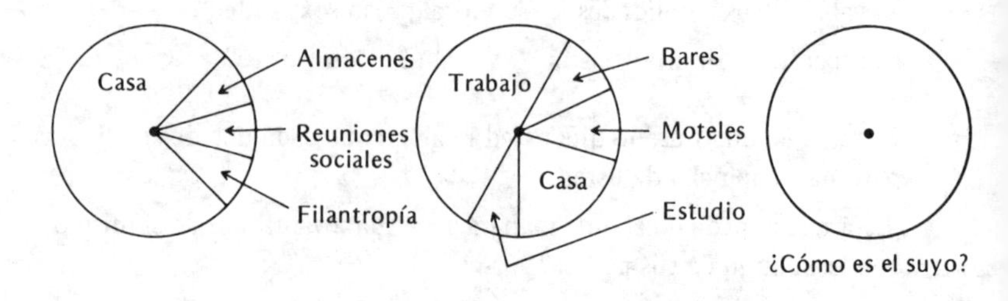

- ¿Es la cantidad de *energía* que invierte en cada escena equivalente a la cantidad de tiempo?
- ¿Radican sus verdaderos *intereses* en donde invierte usted la mayor parte de su tiempo y de su energía?
- ¿Quién parece dirigir su drama en cada escena vital?
- ¿Está usted satisfecho de lo que pone de sí mismo en cada escena?

Reparto de papeles

Piense en las personas más importantes que participan actualmente en el drama de su vida.

- Clasifíquelas en términos del tiempo, la energía y el verdadero interés que usted invierte en ellas.
- Considere el caso contrario. ¿Cuánto tiempo, energía y verdadero interés cree que invierten esas personas en usted?
- ¿Cree usted que le ayudan de alguna manera a progresar de acuerdo con su plan de vida?

- ¿Con quiénes y en cuáles escenas representa usted "como si..."?
- ¿Con quiénes y en cuáles escenas es usted genuino: *viviendo* su rol en vez de *representarlo* solamente?

5

EL SER PADRES Y EL ESTADO PADRE DEL YO

Es en verdad deseable
tener buenos descendientes, pero
la gloria pertenece a nuestros antepasados.
PLUTARCO

Para algunas personas resulta fácil ser lo que consideran "buenos" padres; para otras resulta difícil; la mayoría tiene sus vaivenes. A algunos padres, les gustan los bebés; algunos los toman a mal; otros no pueden entenderse con ellos por diversas razones. De vez en cuando, algunos padres experimentan las tres actitudes. "La aterradora realidad acerca tanto de la herencia como del ambiente es que los padres los proporcionamos ambos."[1]

Los padres establecen un clima emocional que, como el atmosférico, es cálido o frío, benigno o riguroso, conducente o destructivo para el crecimiento. Los padres proporcionan a sus hijos firme pero tierno y cariñoso cuidado por medio de caricias positivas; o los descuentan, con lo cual se fomentan guiones destructivos o improductivos. Lo mejor que un padre puede hacer por su hijo es evaluar su propio guión y decidir entonces si éste merece ser pasado a otra generación.

EL ESTADO PADRE DEL YO

Para bien o para mal, los padres sirven como modelos que se graban en los cerebros de sus hijos. El estado Padre del yo es una mezcla de las actitudes y del comportamiento de las personas emocionalmente importantes que sirven como figuras paternales al niño. El estado Padre del yo no funciona necesariamente en formas culturalmente definidas como "maternal" o "paternal". De hecho, no existe evidencia de instinto maternal o paternal en los humanos. Según los estudios de Harlow, esto también es cierto de los primates inferiores.[2] Los humanos aprenden de sus propios padres a ser padres. Parece que los monos hacen casi lo mismo.

Estados del yo en el padre

Cada padre tiene sus propios tres estados únicos del yo. En consecuencia, una persona probablemente incorpore a su estado Padre del yo el Padre, Adulto y Niño de sus padres, el Padre, Adulto y Niño de su niñera, etc. Algunas veces, los padres se comportan con sus hijos de manera igual a como sus propios padres se comportaron con ellos: moralizando, castigando, alimentando, desatendiendo. Otras veces, los padres razonan con base en datos objetivos actuales: explican el por qué, demuestran el cómo, investigan los hechos y resuelven los problemas. Pero otras veces su conducta procede de su propia niñez: gimotean, se retiran, retozan, se ríen por nada, manipulan y juegan. Por consiguiente, cuando una persona responde desde su estado Padre del yo, su comportamiento puede provenir de cualquier estado del yo que esa persona haya incorporado de cualquiera de sus figuras paternales. Con frecuencia, el Padre en su estado Padre del yo ha sido incorporado de los abuelos.

El analizar los estados del yo de un estado del yo se conoce como *análisis estructural de segundo orden*. Aplicado al Padre, esto significa separar los estados Padre, Adulto y Niño del yo dentro del estado Padre de la persona. El análisis estructural de segundo orden del Padre se puede representar como aparece en el diagrama al principio de la página siguiente.*

Esto significa que, a veces, el comportamiento de una persona se parece al del Adulto de la abuela, o al del Padre de la niñera, o al del Niño del padre, etc. El relato que sigue muestra cómo ciertas tradiciones y creencias –guiones culturales y familiares– pueden remontarse a varias generaciones, aunque las razones que había tras ellas hayan sido olvidadas desde tiempo atrás.

Una recién casada sirvió jamón cocido al horno y su marido le preguntó por qué le había cortado los dos extremos. Ella le contestó: "Pues, porque mi madre siempre lo hizo así".

Cuando la suegra les visitó, él le preguntó por qué cortaba los dos extremos del jamón. Ella le contestó: "Porque así lo hacía *mi* madre".

Y cuando la abuela los visitó, él le preguntó a ella también por qué cortaba los dos extremos del jamón y ella contestó: "Porque ésa era la única manera de que me cupiera en la cazuela".[3]

---

* El estado Padre del yo consta de todas y cada una de las figuras paternales incorporadas por el niño. El diagrama de segundo orden del estado Padre del yo de cada persona revelaría un balance de incorporación paternal diferente.

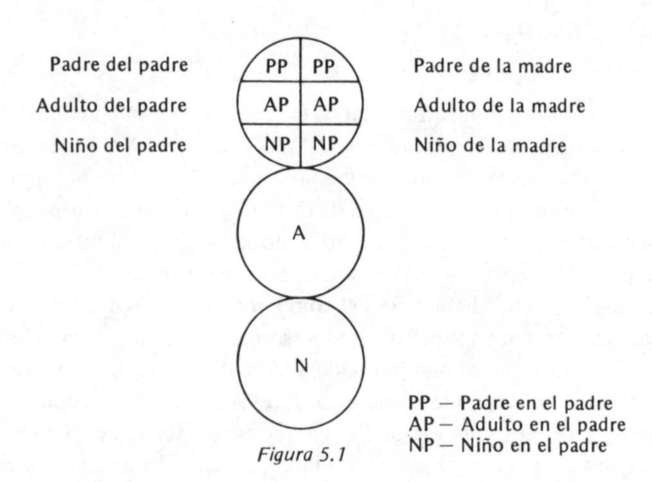

Figura 5.1

EXPRESION EXTERIOR DEL ESTADO PADRE DEL YO

Cuando el estado Padre del yo se expresa exteriormente, la persona efectúa transacciones con los estados del yo de otros de la misma manera en que vio hacerlo a sus padres (fig. 5-2).

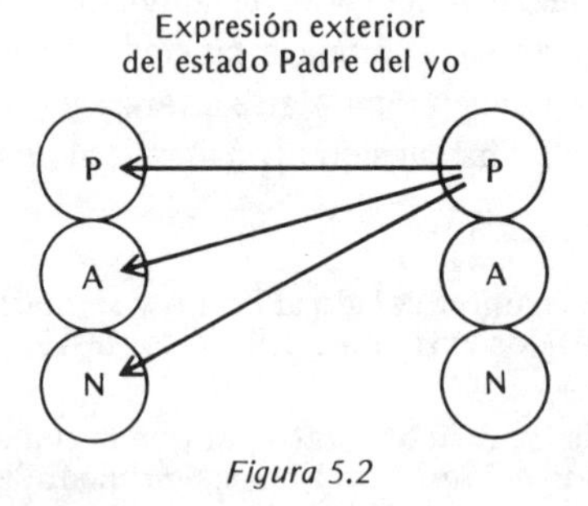

Figura 5.2

Las transacciones desde el Padre son especialmente evidentes en la crianza de niños. En muchos casos, la gente tiende automáticamente a criar a sus hijos en la forma en que ellos mismos fueron criados.

Caso ilustrativo

José era golpeado violentamente con una correa cuando su padre le castigaba. El se juró a sí mismo que nunca golpearía a un niño como su padre lo había hecho. No obstante, cuando José tuvo su primer hijo, le pareció "natural" golpear al niño cada vez que éste se conducía mal. Fueron necesarias una decisión firme e información del Adulto para que José modificase su comportamiento de Padre.

Caso ilustrativo

La madre de María rara vez consultaba a un médico cuando sus hijos se enfermaban. Ella recuerda que, siempre que se enfermaba, su madre le daba té y flan; así, cuando su bebé tuvo fiebre por primera vez, María le dio té en un biberón.

Además de imitar las prácticas de la crianza de niños, la gente adopta posturas, actitudes, gestos y muchas formas de lenguaje corporal de sus modelos paternales. El lector puede imaginarse, si así le parece,

> una mujer de pie con las manos sobre las caderas, regañando a alguien como lo hacía su madre;
>
> un hombre que señala con un dedo acusador a la gente, tal como lo hacía su padre;
>
> una mujer que levanta la barbilla, mira con desprecio, se encoge de hombros y dice: "Eso es ridículo", exactamente igual a como lo hacía su abuela;
>
> un hombre que golpea su mesa de escritorio con el puño para recalcar algo, tal como lo hacía su padre;
>
> una mujer que prepara la cena de Navidad, al igual que lo hacía su madre;
>
> un hombre que guiña un ojo y asiente con la cabeza en apoyo de alguien, como lo hacía su padre.

La gente incorpora, además, las formas verbales usadas por sus padres y, después, repiten esas palabras Paternales con los demás. Algunos padres utilizan palabras como *debieras, tienes que* o *debes* para expresar la idea de conveniencia. "Mantén cada cosa en su sitio y no tendrás problema alguno." "Cada uno debe ganarse su vida." Otros, más permisivos o indiferentes, dicen cosas como: "A mí me da lo mismo. Haz lo que quieras", o: "Hijo, haz lo que te parezca".

Además, la gente imita los juegos psicológicos de sus padres. Una joven esposa puede jugar con su marido a *Si no fuese por tí*, en un estilo muy parecido al de su madre. En este juego, ella culpa a su restrictivo marido de su falta de realización cuando, en realidad, es ella la que teme actuar.

Un maestro puede jugar con sus discípulos a *Defecto*, buscando y señalando defectos poco importantes, tal como sus padres lo hicieron con él.

Una supervisora puede jugar con sus obreras a *Rincón*, cuando no establece normas claras y luego les critica, hagan lo que hagan, exactamente como sus padres hicieron con ella: "Si lo hiciste, malo y si no lo hiciste, malo también".

Un joven directivo puede jugar a *Te cogí ahora, h. de p.*, como vio hacer a su padre; éste esperaba hasta que alguien cometía un error y luego se sentía justificado para montar en cólera.

INFLUENCIA INTERIOR DEL ESTADO PADRE DEL YO

La gente no solamente incorpora la conducta de sus padres, sino también una serie de mensajes paternales que, después, escucha interiormente como si fuesen grabaciones. Algunas veces, hablan dos personas dentro del Padre del yo. A veces, el Adulto oye lo que dice el Padre interior, pero el diálogo interior tiene lugar más frecuentemente entre el Padre influyente y el Niño.

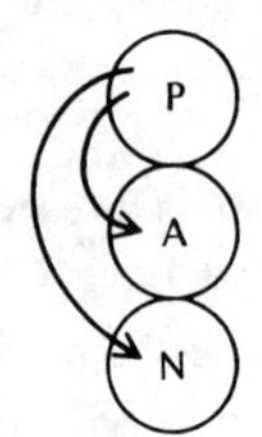

Figura 5.3

Estos mensajes son como repeticiones de viejas expresiones faciales, actos, gestos, declaraciones e instrucciones Paternales. Por ejemplo, un hombre maduro está a punto de dejar comida sobrante en su plato, pero ve mentalmente la imagen de su padre con el ceño fruncido y entonces "limpia" el plato como si fuese un niñito bueno. Una adolescente quiere robar una bufanda, pero, interiormente, oye la voz de su madre: "Las chicas decentes no roban". En una situación análoga, otra adolescente oye: "Anda, hazlo; pero ¡qué no te agarren!", y una tercera puede oír: "Como robes, te voy a dar una paliza que no te va a quedar hueso sano". De forma muy parecida, las indicaciones del guión son oídas y seguidas por el Niño.

Algunos mensajes Paternales son alentadores; otros no lo son. Algunos conceden permiso para comportarse de maneras que pueden ser positivas o negativas.

No te desanimes; ya sabes que el que la sigue la mata.

Nunca lo sabrás hasta que no pruebes.

Ya que tienes buena cabeza, úsala.

Tú te lo buscaste; ahora aguanta.

Piérdete.

Como un niño no nace con un censor interior, sus primeras punzadas de conciencia resultan de transacciones padre-niño. Un niño aprende a valorar aquello que sus padres valoran. A lo largo de su vida, este temprano sentido de conciencia puede ser experimentado como un diálogo interior entre los estados Padre y Niño del yo. Este diálogo puede ser permisivo, confuso, moral o rígidamente moralista.

Aunque la conciencia interior se oye, no siempre se le sigue. Incluso un niño pequeño puede hacer un juicio independiente o ceder a sus propios deseos. Selma Fraiberg describe a tal muchacha así:

> Julia, una niñita de dos años y medio de edad, se encuentra sola en la cocina, mientras su madre está al teléfono. Sobre la mesa hay unos huevos en un plato. Julia experimenta el impulso de hacer huevos revueltos e intenta alcanzarlos, pero también experimenta las demandas de la realidad con la misma intensidad: su madre no lo va a aprobar. El conflicto resultante dentro del yo se experimenta como "Yo quiero" y "No, tú no debes"; el caso es presentado por ambas partes y se llega a una decisión inmediatamente. Cuando la madre de Julia regresa a la cocina, encuentra a su hija alegremente arrojando los huevos sobre el suelo de linóleo y regañándose con severidad cada vez que uno se estrella contra el suelo: "No, no, no. No debes hacerlo. No, no, no. ¡No debes hacerlo!"[4]

Todo niño necesita algunos *no* que le protejan de daño, aumenten su sociabilidad y le aseguren que sus padres se preocupan por él.[5] No obstante, algunas personas crecen bajo el peso de noes interiores que son perjudiciales e innecesariamente prohibitivos. Los mensajes Paternales prohibitivos en demasía inhiben la expresión de alegría, sensualidad y creatividad.

Un niño que se ha adaptado a una programación Paternal rígida puede adoptar la postura: "Se supone que yo no debo pensar por mí mismo", y sucumbe a lo que Karen Horney llama "la tiranía de los *debes*".

> El *debe* ser la suma honestidad, generosidad, consideración, justicia, dignidad, valentía, desinterés. El *debe* ser el perfecto amante, marido, maestro. El *debe* poder tolerarlo todo, *debe* gustar de todos, *debe* amar a sus padres, a su esposa, a su país; o no *debe* ligarse a nada o nadie, nada *debe* importarle; o nunca *debe* sentirse herido y *debe* conservar la serenidad y la tranquilidad. *Debe* disfrutar siempre de la vida o *debe* estar siempre por encima del placer y de la alegría. *Debe* ser espontáneo; *debe* controlar sus sentimientos siempre. *Debe* saber, entender y preverlo todo. *Debe* poder superar todas sus dificultades tan pronto se le presenten. Nunca *debe* cansarse or caer enfermo. Siempre *debe* poder

encontrar empleo. *Debe* poder hacer en una hora cosas en las que normalmente se invierten dos o tres.[6] (La cursiva es nuestra.)

Si un individuo es influido en esta forma opresiva, mientras esté leyendo un libro agradable, puede que oiga de repente el mensaje paternal interior: "La obligación es antes que la devoción". Naturalmente, su Niño quiere divertirse, pero él ha sido programado para experimentar una sensación de culpabilidad por divertirse. Sintiéndose culpable e incapaz de hacer frente a esa incómoda sensación, deja a un lado el libro y se marcha a limpiar el garaje.

Diálogo interior contradictorio

Muchas personas sufren de una lucha *entre* el estado Padre del yo (mandamás) y el estado Niño del yo (desvalido). Esto conduce a lo que Perls llama "el juego de la propia tortura".

Estoy seguro de que usted está familiarizado con este juego. Una parte de usted le habla a la otra parte y le dice: "Tú debes ser mejor; no debes ser así; no debes hacer eso; no debes ser lo que eres, debes ser lo que no eres".[7]

Los diálogos contradictorios *dentro* del estado Padre del yo también crean tensión y confusión. Barry Stevens expresa esta confusión al sentir ella, en su mundo interior, la presión continua de las autoridades exteriores. Y escribe:

En el principio fui yo y yo era buena.

Entonces vino otra yo. Autoridad exterior. Esto era desconcertante. Y entonces otra yo se desconcertó *mucho* más porque había muchas autoridades exteriores diferentes.

Siéntate bien. Sal de la habitación para sonarte. No hagas eso; eso es una tontería. ¡Vaya, la pobre criatura no sabe ni roer un hueso! Haz funcionar el inodoro por las noches; si no, es muy difícil limpiarlo después. ¡NO HAGAS FUNCIONAR EL INODORO POR LAS NOCHES porque despiertas a todo el mundo! Sé siempre buena con la gente. Aunque no te gusten, no debes herir sus sentimientos. Sé sincera y decente. Si no le dices a la gente lo que piensas de ellos, eso es cobardía. Cuchillos para mantequilla. Es importante usar cuchillos para mantequilla. Cuchillos para mantequilla. ¡Qué tontería! Habla con finura. ¡Mariquita! ¡Kipling es maravilloso! ¡Puf! ¡Kipling! (volviendo la espalda).

Lo más importante es tener una carrera. Lo más importante es casarse. Al diablo con todos. Sé bueno con todos. Lo más importante es el sexo. Lo más importante es tener dinero en el banco. Lo más importante es gustarle a todo el mundo. Lo más importante es vestir bien. Lo más importante es ser sofisticada y decir lo que uno no piensa y no dejar que nadie sepa lo que uno siente. Lo más importante es adelantarse a todos los demás. Lo más importante es ser limpio. Lo más importante es pagar siempre tus deudas. Lo más importante es no ser engañado por nadie. Lo más importante es amar a tus padres. Lo más importante es trabajar. Lo más importante es ser independiente. Lo más importante es hablar inglés correctamente. Lo más importante es obedecer a tu marido. Lo más importante es ver que tus hijos se porten bien. Lo más importante es ir a ver las obras teatrales apropiadas y leer los libros más convenientes. Lo más importante es hacer lo que los otros dicen. Y los otros dicen todas estas cosas.[8]

Cuando una persona tiene imágenes mentales de figuras paternales que disienten profundamente, ésta puede torturarse a sí misma escuchando su batalla. Andrés practicaba tal juego de propia tortura porque su madre le había dicho: "Los muchachos buenos van a la escuela dominical", mientras que su padre le había dicho: "La escuela dominical es una pérdida de tiempo y muchas tonterías. Vámonos a pescar." Andrés se encontró a sí mismo fluctuando durante algunos períodos de tiempo, primero haciendo lo que su madre le había dicho, después lo que había dicho su padre. Finalmente, se quejó: "No importa lo que haga, nunca parece estar bien. Si voy a la iglesia, siento que debía estar pescando y disfrutando de la naturaleza; si voy de pesca, me siento culpable. ¿Qué voy a hacer con mis propios hijos?"

PADRE NUTRICIO

La mayoría de los padres son benévolos, protectores y nutricios en algunas ocasiones y críticos, perjudiciales, moralizadores y punitivos en otras. Algunos padres tienden a ser más nutricios que críticos y viceversa.

Cuando un niño tiene padres nutricios, desarrolla un estado Padre del yo propio que contiene un comportamiento nutricio. A menos que deliberadamente decida lo contrario, puede repetir con sus propios hijos los mismos benévolos y nutricios gestos y observaciones que aprendió de sus padres:

Vamos, amigo, estás cansado; te llevaré un rato.

Echate una siesta, querido, después te sentirás mejor.

Es una pena, pero no debe preocuparte tal cosa.

Déjame frotar donde te duele.

También es probable que fije a sus hijos el mismo tipo de límites protectores que sus padres le fijaron a él.

No puedes jugar en una calle tan transitada como ésta.

No acaricies perros extraños.

Asegúrate de que el agua está limpia antes de beberla.

Una persona emplea un comportamiento paternal nutricio no solamente con los niños, sino también "aparece" como Padre nutricio para con otros adultos.

Esposa (a esposo):	Juan, pareces desanimado esta noche. ¿Hay algo especial que quisieras hacer para que te sientas mejor?
Esposo (a esposa):	Querida, no llores. Cualquiera puede cometer un error como ése.
Doctor (al paciente quirúrgico):	Tenga confianza en mí y no se preocupe. Yo pondré todo bien.
Paciente (al doctor):	No se preocupe tanto, doctor; yo puedo aguantar la verdad.
Instructor (a la clase):	Han trabajado ustedes tanto todo este semestre que hoy he traído pasteles para todos.
Estudiante (al instructor):	Todavía se nota que usted no está bien del todo. ¿Está seguro de que se sienta bien? Puedo ayudarle con esos paquetes.
Secretaria (a jefe):	Siento mucho que perdiera usted el negocio con Bernal, Sr. Pérez. Para animarle, le traje un pedazo de pastel que yo misma hice.
Jefe (a secretaria):	Usted parece muy infeliz desde que adoptamos el nuevo sistema de tramitar datos. No se preocupe. Todavía la necesitamos aquí.
Obrero (a obrero):	Te has esforzado tanto por merecer ese ascenso. Siento mucho que no lo hayas conseguido. Apuesto a que la próxima vez tendrás más suerte.
Vendedora (a clienta):	Aquí tiene una silla. Siéntese cómodamente y descanse un poco mientras le envolvemos el paquete.

Los aspectos nutricios del Padre son algunas veces exageradamente solícitos y los demás se resienten de ello. Echemos una ojeada a varios ejemplos. Cuando algunas personas están enfermas, resienten que otro adulto "revolotee" sobre ellas. Algunos pacientes prefieren que el doctor les diga la verdad, en vez de que les "proteja" de ésta. Un jefe se quejaba así: "A la menor indicación de que pueda llover, mi secretaria insiste en que yo lleve un paraguas. Algunas veces me escapo a hurtadillas antes de que ella me atrape."

PADRE PERJUDICIAL

El estado Padre del yo tiende a estar lleno de opiniones sobre religión, política, tradiciones, expectativas respecto al rol sexual, estilo de vida, crianza de niños, ropa adecuada, lenguaje y todas las restantes facetas de los guiones culturales y familiares. Puede darse el caso de que estas opiniones, a menudo irracionales, no hayan sido evaluadas por el estado Adulto del yo y que sean perjudiciales.

Cuando actúan perjudicialmente con niños, los padres intentan fijar normas de comportamiento con base en esas opiniones erróneas, en vez de hacerlo con base en hechos. Todos los padres hacen uso de observaciones perjudiciales y críticas:

Los muchachos no deben dejarse el pelo largo.

Las chicas deben ser dulces y calladas.

Los niños deben ser vistos y no oídos.

Los jóvenes deben respetar a sus mayores.

La gente utiliza a menudo su Padre perjudicial cuando efectúa transacciones con otros adultos:

Esposo (a esposa): Preferiría que no vistieses pantalones; no es femenino.

Esposa (a esposo): Los hombres no pueden cambiar pañales. Eso es cosa de mujeres.

Enfermera (a paciente): Ahora, si usted se limita a "pensar positivamente", la medicina hará más efecto. Mi madre siempre me lo aconsejó.

Paciente nuevo (a jefa de enfermeras): ¡Quién ha oído hablar de enfermeros!

Obrero (a obrero): No creo que sea el apropiado para ese trabajo. Mira qué separados tiene los ojos.

Jefe de departamento de finanzas (a director de personal): No importa lo que usted haga, pero no emplee a ninguna mujer; ya sabe que ellas no son buenas con los números.

Instructor (a instructor): Es cierto, los muchachos han cambiado. Hoy día, ninguno quiere aprender nada.

El Padre perjudicial es frecuentemente crítico. Una persona que actúa desde el lado crítico de su Padre puede parecer como un "sabelotodo mandón" cuyo comportamiento intimida al Niño de los demás. Un jefe, esposo, maestro o amigo que utiliza su Padre crítico con frecuencia puede irritar a los demás y, tal vez, alienarlos.

EL ESTADO PADRE DEL YO INCOMPLETO

Si un niño pierde a su padre (o a su madre) por muerte o por abandono, y no tiene un sustituto del mismo sexo que el perdido, tendrá un vacío en su estado Padre del yo. En ese sentido, éste está incompleto. La ausencia excesiva de uno de los padres, sea física o psicológica, también puede causar un estado Padre del yo incompleto.

Cuando uno de los padres se ausenta durante largo tiempo, el niño puede empezar a fantasear y crear una madre o un padre "ideal" en su imaginación. El padre de Eleanor Roosevelt (al que ella idolatraba) solía ausentarse a menudo por largos períodos de tiempo. No obstante, ella fantaseó durante cinco años con que era la señora de su casa. Ella rememora esta época de su vida: "Hacia este mundo interior me retiraba tan pronto como me iba a la cama y tan pronto como me despertaba por la mañana, todo el tiempo mientras caminaba y cuando alguien me aburría".[9]

Nietzsche escribió: "Cuando uno no ha tenido un buen padre, uno debe creárselo". Un niño puede "fabricar" un padre más perfecto que el perdido o ausente. Es probable que este padre imaginario no tenga defectos, sea capaz de llenar todas las necesidades, sea ideal en todos los sentidos. Es fácil entonces confundir esta creación de la imaginación con la realidad. Puede ser que el individuo que ha creado esta imagen ideal del padre ausente nunca encuentre a nadie que corresponda a ella.

En un estudio de los adolescentes norteamericanos de familias de la clase media, Bronfenbrenner encontró que los muchachos cuyos padres se ausentaban del hogar durante largos períodos de tiempo obtenían menores calificaciones que otros muchachos en características relacionadas con responsabilidad y liderazgo.[10] Después de examinar varios estudios relacionados sobre adolescentes, Bronfenbrenner llegó a la conclusión de que éstos, especialmente los muchachos, eran notablemente afectados por la continua ausencia del padre. Probablemente, estos muchachos carezcan de ambición, busquen satisfacción inmediata, "estén mal", sigan a sus compañeros de grupo y se inclinen hacia la delincuencia juvenil.[11]

La siguiente viñeta de la novela *Mrs. Bridge* describe al tipo de padre ausente conocido por muchos de los niños de nuestros días.

Su marido era tan astuto como enérgico, y quería tantísimas cosas para su familia que se iba a su oficina por la mañana muy temprano, cuando la mayoría de los hombres todavía estaban durmiendo y, a menudo, se estaba trabajando hasta tarde por la noche. Trabajaba todo el día el sábado y parte del domingo; los días festivos no eran más que una molestia. Muy poco después, todo el mundo sabía que Walter Bridge era el hombre que podía manejar el caso.

La familia lo veía muy poco. No era insólito que pasase una semana entera sin que ninguno de los chicos le viera. Los domingos por la mañana ellos bajaban y él podía estar en la mesa desayunando; los saludaba afablemente y ellos contestaban respetuosos y un poco con tristeza porque le echaban de menos. Sintiendo esto, él redoblaba sus esfuerzos en la oficina para darles todo lo que ellos querían.[12]

Un estado Padre del yo incompleto lleva con frecuencia a normas distintivas de conducta. Por ejemplo, desde su estado Niño del yo, una persona puede buscar continuamente a su padre "perdido" y puede esperar "cuidado paternal" de otros adultos, tales como su cónyuge, jefe, sacerdote, amigo o incluso sus propios hijos. Otra persona, en vez de buscar un padre sustituto, puede rechazar a quienquiera que actúe paternalmente con ella. En cualquiera de estos dos casos, algunas personas usan este tipo de desventaja para evitar responsabilidades y para disculparse a sí mismas de una mala actuación. Más tarde en sus vidas, pueden practicar el juego de la *Pata de palo*: "¿Qué puedes esperar de mí? Mi padre murió cuando yo tenía cinco años."

Una persona que tiene un estado Padre del yo incompleto puede no estimar a otras personas pertenecientes al mismo sexo que el padre perdido. Su actitud puede ser la de rebajarlos, no confiar en ellos o mostrarse hostil.

Caso ilustrativo

Cuando Catalina tenía un año, sus padres murieron en un accidente de automóvil y su abuela se hizo cargo de educarla. Aunque Catalina tenía amigos en la escuela y una abuela que la cuidaba bien, no tenía un padre sustituto. Fue su abuela quien alimentó, preparó y juzgó a Catalina, actuando al mismo tiempo como padre y madre. Cuando Catalina tuvo sus propios hijos, asumió la total responsabilidad por ellos. Ella se mostraba violentamente en desacuerdo con su marido cuando éste trataba de guiar o aconsejar a sus hijos, diciendo: "Los chicos son parte del trabajo de la mujer. Dedícate a tus cosas y déjame a mí atender a las mías."

Cuando una persona actúa como padre desde un estado Padre del yo incompleto, puede que no lo haga muy bien.

Caso ilustrativo

Carlos era el más joven de una familia numerosa. Su padre murió cuando él tenía cuatro años. De adulto, era competente y reservado en general, pero sufría de períodos depresivos.

"Lloro cada vez que hablo de mi infancia y cada año me deprimo profundamente durante varias semanas antes del 4 de julio. Mi padre murió ese día, ¡el día en que se hundió mi vida! Recuerdo que casi me aplastaron el coche fúnebre y otro automóvil; y el ruido sordo de la tierra al caer sobre el féretro. Desde entonces siempre he sentido inestabilidad en mi vida.

"Bueno, después de eso, me fui con mi madre a vivir con mi abuela en un pueblo en donde yo tenía muchos tíos. Esperé y esperé a que ellos me aceptasen como parte de su propia progenie, pero, en realidad, nunca me tuvieron en cuenta; se limitaban a acariciarme en la cabeza y a darme una moneda.

"Ahora tengo problemas con mis hijos. Algo no está bien en mí. Y no sé qué es; quiero ser un buen padre, pero, de un modo u otro, no sé cómo serlo."

Las personas con un estado Padre del yo incompleto no solamente tienen dificultades con la crianza de los niños, sino que también encuentran difícil el simpatizar apropiadamente con otros adultos, por ejemplo:

El marido que no sabe cómo confortar a su esposa enferma.

La esposa que no sabe cómo mostrarse comprensiva cuando su marido es despedido del empleo.

El patrono que se muestra insensible ante los problemas humanos de sus empleados.

En estos casos, las personas necesitan aprender las normas paternales apropiadas, programándose a sí mismas con información. No solamente pueden leer y asistir a clases de orientación sobre cómo criar bien a los hijos, sino que pueden, además, observar e imitar a otros que actúan con éxito como padres. Más aun, pueden concentrar conscientemente su atención en las necesidades de otros e intentar satisfacerlas apropiadamente. El ser buen padre no ocurre automáticamente; debe ser aprendido.

RECRIAR

Algunas personas han tenido padres tan lamentablemente inadecuados que hay poco en su estado Padre del yo que sea útil y, a menudo, mucho que es contraproducente. En esos casos, una orientación psicológica encaminada a desconectar la grabación del Padre puede ser necesaria. Y, en casos más graves, puede ser necesario el recriar. Existe evidencia de que, bajo condiciones específicas, el recriar es posible. El Proyecto de Rehabilitación Schiff consigue el recriar por medio de un procedimiento radical nuevo. En un escenario residencial hacen regresar a su infancia a jóvenes esquizofrénicos y después les hacen progresar a través de sus etapas de desarrollo, atendiendo a sus necesidades de dependencia. Durante esta progresión, el antiguo Padre es "borrado" y el de Schiff es incorporado y forma su nuevo estado Padre del yo.[13] Jacqui Schiff diagrama el proceso como aparece a continuación:

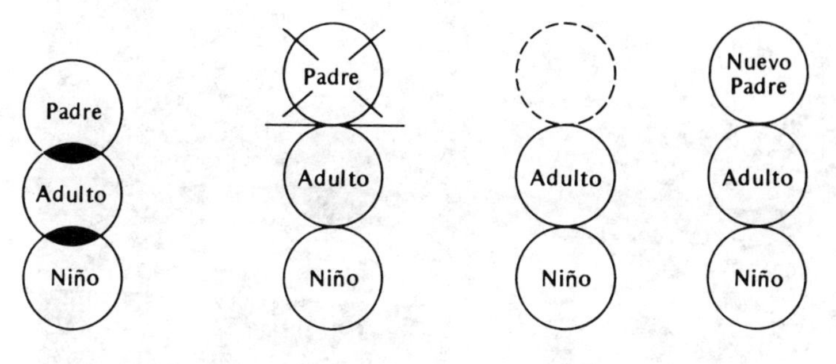

Figura 5.4

RESUMEN

Las personas que probablemente conozcamos menos en este mundo son nuestros propios padres. La posición de los hijos hace casi imposible que puedan percibir objetivamente a sus padres. Incluso como adulto, una persona puede tener una idea delusoria de la omnipotencia de sus padres y situarlos en roles de seres sobrenaturales, sin verlos como mortales con flaquezas. Puede hasta sentirse desleal si tiene pensamientos negativos sobre ellos y tratar de suprimir todo sentimiento de enfado, ofensa o aflicción hacia sus padres.

Muchas personas ven a sus padres o a través de "lentes de color de rosa" o a través de un prisma psicológico que los distorsiona. Nunca han visto a sus padres como son en realidad, sino más bien como objetos que triunfaron o fracasaron en satisfacer los deseos y las necesidades de su infancia. En cualquier caso, cuando una persona se hace consciente de quiénes realmente son o fueron sus padres, puede hacerse muy crítica: puede juzgarlos o puede aun odiarlos durante algún tiempo. Finalmente, puede aprender a entenderlos, aceptarlos y perdonarlos. Como dijo Oscar Wilde: "Los niños empiezan por amar a sus padres; a medida que crecen, los juzgan; algunas veces los perdonan".

*Cuando un estado del yo es caterizado, éste es activado y contiene energía psíquica. Cuando un estado del yo es descaterizado, se hace inactivo y pierde energía psíquica.

EL ESTADO PADRE DEL YO ES A VECES NUTRICIO

La gente tiende a criar niños en la forma en que ellos fueron criados.

LAMINA VII

EL ESTADO PADRE DEL YO ES A VECES PERJUDICIAL

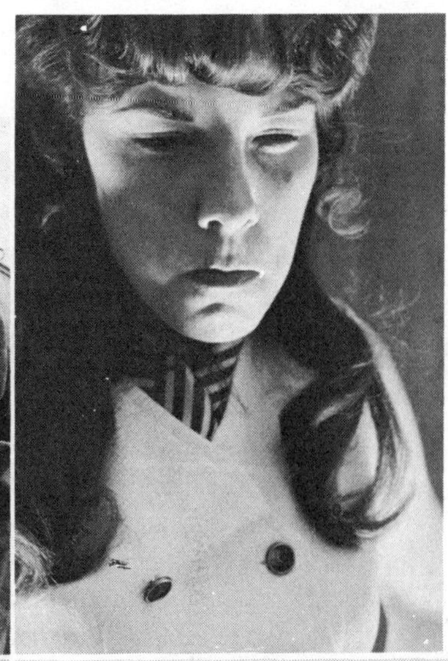

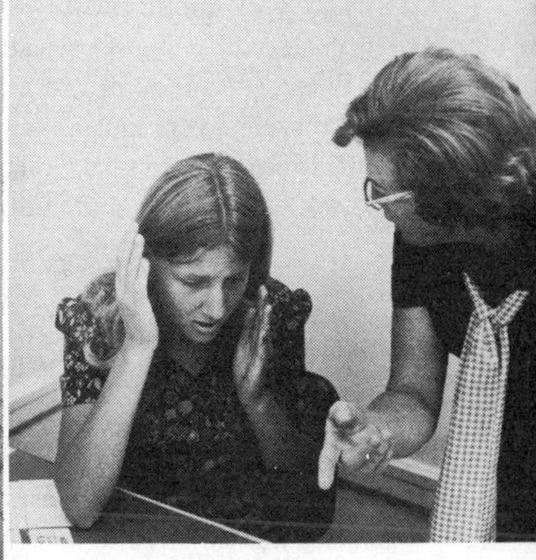

Algunos padres envían mensajes embrujados que causan un hechizo en el hijo.

LAMINA VIII

Cada individuo tiene una imagen interior de sus figuras paternales, las cuales forman su estado Padre del yo. A veces, el individuo actúa, habla, gesticula y piensa como ellos lo hicieron. Otras veces es influido por sus mensajes interiores.

Las transacciones paternales son a menudo de naturaleza nutricia o perjudicial. Estos patrones son utilizados tanto en las transacciones con adultos como en las transacciones con niños. Por ejemplo, la parte nutricia del Padre se utiliza apropiadamente en respuesta a un compañero de trabajo que ha sido herido o está enfermo o sufre en alguna forma una necesidad temporal de dependencia. El estado Padre del yo no se utiliza apropiadamente cuando el cuidado, la crítica o el descuento son impuestos a otra persona que ni los quiere ni los necesita.

El estado Padre del yo es el transmisor de los guiones cultural y familiar. Es valioso para la supervivencia de la raza humana porque facilita el desempeño automático de las tareas paternales, liberando al estado Adulto del yo para que se las entienda con los problemas más importantes de la existencia.

Cuando el estado Padre del yo está incompleto o es inadecuado en cosas importantes, el Adulto puede ser programado para que realice un satisfactorio trabajo paternal. También se están desarrollando métodos para recriar.

El lector tiene su propio estado Padre del yo único, el cual probablemente sea una mezcla de comportamiento provechoso y perjudicial. El conocimiento de su Padre le permite seleccionar más su conducta, lo que a su vez acrecienta sus posibilidades de ser un triunfador y de criar a sus hijos para que también lo sean.

EXPERIMENTOS Y EJERCICIOS

1. Sus padres como personas

Para familiarizarse con su estado Padre del yo, el lector debe empezar por hacerse más consciente de cómo eran sus padres.

- Sitúese mentalmente en una habitación en la que hay aparatos audiovisuales que usted puede utilizar para proyectar películas sonoras de su Padre. Incluya películas de su madre, padre, abuelos, padrastros, hermanos mayores, criadas o cualquier otra persona con autoridad sobre usted durante su niñez.
- Imagine que las películas están tituladas de acuerdo con su contenido.
- Lea cada conjunto de preguntas y busque las respuestas al proyectar las películas. Empiece con la película titulada:

Dinero

- ¿Cómo reaccionaban sus padres frente a los problemas económicos; ante el peligro de perder su trabajo; ante un golpe de fortuna inesperado?
- ¿Tenían que luchar para sobrevivir o les iba bien?
- ¿En qué gastaban su dinero? ¿Quién lo administraba? ¿Cómo se reflejaban sus valores en sus gastos?
- ¿Qué decían sobre el dinero?

Posesiones

- ¿Tenían sus padres posesiones preferidas (la casa, el automóvil, las fotos de sus hijos)? Si era así, ¿les importaba más el cuidado de las posesiones que el de las personas o viceversa?
- ¿Eran conscientes de las modas? ¿Procuraban estar a la par de sus vecinos?
- ¿Quién decidía sobre la adquisición de cosas para la casa, coches, ropas, etc., etc.?

Crisis

- ¿Qué ocurría durante crisis familiares tales como: muerte, enfermedad, accidente, embarazo no deseado, divorcio o catástrofes de la naturaleza?
- ¿Diferían las reacciones de sus padres ante las diversas clases de crisis?
- ¿De cuál de ellos se podía depender? ¿Cuál se trastornaba?

Diversión

- ¿Qué hacían sus padres para divertirse? ¿Dónde?
- ¿Se divertían juntos sus padres?
- ¿Cómo obsequiaban a la gente en su casa? ¿A quiénes invitaban? ¿Quién invitaba, su padre o su madre?
- ¿Cómo se divertían sus padres fuera de casa?

Roles sexuales

- ¿Cuáles eran las actitudes de sus padres sobre la masculinidad y la femineidad? ¿Respetaba su padre a su madre o la rebajaba? ¿Respetaba su madre a su padre o lo menospreciaba?
- ¿Qué roles representaban ellos que consideraban "masculinos" o "femeninos"? ¿Eran las tareas caseras asignadas bajo esta premisa?
- ¿Esperaban de usted que representara esos roles?

- ¿Tenían zonas de dominio en la casa y en el jardín denominadas "del padre" y "de la madre"?
- ¿Recuerda haber oído frases comunes como: "Tu madre, como todas las mujeres, conduce como una loca" o "No se podía esperar otra cosa de un hombre"?
- ¿Se demostraban cariño sus padres ante otras personas o parecían indiferentes el uno hacia el otro?
- ¿Qué sabe usted de la vida sexual de sus padres? ¿Qué infiere?

Comidas en familia

- ¿Qué clase de ambiente se creaba a la hora de comer? ¿Iba "cada uno a lo suyo"? ¿Formal? ¿Cómo era?
- ¿De qué temas hablaban sus padres cuando estaban en la mesa? ¿Cómo los enfocaban?
- ¿Tenían algunos amaneramientos que le disgustaban?
- ¿Había ritos familiares tales como no comer hasta no estar sentados todos o hasta después de rezar?
- ¿Qué opinaba su familia sobre diversas comidas y la manera de cocinarlas y servirlas?
- ¿Qué esperaban de usted en relación con lo que comía y cómo lo comía?
- ¿Era la hora de la comida ocasión de sufrimiento, placer o una mezcla de ambos?

Aspecto

- ¿Qué aspecto presentaban sus padres? ¿Era su ropa atractiva y limpia?
- ¿Eran descuidados en el vestir en casa y muy arreglados a la hora de salir?
- ¿Preferían ciertos colores y estilos?
- ¿Era alguno de ellos extremista en el vestir: muy llamativo o muy monótono?
- ¿Había algo en su vestir, maquillaje, talla, forma, fisonomía o aseo que le avergonzaba o le gustaba a usted? ¿Qué era?

Educación

- ¿Qué decían sus padres sobre la educación? ¿La valoraban por sí misma o como un medio para llegar a un fin?
- ¿Qué educación tenían sus padres? ¿Estaban satisfechos con ella?

- ¿Le animaban a usted a obtener una formación superior, igual o inferior a la de ellos?
- ¿Mostraban interés, indiferencia u hostilidad hacia su educación, escuela y profesores?

Trabajo

- ¿Qué clase de trabajo tenían sus padres? ¿Estaban satisfechos cada uno del suyo?
- ¿Qué decían de sus empleos? ¿Cómo cree usted que los desempeñaban?
- ¿Querían para usted la misma clase de trabajo? ¿O uno mejor?
- ¿Tenían actitudes específicas sobre lo que constituye trabajo para hombres y trabajo para mujeres en el mundo comercial y profesional?

Valores[14]

- ¿Qué valores morales y éticos le enseñaron sus padres?
- ¿Estaban relacionados esos valores con alguna formación religiosa o no?
- ¿Eran sus padres ateos? ¿Agnósticos? ¿Pertenecían a alguna iglesia o grupo religioso? Si era así, ¿fue usted incluido? ¿Cómo?
- ¿Tenían sus padres actitudes definidas hacia personas de otras creencias religiosas? ¿Cómo expresaban sus actitudes? ¿Usaban la "religión" para controlar la conducta de usted? ¿O para hacerle apreciar el milagro de la vida? ¿Para darle una sensación de bienestar y seguridad o para explicarle ciertos fenómenos de la naturaleza? ¿Qué decían sobre las creencias religiosas? ¿Estaban de acuerdo entre sí?
- ¿Cómo practicaban sus creencias? ¿Estaban de acuerdo sus acciones con sus palabras?
- ¿Manifestaban sus padres amistad, hostilidad, frialdad o temor hacia las personas de origen racial o étnico diferente del suyo? ¿Qué decían? ¿Cómo actuaban?

Pautas orales

- ¿Cómo se hablaban sus padres?
- ¿Cómo hablaban a otras personas tales como *sus* padres, sus amigos, sus criados o usted mismo? ¿Recuerda sus palabras y tono de voz?
- ¿Empleaban un nivel de lenguaje con algunas personas y otro con otras?

Pautas auditivas

- ¿Escuchaban sus padres a otras personas? ¿Y a usted?

- ¿Escuchaban con la mente cerrada, con indulgencia, comprensivamente, distraídos, interesados?
- ¿Qué decían sobre el escuchar?

Temas y roles de guiones

- ¿Qué parecía alegrar a sus padres? ¿Qué les entristecía, enojaba o frustraba? ¿Qué les dejaba impotentes?
- ¿Tenían un tema vital como "Beber hasta morir", "Suicidarse", "Triunfar", "Tener éxito en el negocio", "Fracasar", "Crear un hogar" o "Disfrutar de la vida"?
- ¿Tenían sus padres temas vitales diferentes? ¿Estaban esos temas en oposición o se complementaban?
- Piense en sus figuras paternales y sus diversos roles. ¿Cómo representaban los roles de Víctimas, Perseguidores y Salvadores? ¿Qué roles representaba usted en relación con ellos?

Ejercicio de la paternidad

- ¿Cómo actuaban sus padres como tales? ¿Eran cariñosos, crueles, vociferantes, callados?
- ¿Cómo eran sus expresiones faciales? ¿Y sus ademanes?
- ¿Cómo le regañaban, castigaban o elogiaban?
- Si usted tiene hermanos y/o hermanas, ¿mostraban sus padres predilección por alguno de ellos?
- ¿Expresaban rencor, odio o amor hacia usted? ¿Cómo?
- ¿Cómo le manipulaban a usted? ¿Por medio de la culpabilidad, el temor, la crítica, la dulzura, la lisonja?
- ¿Con qué lemas o refranes creció usted? ¿Eran útiles, perjudiciales o irrelevantes?
- ¿Eran sus padres fidedignos o vacilantes?
- ¿Competían entre sí o con usted?
- ¿Sentía usted que podía contar con ellos?
- ¿Qué le gustaba y desagradaba en ellos? ¿Por qué?
- ¿Cree usted que se consideraban triunfadores o perdedores? ¿Cree que le aminaron a ser triunfador o perdedor?

2. **Las actitudes de sus padres**

Piense cómo reaccionarían sus padres

- al llanto nocturno de un niño enfermo.
- a la proximidad del cumpleaños de un niño.
- al saber que un niño ha roto un "tesoro" familiar o que ha hecho algo prohibido.
- al saber que un niño ha sido molestado sexualmente.
- al deseo por parte de un niño de tener un animal.
- ante la huida de una joven de su casa o su embarazo ilegítimo.
- al alistamiento en el ejército de un joven.
- a la boda del último hijo de la familia.
- a un nuevo vecino de diferente raza o religión.
- a una campaña electoral intensa.
- al deseo de un pariente de vivir en casa de ustedes.
- ante un mendigo harapiento que llama a su puerta pidiendo limosna.
- ante un pariente que requiere vigilancia constante.
- ante un accidente automovilístico.
- al próximo fin de semana, lunes por la mañana o días festivos.

3. **¿En qué se parece usted a sus padres?**

Después de averiguar cómo eran sus padres, hágase consciente de los aspectos en que se parece a ellos.

- Repase las preguntas de los experimentos 1 y 2, así como sus respuestas a ellas, y pregúntese: "¿Cómo los imito?"
- ¿Cómo es su Padre nutricio y cómo lo emplea? ¿Con la familia, los amigos o compañeros de trabajo?
- ¿Cómo es su Padre perjudicial y cómo lo emplea? ¿Con la familia, los amigos o compañeros de trabajo?
- De los modales, gestos y tonos de voz que usted emplea ahora, ¿cuáles son parecidos a los de sus padres?

Si usted trabaja con niños, ¿qué porcentaje de su conducta proviene de su estado Padre del yo?

- Imagínese que habla con niños que tienen diferentes estados de ánimo. ¿Cómo respondería frente a un niño quejumbroso, uno herido, uno desobediente, uno jactancioso, uno preguntón, uno que se ríe sin tener por qué?

  ¿Cuáles de sus figuras paternales hablaría de esta manera? ¿Es eso apropiado? ¿Cómo emplea estas mismas maneras de expresarse entre adultos?

Ahora tome papel y lápiz y describa su concepto del niño ideal.

- ¿Cree que sus figuras paternales escribirían lo mismo que usted?
- ¿Vive usted conforme a esa imagen o se queda corto?
- ¿Espera usted que los niños u otros adultos vivan de acuerdo con esa imagen?

4. Su diálogo interior

Para hacerse consciente de su diálogo interior, ponga a prueba los ejercicios siguientes. Puede ser útil representarlos gráficamente.

- Imagínese en una reunión de padres y profesores del colegio de su hijo. Asisten unas 25 personas y la reunión es informal. El conferenciante pide la atención de todos y dice: "Necesito cinco voluntarios de entre ustedes para poderles demostrar los puntos principales de nuestro nuevo método de enseñar las matemáticas".

  Cierre los ojos. ¿Qué pasaría por su mente al enfrentarse con esa petición? ¿Quiénes hablan (en su cabeza)? ¿Quién triunfa?

- Imagínese a la hora del examen final de una asignatura importante. Escuche su diálogo interior.

  ¿Qué dicen sus figuras paternales? ¿Cómo responde su Niño interior? ¿Qué sensaciones físicas nota usted? Asócielas con alguna experiencia previa. ¿Le vienen a la memoria recuerdos de algunos de sus antiguos profesores?

- Imagínese que ha recibido una notificación del Ministerio de Hacienda informándole que desean comprobar su declaración de impuesto sobre la renta.

  Describa su diálogo interior.

- Imagínese que está en un banquete y que le llaman inesperadamente, pidiéndole que vaya a la mesa principal. Una vez allí, el anfitrión comienza a hacer un largo elogio de las "obras benéficas" que usted ha hecho.

¿Qué le dicen interiormente sus figuras paternales? ¿Cómo responde su Niño?

- Imagínese varias situaciones emocionantes o traumáticas. Escuche su diálogo interior. ¿Qué se dice en él?

5. Su estado Padre del yo

Escriba en los espacios correspondientes los mensajes más importantes que sus dos figuras paternales más significativas le enviaron desde cada uno de sus estados del yo.

P ______________________________

A ______________________________

N ______________________________

P ______________________________

A ______________________________

N ______________________________

¿Cuáles de estos mensajes ha incorporado usted a sus propios estados del yo? Incluya sentimientos, pensamientos y comportamientos.

P ______________________________

A ______________________________

N ______________________________

6. La terapia Naikan (método japonés de auto-observación)

Si usted está familiarizado con el Zen u otras formas de meditación ascética, es posible que desee probar el método japonés de auto-observación llamado *terapia Naikan*. "Es un procedimiento en el cual el discípulo examina sus experiencias pasadas y reflexiona sobre ellas; mediante estas reflexiones completa la reformación de su ser."[15]

El el Japón, la terapia Naikan dura una semana, durante la cual la persona se sienta sobre sus piernas en el suelo de un cuarto pequeño, meditando desde las 5 de la mañana hasta las nueve de la noche. Un maestro (Sensei) le visita de cuando en cuando y le pide que medite solamente sobre aquellas personas que han moldeado su personalidad, comenzando con su madre. Se le pide al discípulo que considere no solamente lo que hizo o dijo su madre, sino también lo que *él* hizo o le dijo a ella en el momento que él está recordando. Se hace más hincapié en la observación de uno mismo que en la de los demás.

Una posible modificación de la terapia Naikan sería:

- Irse a un sitio donde no tenga ninguna distracción sensorial durante un largo período de tiempo.
- Imaginarse mirando una pantalla en blanco (en su mente).
- Vea a su madre en la pantalla. Cuando surjan imágenes de incidentes entre usted y su madre, pregúntese: "¿Qué hice o dije *yo* entonces?" Concéntrese sobre lo que *usted* hizo o no hizo o no tuvo intención de hacer.
- Repita el ejercicio anterior con otras figuras paternales.
- ¿Qué aprende usted acerca de *sí mismo*?

6

LA INFANCIA Y EL ESTADO NIÑO DEL YO

¿Pero qué soy yo?
¿Un niño que llora en la noche?
Un niño que llora por la luz:
¡y sin otra lengua que el llanto!
ALFRED TENNYSON

Todo niño nace con características heredadas; nace en un ambiente social, económico y emocional específico y es educado en ciertas maneras por figuras autoritarias. Todo niño experimenta acontecimientos significativos, tales como una muerte en la familia, enfermeded, dolor, accidentes, desplazamientos geográficos y crisis económicas. Estas influencias contribuyen a la unicidad de la infancia de cada persona. Nunca dos niños, incluso de la misma familia, tienen infancias iguales.

EL ESTADO NIÑO DEL YO

Cada ser humano lleva consigo en su cerebro y en su sistema nervioso grabaciones permanentes de cómo experimentó sus propios impulsos cuando niño, cómo experimentó el mundo, cómo reaccionó al mundo que experimentó y cómo se adaptó a éste. En el estado Padre del yo están incorporadas las personalidades de figuras autoritarias emocionalmente significativas; en el estado Niño del yo está su mundo interior de sentimientos, experiencias y adaptaciones.

Cuando una persona responde como lo hizo en su infancia –inquisitivo, afectivo, egoísta, mezquino, juguetón, quejumbroso, manipulador– lo hace desde su estado Niño del yo. El estado Niño del yo se desarrolla en tres partes diferentes: el Niño Natural, el Pequeño Profesor y el Niño Adaptado.

El *Niño Natural* en el estado Niño del yo es esa parte muy joven, impulsiva, ineducada y expresiva del infante que permanece dentro de cada persona. Esta se manifiesta a menudo como un bebé egocéntrico, amante de los placeres, que responde con afectuoso agrado cuando sus necesidades son satisfechas o con airada rebeldía cuando no lo son.

El *Pequeño Profesor* es la sabiduría ineducada del niño. Es la parte intuitiva del estado Niño del yo que responde a mensajes no verbales y actúa por presentimientos. Con ella resuelve el niño cosas como cuándo llorar, cuándo callar y cómo manipular a su madre para hacerla sonreir. El Pequeño Profesor es, además, muy creador.

El *Niño Adaptado* es la parte del estado Niño del yo que muestra una modificación de las inclinaciones del Niño Natural. Estas adaptaciones de los impulsos naturales ocurren como respuesta a traumas, experiencias, educación y, más importante todavía, a las demandas de figuras autoritarias significativas. Por ejemplo, un niño es programado naturalmente para comer cuando tiene hambre; sin embargo, poco después de nacer, este impulso natural puede ser adaptado para que el niño coma de acuerdo con un horario fijado por sus padres. Además, un niño naturalmente querrá hacer y tomar lo que quiera, pero también puede ser adaptado a compartir y a ser cortés con los demás en formas determinadas por sus padres. En la página siguiente aparece un diagrama de segundo orden del estado Niño del yo.

EL NIÑO NATURAL

El Niño Natural dentro del estado Niño del yo de cada persona es lo que un bebé sería "naturalmente" si nada le influyese en otra dirección. El Niño Natural es

afectuoso,
impulsivo,
sensual,
no censurado,
curioso.

Por naturaleza, el bebé responde al pecho de su madre, llenando su estómago y experimentando contacto de piel con piel. Si la madre está satisfecha con su bebé, se cruzan entre ellos sonrisas de satisfacción. Están cerca el uno del otro y esto les gusta a ambos.

El bebé responde impulsivamente a las sensaciones de su propio cuerpo, llorando cuando tiene hambre o está mojado, arrullando cuando está satisfecho y confortable; reacciona espontáneamente cuando cambia su situación. Por naturaleza, el niño prefiere el placer al dolor y es desvergonzadamente sensual; disfruta con sensaciones placenteras tales como rodar sobre una alfombra, chapotear en el agua, tomar el sol, chuparse un pulgar, masticar su cobija, sorber ruidosamente su biberón; explora su cuerpo y a menudo disfruta con lo que encuentra; no tiene un censor interior que pueda decirle: "No".

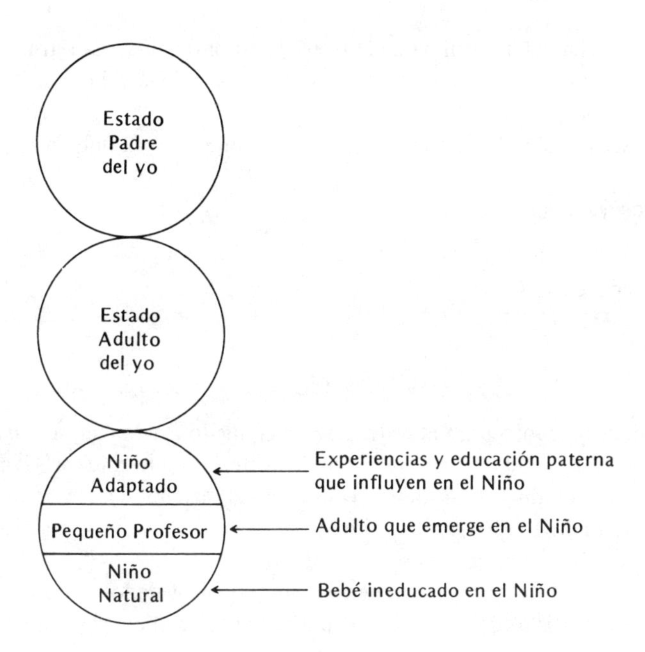

El infante es curioso acerca de su mundo. Lo mira, lo siente y, a menudo, trata de probarlo. La pelusa de un osito de trapo le hace cosquillas; el movimiento de figuras suspendidas sobre su cuna atrae su atención. El bebé oye, ve, huele y toca todas estas cosas y las convierte en primitivas imágenes mentales con las cuales construye una vida fantástica sin censura. Más tarde en su vida, estas fantasías preverbales pueden adoptar la forma de sueños repetidos, frecuentemente de naturaleza simbólica.

Cuando un niño empieza a usar el lenguaje, sus fantasías se hacen más complejas. Con frecuencia, estas fantasías son de placer o agresión sin restricciones. En un hombre maduro, estas fantasías pueden convertirse en imaginar que está rodeado de bellísimas mujeres que le proporcionan comodidades y delicias sin pedirle nada a cambio. O pueden convertirse en confrontarse agresivamente con el jefe o darle una buena tunda a alguien. El fantasear es una de las formas en que el adulto experimenta su Niño Natural.

¿Ha visto usted alguna vez a una persona de edad sentada en un banco de un parque lamiendo, con evidente delicia, un helado? ¿O a una mujer de mediana edad saltando a lo largo de una playa? ¿O a una pareja bailando en feliz abandono? En tales casos, usted ha visto al Niño Natural que todavía se expresa. Haciendo caso omiso de la edad de la persona, su Niño Natural es valioso. Añade encanto y cordialidad a su personalidad, al igual que los niños verdaderos añaden encanto y cordialidad a una familia. Cuando una persona mantiene su capacidad infantil para el afecto, la espontaneidad, la sensualidad, la curiosidad y la imaginación, es probable que disfrute de la vida y sea un compañero divertido.

No obstante, el Niño Natural no es sólo encantador; es también

miedoso,
inmoderado,
egocéntrico,
rebelde,
agresivo.

El niño es miedoso por naturaleza; tiene el miedo original de ser dejado caer o abandonado. ¿Qué ocurriría si nadie le protegiera o le cuidara? Por naturaleza es inmoderado y todo lo quiere a su propia manera. Quiere lo que quiere cuando lo quiere, lo que de ordinario quiere decir ahora misma. Es como si se creyese el centro del universo.

El Niño egocéntrico es insensible a los sentimientos de los demás; es egoísta no le gusta compartir o tomar turnos. Un niño puede arrancar alegremente las patas de una araña y golpear agresivamente en la cabeza a un amigo con un juguete. Afirma su voluntad y, algunas veces, lo hace mediante el uso de la fuerza.

Cuando el Niño Natural está frustrado, responde rebelándose; tira el biberón, rehusa comer, grita airado. Dice "no" en muchas formas. Algunos niños expresan rebeldía por medio de rabietas. Utilizar tal conducta en la vida adulta es contraproducente.

Caso ilustrativo

Cuando María era una niña pequeña se dejaba caer al suelo, pataleando violentamente y gritando si no podía conseguir lo que deseaba. Su madre, invariablemente, se rendía ante sus demandas. Ya mujer, María fue una secretaria competente y estaba camino de convertirse en directora de personal. Sin embargo, cuando le negaron su solicitud de determinadas fechas para sus vacaciones, María respondió gritando: "¡Yo quiero esas fechas y, si no tengo derecho a *eso*, todo esto se puede ir al diablo!" Dicho esto, pateó el suelo y salió de la oficina de su supervisor, dando un violento portazo. El resultado de su conducta fue un informe negativo que presentó el supervisor; María no sólo no pudo tener sus vacaciones en la fecha que ella quería, sino que también perdió la oportunidad de ser ascendida a directora de personal.

Algunos niños podrían perecer si no hicieran demandas egocéntricas. Sin embargo, si la agresividad y la rebeldía no son refrenadas en absoluto, cuando adulta, una persona puede pedir ciegamente su propia satisfacción sin considerar ni su propia salud ni su seguridad ni tampoco las de los demás. Puede conducir como un necio, beber demasiado y comer como un glotón. Su Niño Natural inadaptado puede aparecer en el rol de

> un jefe que quiere las cosas a su manera, de acuerdo con su horario, sin consideración por los demás;
>
> un pariente que, egoístamente, toma más de lo que le corresponde;
>
> un padre que descarga su agresión golpeando a sus hijos.

A la inversa, si los sentimientos de agresividad y rebeldía son completamente ahogados en la infancia, al individuo se le hace imposible imponerse por sí mismo aunque sea necesario; pierde el sentido de sus derechos personales y a menudo permite que otros abusen de él.

Una persona saludable, feliz, permite la expresión *apropiada* de su Niño Natural todos los días.

EL PEQUEÑO PROFESOR

El Pequeño Profesor es esa parte del estado Niño del yo innatamente

> intuitiva,
>
> creadora,
>
> manipuladora.

Sin conocimientos de psicología, el niño intuye mucho de lo que ocurre. El mira al rostro de su madre y decide que es mejor no continuar con lo que está haciendo. Comprende el mensaje no verbal enviado a través de una mirada desaprobadora y le responde. Entonces, intenta resolver su problema con el uso de su Pequeño Profesor, el cual "intuye" lo mejor que puede hacer en una situación dada.

Winnie-the-Pooh,[1] un osito de trapo que anda y habla, es el prototipo literario del intuitivo Pequeño Profesor. Pooh quiere la miel almacenada en la copa de un árbol, pero fracasa en su primera tentativa por alcanzarla. Empieza entonces a crear un plan y le pide a su amigo Christopher Robin que le dé un globo en el cual podrá flotar hasta llegar a la copa del árbol.

> "Es algo como esto", dijo. "Cuando tú vas por miel con un globo, lo mejor es no dejar saber a las abejas que vas a llegar. Ahora, si tienes un globo verde, las abejas pueden pensar que eres solamente parte del árbol y no reparar en tí; y si tienes un globo azul, pueden pensar que eres solamente parte del cielo y no reparar en tí; pero el problema es: ¿Qué es lo más probable?"

Para adelantar su plan, Pooh se cubre de barro; infla un globo azul y, colgándose de él, se eleva sobre las copas de los árboles para convertirse en "una pequeña nube negra en el cielo". Pero las abejas ven a través de su disfraz y el plan de Pooh fracasa. Aunque Pooh había pensado mucho en cómo resolver su problema, carecía de la información necesaria sobre la inteligencia y la agudeza visual de las abejas.

Como Pooh, el Pequeño Profesor en el estado Niño del yo no está siempre bien informado. El no ha vivido lo suficiente ni ha tenido experiencias suficientes para serlo. A menudo toma decisiones equivocadas y saca conclusiones erradas. Por ejemplo, Ramón, que tiene seis años de edad y ha estado viendo en la televisión películas del oeste, le dice a su abuela: "Ten cuidado con los ladrones cuando abras la puerta". Ella responde: "¿Cómo voy a saber si es un ladrón si veo uno?" y el niño responde desdeñosamente: "Vamos, abuela, uno sabe siempre quiénes son los malos, ¡los que llevan sombrero negro!"

Cuando una persona madura, su intuitivo Pequeño Profesor continúa activo. Por ejemplo, un individuo puede intuir el significado del mentón tenso del jefe o del guiño en el ojo de su amigo. Sin embargo, el Pequeño Profesor se equivoca a veces: el jefe puede tener dolor de muelas y el amigo puede estar fantaseando y disfrutando de ello.

El Pequeño Profesor puede crear algo original sin culpa o miedo. No se siente inclinado a "mantenerse dentro de las líneas" en el libro de colorear, sino que puede crear sus propios límites y hacer su propio dibujo. Puede hacer un castillo con agua y arena, una casa con bloques de madera, pasteles de barro y un drama con tacones altos y faldas largas, sombreros de vaqueros y pistoleras. La creatividad necesita de las fantasías.

Las personas que expresan su creatividad resueltamente utilizan su Pequeño Profesor en conjunción con su estado Adulto del yo. Es probable que, cuando una persona experimente un momento de genialidad, su Pequeño Profesor esté presente. El Adulto y el Pequeño Profesor forman un buen equipo. Juntos pueden:

proyectar un nuevo edificio, escribir un libro,
componer una partitura musical, mejorar las relaciones humanas,
rediseñar una casa para que sea más atrayente,
elaborar un plan de estudios apropiado,
desarrollar una fórmula matemática, etc., etc.

El Pequeño Profesor proyecta creativamente fantasías que pueden convertirse en realidad. Cuando un hombre se imagina lo entusiasmada que se va a poner su novia cuando reciba sus flores, puede estar en lo cierto; cuando una persona que está cansada de mucho trabajar se imagina a sí misma descansando cómodamente en una playa, está imaginando una posibilidad que puede convertirse en realidad.

Sin embargo, las fantasías del creativo Pequeño Profesor pueden ser bastante ilusorias. Un joven se sentía seguro de que él podría haber tenido mejores relaciones con su despreocupado e insensible padre si hubiesen "ido juntos siquiera a un solo partido de fútbol". Una mujer aficionada a la pintura fantaseaba una ceremonia inaugural y la anticipada emoción de un público numeroso, aunque no tenía prueba alguna que confirmara su idea de que poseía talento.

Todo niño, aunque no reciba lecciones como actor, descubre a temprana edad cómo manipular personas y cosas. Casi todo bebé necesita calcular cómo traer a alguien a su lado. A menudo por un método de tanteo, descubre que, si finge tener miedo o estar enfermo, su madre acudirá rápidamente a su lado. Si las primeras manipulaciones del niño producen efecto, éste probablemente supondrá que posee poderes mágicos. "Como todos los magos, cree que sus deseos, pensamientos y palabras son los instrumentos de sus poderes mágicos."[2] Después de todo, cuando está sentado en su silla alta, simplemente con cerrar los ojos puede hacer desaparecer el mundo.

Un niño pequeño también atribuye poderes mágicos a las figuras de sus padres. Puede temer que ellos le conviertan en una serpiente, en un sapo o en un patito feo o le hagan desaparecer enteramente. En realidad, los padres poseen dominio sobre la vida y la muerte de sus hijos. No es sorprendente, por tanto, que los niños aprendan a pensar que sus padres son como poderosos gigantes o brujas a los que hay que superar con astucia, y a considerarse a sí mismos como impotentes. (Yo soy impotente, yo estoy mal. Tú eres poderoso, tú estás bien.) Algunas autoridades se aprovechan de la creencia de los niños en magia cuando insinúan que ellos tienen ojos en la parte posterior de la cabeza o enseñan que alguien está vigilando siempre. Sobre este tema escribió un niño:

> Las madres son personas con ojos de rayos X. Ellas saben siempre dónde estás, qué estás haciendo, cómo lo estás haciendo, con quién lo estás haciendo y dónde lo estás haciendo. Ellas son las primeras en descubrir lo que tú no quieres que nadie sepa.
>
> JUAN[3]

Los niños creen con frecuencia en la magia de los objetos y de los hechos. Ellos creen en supersticiones tales como una moneda de buen agüero, una pata de conejo, un trébol de cuatro hojas, un gato negro, un diente puesto bajo la almohada, una sombra que pasa sobre la luna, el romper un espejo, pisar sobre una grieta, expresar un deseo al ver una estrella fugaz y pasar bajo una escalera de mano. Algunas personas ya mayores no pueden distinguir entre el pensar mágico del Pequeño Profesor y la información basada en hechos que puede ser analizada por su Adulto. Esas personas confunden fácilmente los hechos con las fantasías. En consecuencia, pueden actuar ya sea como omnipotentes o como impotentes, o se limitan a esperar y no hacen nada.

La persona que actúa como omnipotente manipula a los demás desde la postura de mandamás. Intenta regular la vida de los demás bajo la falsa ilusión de que posee un poder especial y de que nunca se equivoca.

La persona que actúa como impotente manipula a los demás desde su postura de desvalido. Rehusa asumir la responsabilidad de su propia impotencia y encuentra difícil el tomar decisiones directas.

Muchas personas conservan la creencia infantil de que el desear una cosa la convierte en realidad. Desean y esperan el mágico hecho que mejore sus vidas. Entretanto, el tiempo pasa y las personas se manipulan a sí mismas a no llegar a ninguna parte. En el AT, esto se conoce como *esperar a los Reyes Magos.* Berne ha escrito:

Para la mayoría de las personas, los Reyes Magos nunca llegan; si alguien llama a la puerta es, cuando más, el lechero. Para las demás personas, cuando los Reyes llegan, no dejan el orbe mágico que las historias de la niñez sobre los magos les hizo esperar, sino tan sólo ornamentos de lentejuelas, un pedazo de papel o una miniatura del gran vagón rojo que puede ser duplicado en cualquier sala de exhibición de automóviles. Las personas sanas aprenden a renunciar esta búsqueda en favor de lo que el mundo real tiene que ofrecer, pero, hasta cierto punto, sienten la desesperación resultante de tales renunciaciones.[4]

Esta creencia en la magia continúa en la vida actual. Según Selma Fraiberg: "Mucho después de que la razón ha privado al mago de su magia, y para el resto de su vida, la creencia de que los deseos pueden producir hechos reales persistirá en una parte secreta del yo".[5] Se sabe de un pescador que le dijo a otro mientras iban al embarcadero: "Si te limitas a no prestar atención al zumaque venenoso, nunca te molestará".

Las habilidades manipuladoras del niño parecen tener poderes mágicos sobre los otros. Con un Pequeño Profesor activo, una persona puede manipular a su cónyuge, padre, maestro, jefe o amigo.

En el seno de una familia, el marido puede intentar manipular a su esposa con un ramo de flores y palabritas dulces si llega tarde a casa; ella puede aprovechar la oportunidad para que él la lleve a cenar fuera o le dé dinero para un nuevo vestido; el hijo puede manipularlos para llevarse el automóvil familiar porque tiene que "ir a la biblioteca a estudiar". Probablemente cada uno de ellos esté usando los mismos viejos trucos que le dieron buen resultado en la primera infancia. Las habilidades manipuladoras pueden ser a veces necesarias para sobrevivir, pero el depender de ellas conduce a un nivel de vida de practicar juegos y convencionalismos sociales.

¿Ha visto alguna vez a una secretaria que consigue lo que deseaba de su jefe recurriendo a una temblorosa barbilla y a unos ojos llorosos mientras le dice con cuánto interés trata ella de mantenerse al día con su trabajo? ¿Ha visto a un jefe conseguir lo que desea de su secretaria al suspirar: "Mi esposa no me comprende, eso es todo"? ¿A un vendedor afianzar una venta al decir: "Este coche parece haber sido hecho para usted"? Si así es, el lector ha visto en acción al manipulador Pequeño Profesor.

EL NIÑO ADAPTADO

Las primeras adaptaciones de un niño a este mundo empiezan en el seno materno, en cuanto las emociones, la composición química, la alimentación y la salud de la madre producen efectos en el hijo nonato. A continuación de estas experiencias, tiene lugar el trauma del nacimiento: primer empujón hacia la separación del niño de su madre y primer contacto de aquél con el ambiente emocional y físico exterior. Este nuevo ambiente puede abarcar desde extremo empobrecimiento hasta exagerado estímulo o excesiva protección, contribuyendo a los sentimientos de estar bien o estar mal que el niño sentirá gradualmente.

Inmediatamente después de nacer, el bebé empieza a adaptarse a las demandas de la autoridad exterior. Lo hace por su voluntad de sobrevivir y su necesidad de aprobación y/o la ansiedad del miedo. Como una criatura nace sin nociones de lo bueno o de lo malo, su primer sentido de conciencia se desarrolla muy lentamente de la interacción con su ambiente, en particular con sus figuras paternales.

Las respuestas sonrientes y lisonjeras de las figuras paternales comunican al niño la idea de aprobación por haber hecho lo que es correcto, mientras que las respuestas frías o malhumoradas comunican una sensación de castigo y dolor por malas acciones. Mediante elogios o castigos, los niños generalmente van aprendiendo lo que deben hacer y lo que no deben hacer. Con la ayuda de su Pequeño Profesor, los niños resuelven cómo evitar el dolor y conseguir aprobación. Se adaptan, en cierta forma, a los "debes".

Las adaptaciones de un niño se convierten en lo que Berne ha denominado el Niño Adaptado; éste es la parte del estado Niño del yo principalmente influida por los padres.

Aunque es esencial alguna adaptación de los impulsos naturales, muchos niños experimentan una educación innecesariamente represiva. Por ejemplo, un niño que oye decir:

"¡Voy a darte algo para que tengas por qué llorar!",

"¡Espero que hagas lo que te digo y que te guste!",

"¡No lo aguanto más! ¡No me hagas otra pregunta estúpida!",

"¡Como vuelvas a repetir esa palabra te voy a dar una soberana paliza!", puede adaptarse mediante una pérdida de su capacidad de sentir por sí mismo, de tener curiosidad por el mundo, de dar y recibir afecto. Su expresividad natural se inhibe en demasía.

Cuando los niños son adaptados racionalmente, aprenden a tener conciencia de los demás: a compartir, alternar, ser corteses y sociables; aprenden habilidades sociales que les ayudarán a relacionarse con los demás y les permitirán cumplir sociablemente sus propias necesidades.

Mientras el Niño Natural hace lo que desea y se siente bien, es probable que el Niño Adaptado haga lo que sus padres quieran, razonable o no, y puede aprender a no sentirse bien. Son normas corrientes de adaptación:

conformarse,
retirarse,
dar largas.

Algunos niños prefieren conformarse con el fin de llevarse bien con los demás; encuentran que conformarse es más fácil, más práctico y provoca menos ansiedad que defender su propia postura o sus ideas.

Pueden conformarse imitando u obedeciendo a una figura paternal. Algunos niños reciben el mensaje: "Haz lo que yo hago", y se conforman imitando a sus padres. Por ejemplo: "Yo llegué a capitán del equipo, hijo, y no veo por qué razón no puedas hacer lo mismo", anima al niño para que imite a su padre. Otros niños reciben el mensaje siguiente: "No hagas lo que yo hago, simplemente haz lo que te digo". Y los niños se conforman, obedeciendo a pesar de que el doble criterio es evidente. Por ejemplo: "¡Qué clase de modales son esos, jovencito!", gritado por un padre con la boca llena de comida, estimula al hijo hacia una norma de conducta que el padre no se aplica a sí mismo.

Aunque muchos hijos se amoldan a las demandas paternales, a menudo no lo hacen gustosamente. Con frecuencia, el niño opta por enfurruñarse. Algo ocurrió en su vida temprana que le hace enojarse contra las autoridades. En vez de rebelarse, se aferra a su resentimiento, hace de mala gana lo que le piden, continúa malhumorado y echa la culpa a los demás cuando las cosas van mal.[6]

A veces, el comportamiento de enfurruñarse y de culpar a los demás es el resultado de una experiencia traumática que causa profundo daño psicológico a un niño.

Caso ilustrativo

Isabel era conocida en el grupo de orientación psicológica como "la enfurruñada". Casi siempre parecía estar haciendo pucheros y solía hablar muy poco. Aunque negó persistentemente que guardase resentimientos, en una sesión se puso muy furiosa porque alguien se había ido a otro grupo. Este arranque de cólera la puso en contacto con viejos sentimientos de enfado que ella había sentido cuando su madre fue recluida en un manicomio y su padre permitió que tal cosa ocurriese. Cuando tenía sólo tres años, Isabel estuvo a punto de morir accidentalmente. Su madre, que estaba mentalmente enferma, intentó saltar con ella a la calle desde la ventana de un hotel. Su padre, consciente del posible intento de suicidio, entró inesperadamente en la habitación y logró arrancarlas a ambas hacia adentro. Después de esto, la madre de Isabel fue recluida permanentemente en un manicomio.

Isabel fue enviada a vivir con una tía, a quien obedecía, pero siempre de mala gana. Su padre la visitaba rara vez y ella pasaba largos períodos encerrada en su habitación y enfurruñada. Cada vez que las cosas le salían mal en la escuela, ella culpaba a "esa vieja maestra estúpida".

Cuando Isabel empezó a salir con chicos, uno de sus constantes compañeros era un joven que raramente cumplía sus promesas y a menudo la tenía esperando durante horas. Después de cada experiencia desilusionadora, Isabel se quejaba: "¿Por qué esto me ocurre a mí siempre?"

Finalmente, Isabel pudo reconocer que ella había mantenido un resentimiento contra sus padres durante toda su vida por haberla abandonado. En orientación psicológica, se observa a menudo un comportamiento comparable en clientes que perdieron a uno de sus padres en la niñez temprana.

En una situación parecida, otro niño podría responder en una forma diferente; por ejemplo, en vez de vivir malhumorado como Isabel, podría actuar con hostilidad manifiesta o aislarse atemorizado. El niño que se adapta por medio del aislamiento se retrae en sí mismo; se siente incapaz de enfrentarse directamente con su mundo exterior; a menudo se aísla de los demás por medio de frecuentes enfermedades o con actividades tales como aficiones o pasatiempos a los que se dedica solo. Puede esconderse en el campo, en una callejuela, en la copa de un árbol, en una alcoba o en el mundo interior de su fantasía.

Un aislamiento dramático se ilustra por el caso de un hombre que desapareció durante dos días después de una disputa familiar. Su frenética esposa lo descubrió acurrucado en un rincón del sótano. Más tarde, hablando de su infancia, el marido reveló que, cuando sus padres se enredaban en ruidosos altercados, él se escondía durante horas debajo de una cama con una manta sobre la cabeza. Su familia era tan numerosa que raramente notaban su ausencia. Ya en su edad adulta, y cuando se retiraba de los conflictos con su esposa, este hombre estaba reviviendo la misma norma de adaptación: era como una repetición de una escena corriente de su infancia.

El niño que se adapta por medio del aislamiento puede hacerlo emocional en vez de físicamente. En un sentido, este niño "se desconecta" y actúa a menudo como si no oyese. De esta manera evita demandas exteriores. Cuando está "desconectado", crea con frecuencia un mundo fantástico que le protege contra conflictos y el posible daño y el compromiso que éstos traen consigo.

Las fantasías del Niño Adaptado reflejan a menudo su educación o sus experiencias tempranas. Un niño pequeño que es sorprendido por su madre en el acto de robar una galleta puede imaginarse que va a ser encarcelado porque es un niño muy "malo". Una niña pequena, asustada al ver a su hermano saltar inesperadamente desde el interior de un armario mientras da un alarido, puede fantasear que quizás en cada armario haya un hombre. Una fantasía corriente en personas que aprendieron cuando niños a ser "vistos pero no oídos" es la de encontrarse en una situación en la que necesitan hablar o gritar, pero no pueden emitir un solo sonido.

Los medios de comunicación, así como las expectativas paternales, pueden influir en la distorsión de la realidad por parte del niño. Este puede intentar imitar o puede fantasear viéndose a sí mismo como

> el vaquero fanfarrón que hace que los otros se encojan cuando él entra en la cantina;
>
> el superhombre cuya visión de rayos X frustra el robo del tesoro de la cuida
>
> la mujer indefensa que es rescatada de su ropa sucia por un hombre guapo con el producto comercial apropiado;
>
> la jovencita que consigue amistades con la blancura deslumbrante de sus dientes y su figura en un bikini.

La dilación (o dar largas) es otra de las pautas corrientes del Niño Adaptado. Como el Niño Natural quiere rebelarse y decir: "No lo hago", y el Niño Adaptado no se atreve, el Pequeño Profesor decide ganar tiempo. Al demorarse para ganar tiempo, el niño apacigua en parte a sus autoridades y, al mismo tiempo, satisface su deseo interior de rebelarse. Finalmente, la dilación se convierte en una pauta de su adaptación.

Cuando un niño oye que su madre le llama: "Roberto, es hora de que vengas a cenar", puede responder muy bien: "Dentro de un minuto, madre". Utilizando esta técnica, ni desafía abiertamente a su madre ni obedece inmediatamente la orden de ésta. Una joven a quien se le recuerda que tiene que poner la mesa, puede responder con: "Tan pronto como acabe el programa, mamá". A menudo, la dilación continúa con "sólo un programa más" o "lo haré durante el próximo anuncio". Los niños aprenden a dar largas por muchas razones:

> Oyen demasiadas órdenes paternales.
>
> Si terminan sus tareas muy pronto, se les dan nuevos quehaceres.
>
> Una ejecución superior puede hacer que sus amigos y hermanos se pongan celosos.

No importa lo que hagan o cómo, nunca está suficientemente bien hecho.

Si ellos le dan suficiente largas a algo, otro lo hará.

La dilación puede convertirse en parte integral del guión psicológico: una forma de representar el drama de la vida. Esta forma de actuar puede verse en una persona que llega siempre tarde a clase, a cenar, al trabajo, a reuniones. Incluso el sonido del timbre del despertador puede provocarle a decir: "Sólo diez minutos más y me levantaré". Muchos morosos se resisten ante plazos fijos y a menudo piden algo más de tiempo.

La pauta dilatoria se revela en ocasiones en una técnica de orientación psicológica en la cual se le pide a la persona que redacte su propio epitafio. Este, con frecuencia, es un sumario concentrado de lo esencial en el drama de la vida del individuo. Epitafios de clientes que indican morosidad son:

Siempre se lo propuso, pero algo siempre se lo impidió.

Una y otra vez procuró hacerlo pero, finalmente, se murió.

Le faltó tiempo.

Nunca empezó.

El epitafio de un hombre adoptó una forma poética:

Yace aquí un hombre llamado Pablo
que, en verdad, no era muy alto.
Procuró serlo hasta el día en que murió,
pero Pablo nunca pudo, nunca lo consiguió.

La famosa Casa Winchester en San José, California, que tiene corredores y más corredores y puertas que se abren sobre nada o sobre paredes blancas, fue probablemente construida por una mujer que creía que, en tanto demorase el terminar la casa, ella no podría morir.

El Niño Adaptado interior es muy a menudo la parte preocupada de la personalidad. Esto es particularmente cierto cuando un niño, nacido para triunfar, empieza a pensar de sí mismo como perdedor, como un niño que está mal y empieza a actuar mal. Cuando un hombre maduro se esconde en su cuarto en vez de hacer frente a los conflictos familiares, cuando una mujer dice: "Sí, querido" a todas las solicitudes de su esposo aunque las resiente, o cuando una persona se siente confusa y no puede pensar por sí misma, es muy probable que su Niño Adaptado esté controlando su personalidad en ese momento. Cuando éste es el caso, la persona puede actuar (desde su Niño Adaptado) como

una enredadera, un sábelotodo, un malvado matón,
una sirena seductora, una bruja, un santo varón,
un ogro malhumorado o una triste Víctima.

Las posibilidades son infinitas. La persona excesivamente adaptada a menudo necesita orientación psicológica profesional que le haga recuperar su Niño Natural y recobrar su capacidad para reír, amar y jugar con entusiasmo.

CAMBIOS ENTRE EL NIÑO NATURAL Y EL ADAPTADO

Dentro de los estados Niño del yo de algunas personas existe una batalla permanente entre su Niño Natural y su Niño Adaptado. En estos casos, sus sentimientos y comportamientos fluctúan implacablemente entre la sumisión ante la interferencia paternal y la rebelión contra ésta. El conflicto se observa a menudo en aquella persona cuyos padres no le permitieron ninguna clase de felicidad o placer, a menos que cumpliese con ciertas condiciones muy rígidas. Como persona adulta, su confuso niño interior puede perseguir una insaciable búsqueda de aprobación y, según Berne, "...la torpeza llena de disculpas reemplaza a la autenticidad en su comportamiento social".[7]

Caso ilustrativo

Aunque ya tenía cuarenta años de edad, Gonzalo vivía constantemente preocupado por sus relaciones con su madre. Entre visita y visita a casa de ésta, ensayaba mentalmente cómo decirle que su esposa y el estaban de acuerdo en que sus hijos ya no tenían que asistir más a las clases de instrucción religiosa en la iglesia parroquial. Sin embargo, cuando Gonzalo se hallaba en presencia de su madre no podía decirle nada sobre su decisión. En cambio, inventaba historias sobre sus hijos que resultasen agradables para ella. En cuanto a los hijos, su conflicto consistía en saber qué debían hacer y decir en presencia de su abuela.

La madre de Gonzalo era el personaje más importante de su drama y lo continuaba dirigiendo. Aunque él se sentía muy desdichado porque vacilaba entre querer satisfacer los deseos de su madre y querer rebelarse contra ellos, siempre terminaba solicitando la aprobación de su madre.

Una carta recibida por la columnista Ann Landers ilustra el problema de una personalidad similar:

Querida Ann Landers,

Durante años he tenido un problema que me molesta y muchas veces he tenido la tentación de escribirle. Ahora siento que debo hacerlo. Se trata de mi madre.

Aunque ya soy una mujer hecha y derecha y tengo mis propios hijos, mi madre continúa siendo la persona más importante en mi vida. Creo que ella no me ha querido jamás; no importa el interés que he puesto en complacerla, por el motivo que sea, nunca lo he podido lograr.

Mis hermanas y mi hermano no le hacen prácticamente caso a mi madre; sin embargo, ella los trata mucho mejor que a mí. Con frecuencia, los llama por teléfono y los visita (invitándose a sí misma, en realidad), mientras que yo tengo que rogarle para que venga a nuestra casa.

Este problema está arruinando mi vida matrimonial y oscureciéndolo todo. Dígame, por favor, en qué estoy equivocada y qué puedo hacer. Mi marido me dice: "Olvídate de todo".

Hija desamada[8]

La búsqueda de aprobación paternal que nunca llega puede preocupar tanto a una persona que no le permita actuar "aquí y ahora" en sus relaciones actuales. En vez de ocuparse con la escena presente, la persona continúa representando la escena anterior del conflicto interior.

ACTIVACION DEL ESTADO NIÑO DEL YO

Camus afirma en *La caída*: "Al final de toda libertad hay una sentencia judicial; por eso la libertad es demasiado pesada de llevar, especialmente cuando se está abatido con fiebre, o angustiado, o no se ama a nadie". Es en ocasiones como éstas, cuando los individuos están heridos, enfermos, cansados, preocupados o bajo cualquier otro tipo de tensión, en las que probablemente emerja su Niño. Sintiéndose parcial o completamente incapacitados, responden con las pautas únicas de su infancia:

Se apartan de los otros.
Se esfuerzan cada vez más.
Se quejan de molestias y dolores.
Exigen ser servidos.
Disimulan la preocupación fingiendo alegría.

Una persona enferma desea generalmente las mismas comidas –té, leche, tostadas, flan o caldo de pollo– a las que se acostumbró cuando estaba enfermo siendo niño. Su Pequeño Profesor puede pensar que esas comidas son pociones mágicas y hasta puede que las tome aunque su Niño Natural desee solamente helado y gelatina.

Cuando una persona está cansada, su Niño Natural puede desear dormir o no hacer nada, pero su Niño Adaptado puede no atreverse a ceder a esos sentimientos, especialmente si equipara excelencia con mantenerse ocupado. Para solucionar el conflicto interior, su Pequeño Profesor puede arreglárselas con una pequeña siesta.

Cuando una persona está preocupada, su Niño Natural desea a menudo algo que chupar: un cigarrillo, un pedazo de chicle o un caramelo, una bebida. Su Niño Adaptado puede demorarse y no hacer frente al problema o puede esperar que otros se lo resuelvan. Si su Pequeño Profesor se incluye en el asunto, la persona puede encontrar una solución original o puede acudir a alguna forma de magia que haga desaparecer el problema.

Cuando una persona está muy herida, su Niño Natural quiere gritar, llorar y demandar cuidado. Su Niño Adaptado puede aislarse en silenciosa agonía, especialmente si aprendió en la infancia que el llorar acarrea castigos. Su Pequeño Profesor puede resolver que, con aparecer conmovedor, alguien va a satisfacer sus necesidades o que esconder la herida evita la visita al médico. Cada persona posee sus propias respuestas individuales. Muchas situaciones, tales como una fiesta, un examen, un día libre, unas vacaciones, un golpe inesperado de fortuna, un ascenso o ser despedido de un empleo activan el estado Niño del yo.

Por ejemplo, en una fiesta, el Niño Adaptado de una persona puede sentirse tímida, sentir que no le gusta a nadie y desear no estar allí. Entonces su Pequeño Profesor descubre que el alcohol pone fuera de combate a su inhibitorio Padre y él pierde algo de su timidez. Si continúa bebiendo, pone también fuera de combate a su Adulto. Esto le deja a merced de su imprudente Niño. Perdidos todos sus controles interiores, puede exhibir una conducta imprevisible de cualquier parte de su estado Niño del yo. Puede pelear, maldecir, cantar, bailar, insultar a la anfitriona o intentar seducirla. Finalmente, el Niño puede sucumbir al alcohol y la persona "pierde el conocimiento".

Otra persona puede llegar a la fiesta con su Niño Natural listo para reír, jugar y divertirse. Si su Padre es menos inhibitorio, él puede no sentir la misma necesidad de alcohol que en el caso antes mencionado. Puede ser una delicia estar en su compañía; o, si está sin templar por la razón, puede acaparar egoístamente la escena toda la noche. Si esto ocurre, es probable que provoque al Padre crítico o al Niño resentido de otro que también quiere un lugar importante en el escenario.

Además de la tensión y de las situaciones específicas, ciertas transacciones tienden también a activar al Niño. Cuando una persona se presenta desde su estado Padre del yo, es probable que la otra experimente su Niño. Comentarios paternales como los siguientes suelen "enganchar" al Niño:

Esposo (crítico) *a la esposa:*	Esto está todo desarreglado. ¿Qué has estado haciendo todo el día?
Secretaria (protectora) *al jefe:*	Y no olvide su paraguas cuando se vaya a almorzar. ¡No querrá pescarse un resfriado ahora!, ¿verdad?

Niño de 8 años (desdeñoso) *a otro de la misma edad:*	Tú no puedes hacer nada bien; ni siquiera puedes coger un balón.

Comentarios del estado Niño del yo como los siguientes pueden también "enganchar" al estado Niño del yo en otro:

Chico (admirativo) *a chica:*	Eres muy bonita, de verdad.
Chica (admirativa) *a chico:*	Y tú, tan grande y tan fuerte...
Vendedor (en actitud de conquista) *a recepcionista?*	¿Qué le parecería tomar algo conmigo después de salir de la oficina?
Esposa (enfadada) *a esposo:*	Estoy tan furiosa contigo por avergonzarme en presencia de tu jefe que podría escupirte en la cara.

Aunque ciertas situaciones y transacciones tienden a activar al Niño, el Niño no tiene que ser expresado. Muchas personas funcionan bien desde su estado Adulto del yo a pesar de la repetición interior de las grabaciones de sus recuerdos de Niño.

RESUMEN

Todo el mundo tiene dentro de sí un niño o una niña pequeños. Cuando un individuo actúa y siente ahora como lo hizo en su infancia, está en su estado Niño del yo.

El Niño Natural se siente libre y hace lo que desea. Cuando un individuo se manifiesta expresivo, afectuoso, juguetón, egoísta o afirma sus propios derechos, probablemente esté expresando su Niño Natural.

El Pequeño Profesor es el muchachito inteligente que hay en cada persona. Cuando un individuo se siente intuitivo, experimenta un momento de genialidad, crea por el gusto de hacerlo o manipula a alguien para conseguir lo que desea, su Pequeño Profesor participa en todo ello.

El Niño Adaptado es el niño educado que desarrolla conciencia social pero que, a veces, se siente muy mal. Cuando un individuo es cortés, sumiso, evita enfrentarse, se demora o se siente mal, probablemente esté expresando su Niño Adaptado.

El estado Niño del yo se activa si alguien se presenta en plan de padre. También puede ser activado durante períodos de dependencia, tales como cuando uno está enfermo, o cuando hay ocasión de divertirse, como en una fiesta.

EL NIÑO NATURAL

- *es agresivo*
- *impulsivo*
- *sensual*
- *rebelde*
- *afectuoso*
- *curioso*
- *egocéntrico*

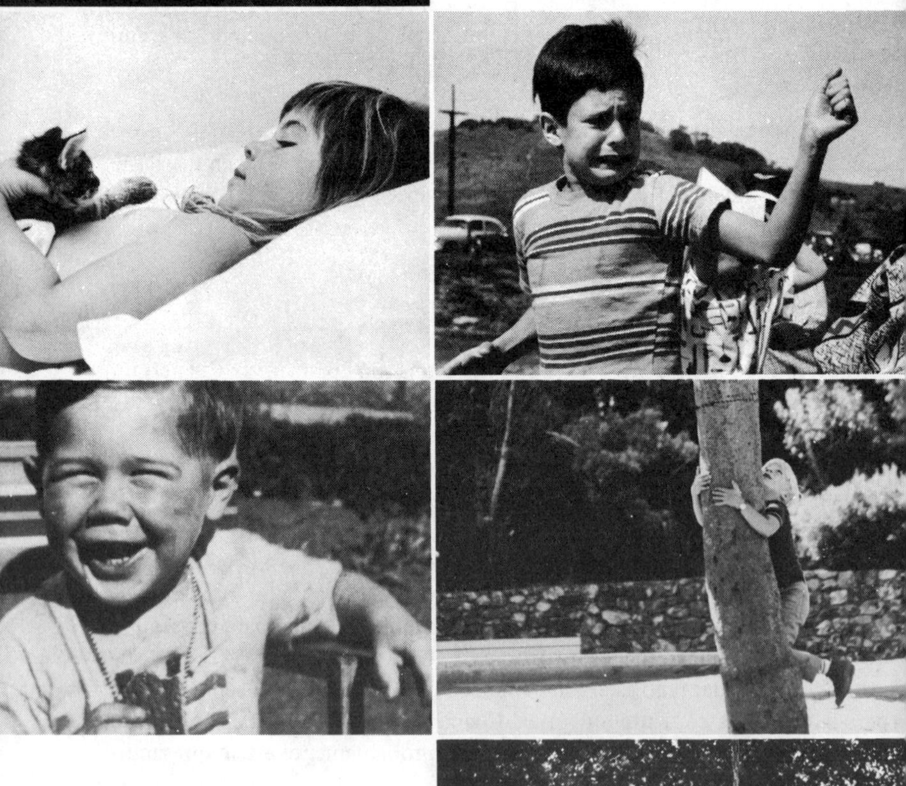

LAMINA IX

EL NIÑO NATURAL
ES VALIOSO PARA LOS ADULTOS

Añade encanto y cordialidad a la personalidad del individuo.

LAMINA X

TODO EL MUNDO TIENE
UN PEQUEÑO PROFESOR

...que es intuitivo, creador
y manipulador.

Soluciona cosas y, a menudo,
cree en magia.

LAMINA XI

EL PEQUEÑO PROFESOR CREADOR
...permanece activo a menudo en la vida adulta.

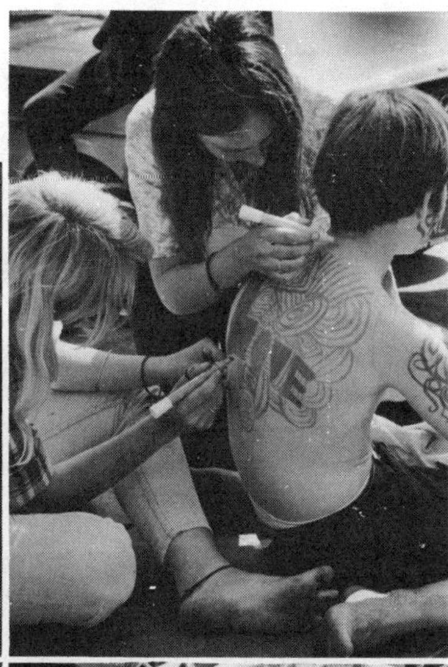

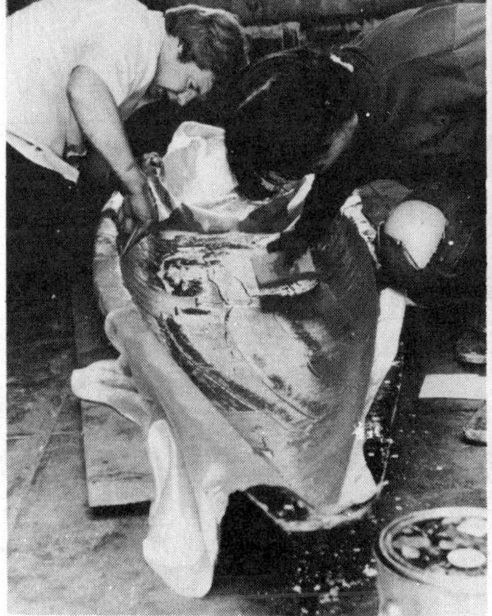

La gente que expresa con intención su creatividad utiliza su Pequeño Profesor en conjunción con su estado Adulto del yo.

LAMINA XII

EL NIÑO ADAPTADO
ES SOCIALIZADO

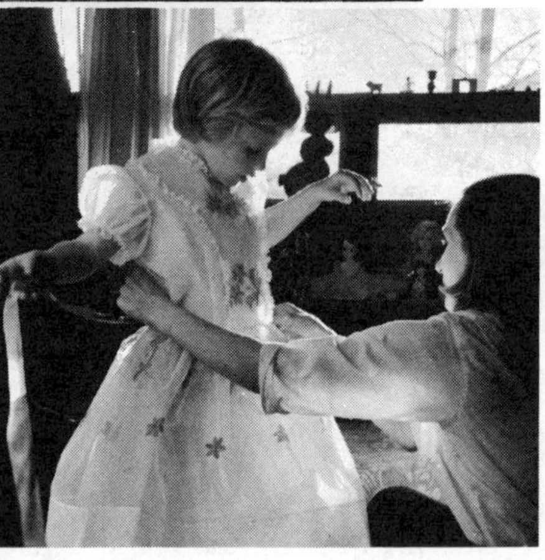

Los niños pueden ser adaptados a ser corteses y a conformarse con los rituales y las normas del vestuario.

LAMINA XIII

EL NIÑO ADAPTADO PUEDE CUMPLIR

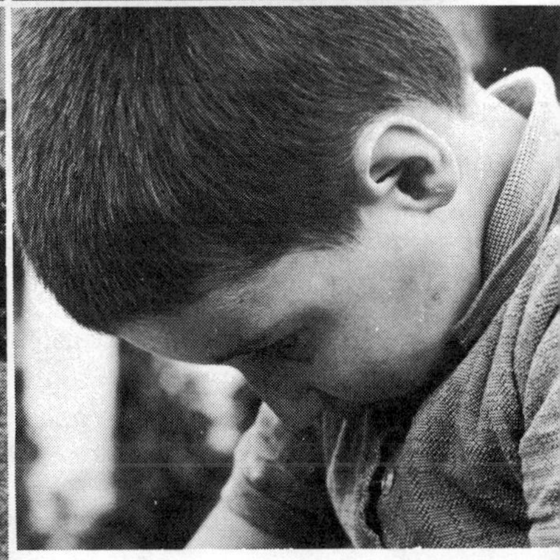

con las expectativas de sus padres. *o aislarse sintiéndose “mal”.*

LAMINA XIV

El Niño es la base de la imagen propia de una persona. El sentirse triunfador o perdedor proviene probablemente del estado Niño del yo.

EXPERIMENTOS Y EJERCICIOS

Las personas tienen diferentes niveles de recuerdo de su niñez. Algunas recuerdan mucho; otras encuentran difícil recordar cualquier cosa. Si el lector desea estimular el recuerdo, experimentar nuevamente sus sentimientos de la niñez y reunir datos sobre su estado Niño del yo, debe procurar disponer de tiempo para hacer los siguientes experimentos y ejercicios. Algunos le ofrecerán intuiciones emocionales así como intelectuales.

La intuición emocional acompaña a una expansión de la conciencia. Es el momento del autodescubrimiento cuando la persona dice para sí: "Ajá". Perls describe así la experiencia del "ajá": " ...lo que ocurre cada vez que algo suena y cae en su sitio; cada vez que una *gestalt* se completa, allí está el clac del ¡ajá!, la sacudida del reconocimiento".[9] La intuición intelectual acompaña la acumulación de datos. Es un proceso de pensamiento, a menudo analítico, por el cual la persona concluye con frecuencia: "¡De modo que es *así*!".

1. El hogar de su niñez

Cierre los ojos e imagínese de vuelta a la primera casa suya de la que se acuerda. Deje que surjan las imágenes. No incluya lo que usted cree que *debería* estar ahí, sino simplemente lo que *ve*.

- ¿Qué es lo que realmente ve? ¿Personas? ¿Muebles? ¿Otros objetos?
- Busque detalles por la habitación: colores, formas, decoraciones, puertas, ventanas, etc.

Luego intente reexperimentar las sensaciones de sus otros sentidos en relación con esta casa.

- ¿Qué oye, huele, prueba, toca?
- Observe sus emociones mientras reexperimenta el pasado.

Ahora, hágase consciente de las personas que están presentes en el hogar de su niñez.

- Mire sus caras, gestos, ademanes, ropa.
- ¿Cómo interactúan entre sí? ¿Cómo interactúan con usted?
- ¿Qué clase de pieza se representa? ¿Comedia? ¿Farsa? ¿Tragedia? ¿Epopeya? ¿Cuál?
- ¿Qué roles se representan? ¿Quiénes son las Víctimas, los Salvadores, los Perseguidores? ¿Cuáles son sus roles en la pieza?

Es posible que necesite más de una visita para recuperar los recuerdos del hogar de su niñez. También es posible que tenga usted más de un hogar que visitar.

2. Puesta en contacto con su infancia

Saque el álbum familiar o cualquier foto de usted cuando era niño. Estudie las fotos detenidamente y deje que surjan sus recuerdos:

- ¿Fueron felices esos momentos? ¿Tristes? ¿Críticos?
- ¿Qué ocurría en su vida entonces?
- Compárese a sí mismo como bebé, de pequeño, de colegial.
- ¿Qué percibe en esas fotos que todavía percibe en usted ahora?
- ¿Percibe en las fotos algo que desearía encontrar en usted ahora?

Después de conseguir una imagen de sí mismo cuando era niño, lleve a ese niño de paseo, mentalmente, a un sitio tranquilo, quizás a un lugar preferido de su niñez. Conozca a ese niño.

- Escuche las penas, las alegrías y los deseos de su Niño interior.
- ¿Qué opinión tiene ese niño de sí mismo?
- Continúe con este procedimiento hasta que se entere de algo completamente nuevo sobre usted cuando niño.

3. El Niño en usted ahora

Procure descubrir qué activa actualmente su estado Niño del yo. Empiece por hacerse consciente de cómo actúa:

- Cuando se siente bajo tensión, enfermo, cansado, desilusionado, etc.
- Cuando alguien se le pone "en plan de Padre".
- Cuando el Niño en otra persona provoca o invita al Niño en usted.
- Cuando usted asiste a una fiesta.
- Cuando desea algo de otra persona.

A continuación, procure averiguar si tiene tendencia a actuar inapropiadamente en plan de Niño.

- ¿Hace o dice cosas que provocan enfado o burla en los demás?
- ¿Hace o dice cosas que dejan cortados o avergonzados a los demás?
- ¿Responde usted habitualmente a ciertas personas desde su estado Niño del yo? Si es así, ¿por qué lo hace? En sus transacciones con ellas,

¿cómo se siente y cómo actúa? ¿Cuánta responsabilidad asume por la naturaleza de la transacción?

Si descubre pautas inapropiadas en el comportamiento de su Niño, considere comportamientos alternativos.

4. Conciencia de la fantasía

La próxima vez que se "desconecte" de lo que ocurre a su alrededor, hágase consciente de lo que ocurre dentro de usted mismo.

- ¿Está haciendo un viaje imaginario a un sitio especial?
- ¿Está hablando con una persona especial? ¿Discutiendo con ella? ¿Seduciéndola? ¿Pidiéndole algo? ¿Peleándose con ella?
- ¿Está ensayando para un acontecimiento futuro?
- ¿Está representando el rol de superhombre o supermujer, o, de alguna manera, deseando ser lo que en realidad no es?
- ¿Puede usted identificar qué parte de su estado Niño del yo es la que está fantaseando?
- ¿Qué pasa con su capacidad para escuchar a los demás mientras está fantaseando?

5. Sus adaptaciones durante la niñez

Recuerde los métodos, tanto verbales como no verbales, que fueron empleados para educarle. Intente comparar lo que usted *quiso* hacer (por ej.: sentarse sobre las rodillas de su padre, acostarse más tarde, salir a jugar con los niños) con lo que *tuvo* que hacer (portarse estoicamente, acostarse temprano, acabar sus tareas antes de irse a jugar).

- ¿Qué palabras, miradas, etc., fueron empleadas para mantenerle en la línea de conducta deseada?
- ¿Qué palabras, miradas, etc., fueron empleadas para alentarle?
- ¿Qué limitaciones fueron impuestas sobre sus actividades?
- ¿Fueron esas limitaciones razonables y necesarias o excesivamente inhibidoras?

Elija ahora un incidente específico y vuelva a experimentarlo en su imaginación.

- Vea nuevamente a las personas presentes.
- Oiga lo que se decía.
- Sienta de nuevo lo que sintió entonces.

Pregúntese ahora:

- ¿Cuándo se siente usted así actualmente?
- ¿Se porta usted *ahora* con alguien de la manera en que entonces sus padres se comportaron con usted?

¿Cuáles fueron sus pautas de adaptación a las demandas paternales?

- ¿Se sometía? ¿Cuándo?
- ¿Se aislaba? ¿Cuándo?
- ¿Daba largas? ¿Cuándo y cómo?
- ¿Predominaba una de estas pautas de comportamiento sobre las demás?
- ¿Cómo cree usted que estas pautas influyen ahora en su drama vital?

¿Considera usted que las adaptaciones de su niñez son apropiadas para su vida actual? ¿Cuáles siguen siendo:

- útiles para usted?
- confusas para usted?
- destructivas para usted u otras personas?

Si ha descubierto usted pautas de adaptación que ahora le perjudican, considere el comportamiento *contrario*.

- Si suele ceder a las demandas de la gente, ¿qué pasaría si las negara?
- Si se aparta frecuentemente de los demás, ¿qué pasaría si se comprometiera con ellos?
- Si dilatar es lo suyo, ¿qué pasaría si dejara de poner obstáculos e hiciera unas decisiones rápidas?

Mientras usted pensaba en alguna forma de comportamiento contrario, ¿se activó alguna grabación interior de recuerdos de su Padre?

- Si es así, vuelva a oír las palabras; después, repítalas en voz alta.
- ¿Qué grabaciones de recuerdos de su Niño activan esas palabras?
- Siéntese en una silla. Imagine que su padre está sentado frente a usted. Emplee las palabras que acaba de oír para iniciar su diálogo.
- Luego, dígale a su Padre que usted va a experimentar con un comportamiento diferente, pero que no piensa hacer nada destructivo ni para usted ni para los demás.

Su Niño Adaptado adopta frecuentemente una postura de desvalido. Su estado Padre del yo adopta frecuentemente la postura de mandamás. Puede ser que ellos representen los polos de su personalidad. Un Padre excesivamente exigente puede ser un polo y el Niño rebelde, sumiso o aislado puede ser el otro.

- ¿Puede usted reconocer en sí mismo algunas posturas de mandamás y/o desvalido?
- ¿Puede usted relacionar esas posturas con sus estados Padre y Niño del yo?

Después de haber identificado las polaridades dentro de su personalidad, imagine que sus puños las representan. Decida cuál de sus puños representará su postura de mandamás y cuál su postura de desvalido. Póngalos a dialogar el uno con el otro.

- ¿Vence el uno al otro? ¿Es ésta la mejor manera de acabar el diálogo? Si no lo es, intente llegar a un compromiso o a una reconciliación, o adopte una postura firme frente a la oposición.

6. Pérdida de un padre

Este experimento es para personas que hayan perdido un padre por una razón distinta de la muerte, por ejemplo: divorcio, abandono, hospitalización, guerra, viajes comerciales de larga duración.

Si esto le ocurrió a usted, pregúntese:

- ¿Cómo le explicaron la ausencia de su padre? ¿Se le permitió hablar de ella?
- ¿Cuáles fueron sus preguntas? ¿Cómo le fueron contestadas?
- ¿Achacó usted a alguien en particular la culpa por la ausencia de su padre?
- Si su padre regresaba de vez en cuando, ¿se sentía usted feliz? ¿Confuso? ¿Resentido? ¿Cómo se sentía?
- ¿Cambiaron las cosas al regresar su padre?

Ahora emplee la técnica de las sillas. Dígale al padre cómo se sentía cuando él le dejaba. Permítale responder. Exprese sus sentimientos. Cuando se sienta capaz de hacerlo, intente perdonar a su padre.

Este experimento es para aquellas personas que perdieron a su padre por muerte. Hágalo cuando se sienta usted fuerte, no "hundido". Déjese reexperimentar tanto como pueda tolerar. Es posible que quiera realizar este experimento a intervalos y en pequeñas dosis.

Vuelva en su imaginación al día en que murió su padre.

- ¿Quién le dio la noticia? ¿Qué hizo usted?
- ¿Cómo se sintió usted? ¿Triste? ¿Enojado? ¿Abandonado?
- ¿Qué hicieron y dijeron los demás?

Ahora imagine a su padre sentado en la silla enfrente de la suya. Dígale lo que le ocurrió a usted en aquel momento y cómo se sintió. Exprese sus sentimientos.

- Después de expresar todo lo que necesite decir (lo que puede requerir varias sesiones), despídase de él.

7. **Su Pequeño Profesor**

¿Cómo es de acertada su intuición: su capacidad para recibir mensajes no verbales o para actuar según lo que intuye?

- Elija a varias personas en diversas situaciones que estén dispuestas a proporcionarle "retroalimentación" sincera sobre sus pensamientos y sentimientos. Pueden ser personas que almuerzan con usted, compañeros de su viaje cotidiano al trabajo, gente de su oficina, etc. Incluya a personas de diferente sexo, edad, raza, etc.
- Pregúntese a sí mismo: "¿Qué siente esta persona en relación conmigo o con la situación? ¿Qué piensa de mí o de la situación?"
- Corrobore con la otra persona inmediatamente que lo que usted ha intuído es cierto.
- ¿Cómo es de acertada su intuición? ¿Acierta usted en la mayoría de las ocasiones? ¿Algunas veces? ¿Raramente?
- ¿"Interpreta" usted a cierto tipo de persona más fácilmente que a otros?

Repase su creatividad.

- Durante la semana pasada, ¿procuró hacer algo de una manera distinta? ¿Tuvo una idea original? ¿Dio nuevas formas a materias, ideas o relaciones viejas?
- ¿Puede usted relacionar su creatividad o falta de ella con algún acontecimiento o alguna circunstancia de su niñez?
- ¿Oye usted grabaciones de recuerdos que le dan mensajes alentadores o desalentadores en relación con su creatividad?
- Si encuentra que le falta expresividad creadora, procure hacer esta semana algo de una manera diferente.

Recuerde su capacidad manipuladora.

- ¿Qué hacía usted para conseguir lo que deseaba? ¿Fingirse enfermo? ¿Obedecer? ¿Congraciarse con los demás? ¿Enojarse? ¿Rabiar? ¿Qué hacía?
- ¿A quiénes manipulaba fácilmente?

- ¿Había alguien en quien usted se sentía incapaz de influir?
- Piense ahora en las personas con quienes usted se relaciona actualmente. ¿Cómo cree usted que las maneja? Si es posible, pregúnteles cómo las manipula.

¿Recuerda algo que le parecía mágico cuando usted era niño?

- ¿Haber visto algo que aparecía y desaparecía?
- ¿Haberse sentido como un gigante o como un enano rodeado de gigantes?
- ¿Haber creído que alguien o algo le salvaría?
- ¿Haber llevado un amuleto?

¿Cómo afectó esto su vida adulta?

- ¿Desea todavía ser salvado?
- ¿Se siente todavía a veces como un enano o un "don nadie"?
- ¿Cuenta con el "embrujo" de su sonrisa?, ¿de su tocar?, ¿de su forma de hablar?, ¿de sus gestos?

¿Le parece que algunas personas a su alrededor tienen cualidades mágicas?

- ¿Hay en su vida actual alguien que parece ser una bruja? ¿Un ogro? ¿Un hada madrina? ¿Un mago?
- ¿Se parecen esas personas a otras de su vida pasada?
- ¿Son personajes de su guión?

8. Usted como Niño Natural

Usted puede ser una de esas muchas personas que han perdido parte de la capacidad infantil para percibir el mundo a su manera única. Este experimento le permitirá conocer más plenamente sus sentidos.

- Váyase a un lugar donde se sienta a gusto, de preferencia al aire libre. Fije su mirada sobre un objeto como si jamás lo hubiese visto antes. Hágase consciente de su tamaño, configuración, color, forma, etc. Deje ahora que se vaya desvaneciendo y fíjese en el fondo. Repita este proceder con otros objetos.
- Luego fije su atención en escuchar sonidos exteriores. ¿Qué sonidos son constantes? ¿Cuáles son intermitentes? Hágase consciente de la intensidad y del tono.
- Luego, fíjese en unos olores cualesquiera. ¿Qué olores percibe usted cuando respira?

- Luego, perciba el sabor de su boca. ¿Cómo es? Pase la lengua sobre los dientes. ¿Qué siente usted?
- Luego, fíjese en la superficie de su piel. ¿Siente frío, calor, dolor? Pase la mirada a diferentes partes de su cuerpo, yendo desde la cabeza hasta los dedos de los pies.
- Repita el experimento anterior diariamente durante varios minutos. Deje que la conciencia sensorial se convierta en costumbre suya.

¿Qué le gustaba realmente hacer durante su niñez? Elija algo que esté bien hacer, pero que usted no ha hecho desde hace mucho tiempo, e intente volver a hacerlo.

- Si le gustaba echarse boca arriba y sacar figuras de las nubes, búsquese un lugar donde pueda volver a echarse para contemplar las nubes.
- Si le gustaba quitarse los zapatos y andar descalzo en el barro o correr sobre la arena mojada o ir pateando entre las hojas secas en otoño, ¿por qué no hacerlo una vez más a la primera oportunidad?
- Deje que el sol le caliente la piel y concéntrese en las sensaciones que proporciona a su cuerpo.
- Encuentre un árbol al que usted pueda subirse y siéntese un rato en una rama alta.
- Vuele una cometa. Dese una caminata. Chupe un helado.
- Diviértase como un niño. Disfrute. Es lo que hacen los triunfadores.

7

IDENTIDAD PERSONAL Y SEXUAL

No cesaremos de explorar
y el final de todo nuestro explorar
será llegar al punto de partida
y conocerlo por primera vez.

T.S. ELIOT

Todo ser humano experimenta sus propios impulsos naturales, calcula cómo gobernar el mundo y se adapta de una manera única. Todo ser humano, no importa su edad, su grado de complejidad o el nivel de su educación, actúa a veces desde su estado Niño del yo. El estado Niño del yo contiene la primera sensación de identidad de la persona, su guión, los juegos que practica, las posturas de su vida y sus rachas de triunfos y derrotas... todos los cuales son probablemente reforzados por su estado Padre del yo. Si el Padre se dice interiormente: "¿Por qué tuviste que nacer?", es probable que el estado Niño del yo mantenga la postura: "Yo no soy bueno".

NOMBRES E IDENTIDAD

De la mayor importancia para la identidad de una persona es su nombre. Aunque el nombre de una persona no debe cambiar su carácter, a menudo contribuye a su guión, bien negativa o positivamente, en razón del mensaje que envía al niño.

En su partida de nacimiento, el nombre completo de un niño aparece como José Martínez Pérez. Sin embargo, él puede ser llamado:

Pepe (por un amigo)

José (por su padre)

Pepito (por su madre cuando está contenta con él)

José Martínez Pérez (por su madre cuando está descontenta con él).

Cada una de esas variaciones de su nombre refleja la sensación emocional de la persona que las usa. Cada una de ellas le proporciona un mensaje diferente según el cual el niño debe vivir. Cada una activa en él una respuesta diferente.

Mario, ahora banquero, cuenta que a los siete años de edad decidió cambiar su nombre a León; este ejercicio de su Pequeño Profesor impidió que los otros niños se burlasen de él y que le llamasen mariquita. Otro individuo informó que él tenía que defenderse continuamente porque su apellido era Francis.* Una atractiva ama de casa llamada Berta cambió su nombre a María porque las imágenes de un elefante venían siempre a su imaginación cuando oía el nombre de Berta.* Algunas personas muestran su aversión por la identidad que su nombre posee para ellas al preferir usar solamente su segundo nombre o las letras iniciales.

Muchos niños cuyos nombres coinciden en todos los detalles con los de su padre suponen que ellos deben seguir las huellas de éste.** Lo mismo puede ocurrir con designaciones como Guillermo el grande y Guillermo el pequeño para padre e hijo. En ambos casos existe el riesgo de que el hijo sienta que nunca valdrá tanto como su padre. En consecuencia, acaba sintiéndose culpable o inadecuado o mal en algún sentido. Además, el niño puede sentirse como una copia al carbón en vez de un original, confundiendo su propia identidad con la de su padre.

A muchos niños les ponen nombres simbólicos tomados de la literatura, la genealogía familiar o la historia y se espera de ellos que vivan en consecuencia. Por ejemplo, niños con nombres bíblicos como David o Salomón, Marta o María, pueden aprender a identificarse con (o luchar contra) las expectativas sugeridas por tales nombres. Un Salomón puede creer que él es más sabio de lo que es en realidad o una Marta puede resentir la sugerencia de que sus intereses radican en la cocina en vez de "en las cosas del espíritu".

Caso ilustrativo

Cuando Felipe y Sara tuvieron su duodécimo hijo, Felipe, que era pastor protestante, abrió su Biblia al azar en busca de un versículo de las escrituras que le ayudase a escoger un nombre adecuado para su nuevo hijo. Sus ojos se detuvieron en el pasaje: "Deberás llamarle Jesús". Los padres se sintieron inspirados por esto y Sara comentó que el niño había nacido sin dolor. Con miedo de que los vecinos creyesen que ellos eran indebidamente orgullosos,

---

* En los Estados Unidos, "Francis" se asocia con una serie de películas sobre una mula llamada así que "sabía hablar", y "Berta" es un nombre asignado con frecuencia a elefantes de circo. (*N. del T.*)

** Claro está que, debido al sistema de apellidos, en el mundo hispanoamericano estas coincidencias no son tan frecuentes en nuestro ambiente como lo son en los Estados Unidos. Pero el argumento de las autoras sigue siendo igualmente válido. (*N. del T.*)

los padres adaptaron el nombre Jesús a José. Este hijo fue el favorito de la familia y recibía el tratamiento de un niño especial que habría de hacer grandes cosas.

José tenía ya treinta y tres años cuando él y su esposa acudieron en busca de orientación psicológica. Ella amenazaba abandonarle diciendo: "El o exige ser tratado como un rey o se mueve por la casa actuando como si fuese un mártir". Uno de los comentarios favoritos de José sobre su empleo como delegado para la vigilancia de individuos en libertad condicional era decir que se sentía "clavado a la cruz".

Nombres de origen extranjero, así como los simbólicos, son a menudo onerosos. En ambas Guerras Mundiales, muchas familias con apellidos alemanes fueron perseguidas o rechazadas. A través de la historia, muchas familias judías han sufrido el mismo sino. Es corriente que familias cuyos nombres extranjeros son de difícil pronunciación los acorten o los adapten a la fonética de la nueva cultura como una forma de encajar en ésta. Sin embargo, al repudiar su identidad basada en tradiciones, acaban frecuentemente con una sensación de desarraigo y con una división entre generaciones: los del "viejo" país y los nacidos en una tierra nueva.

Los apellidos reflejan generalmente la herencia familiar y proporcionan algunos indicios –agradables o desagradables– al guión cultural de una persona. Algunas personas están tan identificadas con su apellido paterno que lo usan casi exclusivamente.

La importancia del apellido paterno, o nombre familiar, difiere en distintas culturas. Por ejemplo, en el Japón:

La primacía del apellido paterno y su supervivencia es tal que, si una pareja con medios adecuados tiene solamente una hija, adoptarán a menudo al hombre con el que ella desee casarse. Este adoptará el apellido de su esposa, asegurando de esta manera su supervivencia. Esta práctica, llamada *mukotori*, es aceptada como cosa ordinaria en el Japón. En el caso de que una familia próspera tenga una hija única que se casa con un hombre que no es libre de cambiar su apellido por razones familiares propias, ésta adoptará oficialmente a una pareja adulta que asumirá su apellido. Esta práctica es utilizada con frecuencia para preservar y continuar un oficio o negocio familiar. En ambas prácticas, podemos observar la intensidad con que los japoneses se interesan por el apellido paterno.[1]

En la actualidad, es una práctica corriente en los Estados Unidos que, cuando una mujer se casa, deje de usar su apellido paterno y adopte el de su marido como propio. "Las culturas hispánicas, en cambio, añaden el apellido de la madre como segundo apellido, reconociendo ambas líneas de descendencia en vez de la paterna solamente."[2]

Aunque una práctica similar a la de los pueblos hispánicos fue corriente en los Estados Unidos de la primera época, hoy es poco frecuente. En consecuencia, muchas mujeres casadas –a menudo sin darse cuenta– pierden el sentido de su temprana identidad asociada con su apellido de soltera. Recontó una mujer: "Un día, estando sola y aburrida en mi casa, saqué mi álbum de fotos de la universidad y empecé a pasar hojas. Me asombró el ver a la dinámica joven retratada allí que recibía becas, que participaba activamente en política, que pertenecía al club de debates. ¡Esta fui *yo*! ¿Qué ocurrió en el camino? ¿Me hizo una persona diferente el convertirme en señora Roberts?"

Una "unión psíquico-simbiótica" es una frase de Eric Fromm que describe una pareja de adultos que viven el uno del otro, en forma muy parecida a como un feto vive de su madre embarazada.[3] La unión simbiótica, algunas veces simbolizada por el uso de un apellido, puede conducir a la pauta neurótica de incorporación/identificación. Esta unión puede ocurrir en el matrimonio, relaciones laborales e incluso amistades. Anthony Storr lo ha definido así:

> Incorporar a otra persona es absorberla, abrumarla y destruirla; y así, tratarla finalmente como algo menos que una persona completa. Identificarse con otra persona es perderse uno mismo, sumergir la propia identidad en la de ella, estar abrumado y, por tanto, tratarse a uno mismo finalmente como algo menos que una persona completa.[4]

Aunque ambos, nombres y apellidos, afectan al sentido de identidad y de destino, motes, apodos y nombres cariñosos o denigrantes tienen incluso más influencia en algunas personas. Estos nombres son descriptivos y pueden ser afectivos o humillantes, y su efecto puede ser positivo o negativo. Si los apodos programan a los niños de manera irrealista o injusta, el efecto es siempre negativo; descuenta a la persona.

Algunos motes o apodos evocan imágenes físicas: Gordinflas, Guisante, Pecas, Venus, Rubita, Patapalo, Retaco, Cara de pez y Hoyuelos, todos están centrados en la aparencia personal.

Algunos motes o apodos implican características de comportamiento: Estúpido, Majareta, Dulcinea, Monstruo, Destripaterrones, Angel, Ligera de cascos, todos ellos dan al niño "permiso" para actuar en formas específicas.

Caso ilustrativo

"Pateador" era el apodo de un niño de cuatro años de edad. Su padre se lo había puesto porque, cuando él perteneció al equipo de natación de la universidad, tenía un fuerte pateo como de rana; además, el padre estaba orgulloso de la fortaleza de las piernas de su hijo. El repetía continuamente: "Es un verdadero pateador". En el jardín infantil, el niño pateaba con frecuencia a otros niños para conseguir lo que deseaba, e incluso atacó a su maestra. Cuando ésta trató de corregirle, el niño se jactó: "¡Pero si yo soy un pateador de verdad! Sólo tiene que preguntarle a mi papaíto."

Hasta cierto punto, Pateador estaba actuando de acuerdo con su apodo, pero de una manera agresiva que no estaba relacionada con su original significado constructivo "bueno". El niño estaba haciendo imposible la vida a su familia, a sus amigos y a sus compañeros de colegio. En sesiones de orientación psicológica, sus padres se dieron cuenta de las implicaciones del apodo del niño en su guión; sin quererlo, le habían dado "permiso" para actuar de una manera agresiva contra los demás. El había convertido el tema de su guión en "patear para armar líos". Los padres dejaron de usar su apodo y le llamaron por su nombre, Alberto, y pidieron a los demás que hicieran lo mismo. La conducta del niño empezó a mejorar poco después y, finalmente, dejó de ser "El pateador".

Algunos niños son llamados o regañados con epítetos despectivos. Esta forma de injuriar es una manera cruel de descontar; algunos niños son dejados casi totalmente de lado o son llamados mediante expresiones como "¡Eh, tú!" o "¡Rapaz!". Algunas veces un niño ingresa en un jardín infantil sin siquiera saber su nombre. Cuando un niño carece de sentido de identidad, se siente irreal o como un don nadie.

Cuando un hombre hiere innecesariamente a un niño, tal vez el viejo estribillo inglés: "Palos y piedras pueden romper mis huesos, pero llamarme nombres no me hará daño nunca" es *menos* verdadero que el proverbio anatolio que dice: "El daño que hace un palo pasa; pero las palabras duelen para siempre"

IDENTIDAD MEDIANTE EL JUEGO

Además de por su nombre, el niño descubre su identidad de muchas maneras. Jugar es una de las más naturales. Jugar implica actividad física o mental en favor de la diversión, el entretenimiento y el desarrollo. Para un niño, el juego es su forma de "probar" la vida y de descubrirse a sí mismo y a su mundo.

La capacidad de un niño para reír y su habilidad para jugar con frecuencia se dan la mano. Su sentido de identidad puede incluir sentimientos sobre sí mismo como reservado, sobrio, juguetón o ingenioso. Para bien o mal, un adulto expresa estos aspectos de su Niño.

Un niño puede jugar activamente, probando su fortaleza y sus habilidades, representando sus emociones, fantasías y expectativas futuras. O puede ser pasivo, un observador, en vez de un participante activo en la vida. En el juego más activo, el niño participa directamente con su cuerpo, probando la fuerza de sus músculos y afinando su ingenio. Estos pueden ser juegos inestructurados, por ejemplo, un infante que rueda sobre la hierba, un pequeñín que empieza a andar persiguiendo una mariposa, un niño que danza libremente una melodía; o puede ser muy estructurado, con reglas predeterminadas que requieren habilidades especiales y alguna programación por parte del Adulto.

Si el Niño Natural participa en juegos activos, es probable que haya risillas, carcajadas y gritos de alegría; si está jugando el Niño Adaptado, triunfar sobre un oponente puede ser más importante que divertirse.

Algunos juegos activos son ensayos para roles futuros. Jugar a "casitas" –"Tú eres la mamá, yo seré el papá y ella será el bebé"– es representar futuros roles sexuales. Jugar a guerras, con buenos contra malos, puede ser la representación de roles vistos en la televisión, el cine y una práctica, tal vez, de acuerdo con expectativas futuras. Jugar a doctor, explorador, maestro, químico, carpintero, etc., es a menudo cosa del Pequeño Profesor que pretende evaluar sus futuras posibilidades profesionales; o puede ser el Niño Adaptado que imita a sus padres o ensaya roles destinados a ser suyos por las expectativas de éstos. En una familia, un niño que fue siempre muy activo en deportes competitivos, es ahora entrenador; su hermano, cuyo juego favorito era "guardias y ladrones", es ahora alguacil mayor; su hermana, que estaba siempre dispuesta a ir en ayuda de ambos con esparadrapo, es ahora enfermera.

El niño pasivo sustituye sus propias experiencias por las de los otros, fantaseando cómo sería si fuese un personaje de la pantalla o formase parte del equipo deportivo. A todos los niños les gusta ser espectadores; sin embargo, cuando la mayor parte de su tiempo libre se pasa mirando a los demás, no desarrollan sus propias habilidades corporales, cooperación, competencia o creatividad. Su expresividad natural se atrofia y se adaptan a observar la vida en vez de vivirla.

Como adulto, es probable que esta persona se siente al margen de las reuniones sociales, viendo cómo los demás nadan, bailan, ríen y se divierten; puede resentir el que los demás capten la atención o puede, simplemente, sentirse impotente o inadecuado.

Cuando un observador pasivo acepta un empleo, tal vez escoja uno en el cual pueda ser un observador objetivo. Por ejemplo, puede escribir sobre problemas sociales sin sentirse comprometido con ellos; puede escribir sobre reuniones sociales y nunca tener una fiesta en su casa; puede escribir historias de amor sin que jamás se sienta sentimentalmente cercano a alguien.

El sitio donde una persona jugó durante su infancia tiene a menudo tanto significado en su vida adulta como la forma en que lo hizo. Un hombre que nosotras conocimos odiaba ir de campo, no quería viajar, e incluso le disgustaba salir de noche para divertirse. Decía: "Soy como era de niño. Nunca he podido salir de mi propio patio para jugar." Por el contrario, mucha gente encuentra imposible jugar, reír y divertirse en sus propios hogares. Generalmente, esto se debe a las viejas grabaciones del Padre que le disuadieron de tales actividades en su infancia y que continúan siendo oídos por el estado Niño del yo.

"Vete afuera, la casa no es para jugar."

"No hagas ruido, mamá tiene dolor de cabeza."

> "Cállate, vas a disgustar a tu padre."
>
> "Yo no quiero ningún desorden en esta casa."
>
> "En esta casa no se baila. Si te vas a quedar aquí, vete a mirar la televisión."

Parejas casadas criadas bajo la admonición: "No juegues en casa" pueden descubrir que la única vez que ellos pueden divertirse realmente es cuando "salen".

A menudo surgen problemas en los matrimonios cuando a uno de los cónyuges le gustan formas más activas de entretenimiento que al otro. Una pareja llegó a pelearse violentamente porque al marido le gustaban largas caminatas. Su esposa interpretaba esto así: "El no me quiere; si me quisiera pasaría el tiempo conmigo en casa. ¿Por qué siempre tiene que hacer cosas tan agotadoras?"

Otra pareja disputaba siempre sobre cómo pasar sus vacaciones. El marido, en su infancia, había ido a cazar con su padre. A él le gustaban los exteriores ásperos y cada año esperaba con placer anticipado el ir a las montañas durante la temporada de caza "a disparar un poco". Su esposa, en cambio, había pasado las vacaciones de su niñez en la playa, jugando en la arena y el mar. Cuando llegaba la época de "jugar", ella quería ir a la playa y él a las montañas y cada uno de ellos acusaba al otro: "A tí no te importa si yo lo paso bien o no".

No importaba lo que hicieran finalmente, uno de ellos se retiraba resentido y las vacaciones estaban lejos de ser divertidas. Después de estudiar AT, les fue posible comprender que sus estados Niño del yo estaban programados en forma diferente y sus estados Adulto del yo pudieron llegar entonces a compromisos satisfactorios, de manera que cada uno de ellos consiguió un "turno" sin que el otro se resintiera por eso. Además, procuraron ir a lugares desconocidos y buscaron nuevas actividades que ninguno de ellos había practicado de niño. Sus vacaciones se hicieron mucho más divertidas.

No es raro que, en un matrimonio, una persona esté constantemente en escena como actor o actriz principal desde su estado Niño del yo y que su cónyuge se sienta compelido a ser un observador pasivo. El rol central de la escena puede ser el de payaso, gracioso o reina trágica. Se espera que el público espectador aplauda o llore. El conflicto surge a menudo en un matrimonio si el cónyuge pasivo desea compartir la escena principal.

Algunos adultos han perdido su capacidad para jugar. Cuando una persona no puede jugar, es probable que su Niño se sienta culpable bajo la influencia de un diálogo interior con el Padre, tal como: "Jugar es perder el tiempo", "No puedes jugar hasta que no termines tu trabajo", "No mereces divertirte" o "La ociosidad es la madre de todos los vicios". Este tipo de persona puede escoger un empleo que sea todo trabajo y nada de juego. Si otros trabajadores "se salen de la raya", su Niño puede sentirse incómodo y su Padre mostrar su desaprobación.

Otros adultos hallan fácil el jugar y reír. Su Niño Natural ríe como resultado de una sensación de placer, a menudo con una ruidosa carcajada o con una risita retozona. Su Pequeño Profesor se ríe ante lo humorístico o absurdo que él intuye de la situación; su Niño Adaptado se ríe por nervios y por cortesía, y de lo que le han enseñado a reír. Puede haber aprendido a representar el rol de payaso para atraer la atención y hacer reír a los demás; o puede haber aprendido a actuar como un payaso para ocultar un sentimiento trágico en su Niño Adaptado. Un individuo expresó esta idea en los siguientes términos: "Yo siempre represento en las fiestas el rol de comediante. Tengo éxito con la gente y les hago reír. Pero algunas veces, cuando se ríen de mí, les odio profundamente." Este hombre usaba su talento para recoger ofensas y sentimientos de enojo.

La persona que no puede reír o hacer reír a los demás, ya sea que tenga siete o setenta años de edad, probablemente está adaptada a temer la potencial intimidad; la risa compartida es también una forma de ser transparente, y algunas personas están siempre en guardia.

JUEGOS PSICOLOGICOS DE LA INFANCIA E IDENTIDAD CON EL ROL

No todo juego es inocente. Hay motivos ulteriores implicados cuando un niño ensaya los juegos psicológicos que jugará más tarde en su vida. Una futura Salvadora puede vendar a su reacio y quejoso paciente de tres años de edad. Cuando éste finalmente rompe a llorar, la aspirante a Salvadora levanta las manos con desesperación diciendo: "Sólo estoy tratando de hacer que te sientas mejor, niño llorón". (*Yo sólo estoy intentando ayudarte.*)

Otra futura Salvadora es la niñita que, encargada del cuidado de su hermanito, le deja irse a la ventura. Cuando el niño sube una escalera, se cae y comienza a gritar, su hermana le coge y le desaira con: "Cuando no te estoy cuidando, siempre te haces daño". (*Qué harías tú sin mí.*)

Un futuro Perseguidor puede dejar "accidentalmente" su pelota de béisbol en la cancha de la escuela y después coger a un amigo con las manos en la masa robándola. En ese momento amenaza: "Te vi robar mi pelota. ¡Verás lo que te va a pasar!" (*Te cogí ahora, h. de p.*) Otro tipo de futuro Perseguidor es la niñita que pone un señuelo a su vecinito diciéndole amablemente: "¿Por qué no vienes a jugar conmigo?" Cuando él llega, ella le mira orgullosa y dice con desprecio: "Estás muy sucio; mi mamá no querrá que yo juegue contigo". (*Violación.*)

Cuando Juanito, que practica también el rol de Perseguidor, provoca a Juana: "Mi papá es más grande que el tuyo", está lanzando la primera frase de una pelea. Si Juana responde: "No, no lo es; mi papá es más grande", el juego está en marcha. Su ataque/defensa continúa hasta que Juanito intimida a Juana y ésta se aleja corriendo y llorando. (*Alboroto.*)

Una futura Víctima, invitada a una fiesta a la que teme asistir, puede rechazar la invitación diciendo: "Me gustaría mucho ir, pero no puedo por mi madre; nunca me deja divertirme". (*Si no fuese por ella.*) Otra futura Víctima, ensayando, se queja a sus posibles competidores: "No puedo participar en la carrera. Si corro muy rápido puede dolerme el estómago como a mi hermanito." Con este paso utiliza con éxito una enfermedad imaginaria para evitar actuar. (*Patapalo.* ¡Después de todo, qué se puede esperar de una persona con una pata de palo!) Y todavía otra joven Víctima que, al ver que los dulces casi se han acabado, reparte los que quedan entre sus amigos y después gimotea: "Nunca queda nada bueno para mí". (*Pobre de mí.*)

Más adelante en la vida, los juegos probablemente se practiquen más intensamente, empleando el estado Adulto del yo para encubrir los motivos ulteriores del Niño.

IDENTIDAD SEXUAL

Además de desarrollar una identidad como persona, cada individuo desarrolla también una identidad sexual. Así como la mayoría de los niños tienen el sentimiento básico sobre sí mismos de estar bien o mal como personas, también se sienten bien o mal como personas de un sexo en particular.[5] Algunos niños desarrollan una identidad sexual saludable y realista, otros no.

Aunque masculinidad y femineidad son hechos biológicos, la aceptación o el rechazo de uno mismo como masculino o femenino es determinado psicológicamente por lo que el niño aprende a sentir sobre sí mismo como persona sexual. Desde el momento de su nacimiento, el niño puede empezar mal con sus padres porque, en la opinión de éstos, él llegó como una criatura del sexo equivocado (estar mal varón/hembra). Aunque los padres aprenden a querer al que les llega, algunos nunca olvidan su desilusión y el niño recibe el mensaje: un descuento supremo de lo que él nació para ser. Merle Miller evoca esta situación así:

> Casi las primeras palabras que recuerdo, tal vez las primeras que escojo recordar oír, son las de mi madre, que decía: "Nosotros pedimos una niña y, cuando tú llegaste, nos sentimos algo desilusionados". Ella siempre afirmó que yo procedía de los Almacenes Montgomery Ward y, cuando yo le decía que no había departamento de bebés en el catálogo de esos almacenes, me respondía: "Esto fue especia
>
> Nunca supe lo que ella quería decir, pero jamás pregunté. Yo sabía lo suficiente: que fui una desilusión. "Pero nosotros te queremos lo mismo", decía mi madre, "y tendremos que acostumbrarnos a la idea..." Mis mantitas de bebé eran todas de color de rosa y habían sido adquiridas antes del desastre: mi nacimiento. El encaje de mi vestidito era color de rosa; mi sombrerito estaba orlado de rosa, y

las viejitas, siempre que me miraban dentro de mi cochecito o de mi cuna, decían: "¡Oh, qué niñita más adorable!"[6]

Los niños cuyo sexo es rechazado por sus padres probablemente rechacen su propio sexo. Pueden intentar vivir de acuerdo con las expectativas de sus padres, a menudo a costa de su propia identificación sexual genuina. Una niñita que intenta ser "el niño de papá" puede alienar sus cualidades femeninas naturales; un niño que intenta ser "la niña de mamá" puede alienar sus cualidades masculinas naturales. Aunque esas influencias raramente conducen a la homosexualidad o al lesbianismo, en algunos casos pueden contribuir a la desviación.

Un jovén homosexual informó que su madre le recordaba varias veces cada día que él debía de haber nacido niña. Un recuerdo vivo de su infancia era que le paseaban ante escaparates de tiendas mientras le decían que si hubiera sido "una niña, nosotros te compraríamos esos bonitos vestidos". Otro homosexual dijo que la primera vez que él se sintió hombre fue cuando hizo trizas las numerosas fotos que su madre había guardado de él vestido como una niña y con trenzas.

El comportamiento homosexual puede presentarse en los individuos por razones variadas, que incluyen circunstancias psicológicas, sociológicas, biológicas y accidentales. La propensión hacia un comportamiento homosexual está probablemente relacionada con los sentimientos primarios en el Niño Natural y con la carencia de una adecuada adaptación heterosexual. Al nacer, un infante no está programado para saber hacia quién deben dirigirse sus sentimientos sexuales; solamente quiere satisfacer sus propios impulsos y experimentar su propio placer. Su Niño Natural parece no ser sexualmente discriminatorio. El desarrollo posterior de *preferencia* heterosexual está bastante influido por las experiencias de los primeros años de su infancia.

Recientes investigaciones[7] indican que algunos aspectos importantes que contribuyen a este ajustamiento heterosexual son:

carencia de miedo hacia los miembros del sexo opuesto,

oportunidades de contacto con miembros del sexo opuesto,

una identidad sexual personal que es una aceptación realista del propio sexo.

La identidad sexual es vigorosamente influida por el padre del sexo opuesto: de padre a hija y de madre a hijo. Si un padre mantiene que las mujeres están mal, es probable que su hija se adapte por medio de la negación de su propia femineidad; además, ella puede considerar que otras mujeres están mal porque las mira a través de los ojos de su padre. La relación madre-hijo es comparable.

Un hombre que confía en las mujeres y cree que éstas están bien tenderá a caserse con una que haya de servir como buen modelo para sus hijas. De manera análoga, una mujer que confía en los hombres y los aprecia tenderá a escoger un buen modelo como padre de sus futuros hijos. Por el contrario, hombres y mujeres que no gustan del sexo opuesto tenderán a seleccionar parejas que serán malos modelos para sus hijos. Frecuentemente, esto es parte de su guión.

El padre del mismo sexo es importante como modelo. Los niños tienden a identificarse con sus figuras paternas masculinas. De ellos deducen lo que los hombres *deben ser*, copiando su comportamiento y adoptando sus actitudes positivas o negativas hacia los sexos. De manera semejante, las niñas copian a sus modelos femeninos, adoptando su comportamiento y actitudes. Una niña cuyo padre aprueba su femineidad *y* cuya madre se siente femeninamente bien, probablemente se sienta triunfadora como mujer.

El niño que no tiene un modelo adecuado de su mismo sexo se resiente o desconfía de las personas como él. Los hombres expresan esta adaptación cuando se aíslan de otros hombres en el trabajo y en el recreo. Las mujeres hacen lo mismo cuando rehusan trabajar con otra como supervisora o prefieren compañía masculina exclusivamente.

La extensa familia del pasado ofrecía muchos modelos paternos sustitutos de ambos sexos. El núcleo familiar actual, sin embargo, limita con frecuencia los contactos de niños con adultos. Los niños con asociaciones limitadas con adultos se vuelven a menudo hacia personas de su edad en busca de normas sexuales o recurren a los medios de comunicación de masas, donde sus modelos son probablemente falsas imágenes de masculinidad y femineidad proyectadas con propósitos comerciales. Los sentimientos de estar bien o estar mal, de masculinidad o de femineidad, son poderosamente influidos por las expectativas paternas y por sus definiciones del comportamiento "masculino" o "femenino".

Si una niñita está colgada de un árbol y es amonestada con: "Eso no es femenino" o "nosotras, las Pérez, nunca hacemos cosas tan poco femeninas", ella puede poner en tela de juicio el hecho de que realmente es una niña. Si sus actividades bulliciosas no parecen "propias" a sus padres y ella se adapta siendo cautelosa o silenciosa, un lado de su personalidad será fragmentado o subdesarrollado.

Muchas mujeres se esfuerzan por parecer tímidas, emocionales, frágiles, sentimentales, indefensas e intelectualmente incompetentes para vivir de acuerdo con su imagen adaptada de la mujer "verdadera" o para parecer femenina ante los demás.[8]

Mientras el guión cultural norteamericano pide a menudo que la intelectualidad y la agresividad sean descontadas en las niñas, estimula esos aspectos de la personalidad en los niños. Es más probable que éstos sean descontados por sus sentimientos y actos de ternura. Es posible que un niño, jugando a vaqueros e indios, se hiera en una pierna y, llorando, acuda a su madre. Si es recibido con un severo: "¡Los niños no lloran!", recibe un mensaje sobre masculinidad que, traducido, significa: "El ser un hombre verdadero es ocultar los sentimientos". Un muchacho silencioso y sensible que prefiere la lectura y las actividades no competitivas puede también recibir un mensaje negativo sobre masculinidad que, traducido, significa: "Tú no estás viviendo de acuerdo con lo que se espera de un hombre verdadero". Esto puede contribuir a un guión semejante al del Príncipe Cojito.

Los estudios de Jourard indican el peligro de los mensajes paternales que niegan a los hijos sus reacciones verdaderas ante el dolor o el miedo. Esta negación, más frecuentemente utilizada contra los niños, puede contribuir más tarde a la precaria salud y muerte prematura de hombres que no se sienten como tales a menos que parezcan "tenaces, objetivos, esforzados, realizadores, insensitivos y emocionalmente inexpresivos".[9]

Muchos niños oyen decir: "Las muñecas son para las niñas", prohibición que frustra a menudo el deseo natural de representar su drama vital emocional usando muñecas como sustitutos a personas. Muchas niñas oyen decir: "Los camiones son para los niños", lo que frustra a veces el deseo natural de formar y manipular objetos. Este tipo de programación perpetúa roles sexuales tradicionales en la cultura norteamericana, donde el cuidado de las personas está asignado en gran parte a las mujeres y el cuidado de la maquinaria está asignado en gran parte a los hombres. Cuando la sociedad traza una línea rígida entre el juego masculino y el femenino, el cruzar la línea se expresa a veces en formas disimuladas. Con cierta perspicacia dijo un hombre: "Acampar en una tienda es la forma masculina de jugar a la casa", lo cual hizo responder a una mujer: "Conducir un autobús escolar es mi manera de sentirme poderosa".

Con frecuencia, el hombre fornido, brusco, es el que ha rechazado sus más tiernas cualidades; la mujer frágil, fofa, es la que ha rechazado sus tendencias agresivas. Cada uno de ellos sufre su propia privación. Según el renombrado psicoanalista Carl Jung, toda persona posee componentes masculinos y femeninos y todos los aspectos de una personalidad necesitan ser reconocidos y desarrollados para que la personalidad sea un todo. Esto no niega o descuenta las diferencias sexuales genuinas que proporciona la naturaleza.

EXPRESION SEXUAL

Además de sentirse bien o mal como persona masculina o femenina, cada individuo tiene también sentimientos arcaicos en su estado Niño del yo en relación con los aspectos sexuales de su cuerpo y si están bien o están mal.

Los niños son personas sexuales. Ellos buscan activamente descubrir su sensualidad explorando todas sus partes. De hecho, pueden hallar que sus órganos sexuales son una fuente de sensaciones agradables y de placer. Por ejemplo, es corriente que los niños exploren sus genitales cuando están jugando a la hora del baño o al echarse una siesta y que tengan curiosidad sobre los genitales de otros. Este tipo de exploración es natural, pero necesita ser adaptada para que el niño sea aceptado socialmente. Sin embargo, si un niño es abofeteado, regañado, amenazado, y se le dice que esa parte del cuerpo es "sucia", puede persistir una actitud de "suciedad". Frecuentemente, a las personas que sufren de sexualidad inadecuada se les ha hecho sentirse avergonzadas de su cuerpo o tener miedo de las consecuencias de su exploración sexual. Clientes que, cuando niños, fueron sorprendidos tocándose a sí mismos o a otros, han informado de grabaciones Paternales que amenazaban:

"Te vas a volver loco."

"Te quedarás paralítico."

"No te va a ser posible tener hijos."

"Se te va a caer 'la cosa' al suelo."

"Dios te va a castigar."

Las personas que sienten que sus órganos sexuales son sucios o malos, o que el placer sexual es pecaminoso, por lo general han sido "sorprendidos" y ridiculizados por su curiosidad sexual a una edad temprana. El ridículo fomenta la sensación de vergüenza.

Según Erikson: "La vergüenza supone que uno está completamente expuesto y consciente de ser observado... 'con los pantalones caídos'. La vergüenza se expresa primeramente por un impulso de ocultar el rostro o de hundirse, justo allí en ese momento, en el suelo."[10] Un hombre, severamente castigado cuando niño por mirar por el ojo de una cerradura a su madre vestirse, fue durante muchos años incapaz de mirar directamente al rostro a ninguna mujer. Si, por casualidad, su mirada cruzaba con la de alguna mujer, se ruborizaba incontrolablemente.

Los niños adoptan también actitudes sobre sus genitales durante su entrenamiento higiénico. Una mujer informó que, cuando niña, ella ofrecía resistencia a las demandas de su madre para que evacuara tan pronto como era llevada al inodoro. Como castigo, le ataron un bacín a las nalgas y así fue exhibida a los visitantes. Ya casada, esta mujer se desvestía en un guardarropa y experimentaba una abrumadora sensación de vergüenza, no solamente cuando necesitaba ir al baño, sino también cuando alguien, incluído su marido, la veía desnuda.

Algunos padres creen que todo lo relacionado con el sexo es malo y tratan de convencer a sus hijos de ello. Algunos padres son brutales con sus hijos y los usan para su propia satisfacción sexual. Algunos padres son tan excesivamente permisivos que sus hijos carecen de juicio sobre cuál es el comportamiento sexual apropiado, mientras otros viven vicariamente sus propias vidas sexuales insatisfechas a través de sus hijos. Sin embargo, la mayoría de los padres luchan con el dilema de cómo crear actitudes saludables sobre la sexualidad y, al mismo tiempo, aplicar al niño las restricciones que parecen personal y socialmente necesarias.

Los padres que temen o desconocen la necesidad que un niño tiene de entenderse a sí mismo como persona sexual fracasan en proporcionarle las palabras exactas con las cuales pensar y hablar. Mientras los padres se sienten orgullosos cuando su pequeñín se señala a un ojo y dice "ojo", señala a su nariz y dice "nariz", cuidadosamente evitan cualquier referencia a los órganos sexuales o suspenden las transacciones con: "Nosotros no hablamos de eso".

Cuando los padres usan palabras sexuales, las escogidas son a menudo eufemismos tales como "partes privadas" o "tu cosita" en vez de las correspondientes: ano, pene, testículos, vulva, clítoris, vagina, etc.[11] En ocasiones, un niño entendido es descontado por alguien "que debe estar más enterado". Este fue el caso de Marcos, un niño de tres años de edad, cuando el médico le sentó en su consulta y le dijo: "Ahora voy a examinar tus cañerías, jovencito", y el niño, con una mirada perpleja, preguntó a su madre: "¿Quiere decir mi pene, mamá?"

Para referirse a los órganos sexuales, los niños crean con frecuencia sus propias palabras sustitutas: banana, badajo, conejo, raja, mostrador, agarraderos, etc. Muchos niños desarrollan además un vocabulario sexual de palabras generalmente consideradas como obscenas. En razón de su connotación negativa, tales palabras pueden impedir fácilmente la conversación con los adultos sobre problemas sexuales. A veces, esas palabras adquieren un significado hostil o violento, utilizado para denigrar a los demás. Se convierten también en un signo de rebelión contra la autoridad. Se usan para escandalizar a la gente, comenzar peleas e iniciar juegos psicológicos. En algunos casos, el uso de palabras obscenas es una indicación de patología.[12]

Muchos jóvenes (y otros que no lo son tanto) necesitan reforzar su estado Adulto del yo mediante la recolección de datos biológicos, psicológicos y sociológicos precisos sobre el sexo. Sin embargo, esta recolección se ve obstaculizada frecuentemente por los padres, las autoridades escolares o las bibliotecarias que actúan desde los prejuicios de sus propios Padres diciendo:

No tengas una mentalidad tan sucia.

Ya lo sabrás a su debido tiempo.

Cuando te cases lo entenderás.

No necesitas saber esas cosas.

Lo que no sepas no te hará daño.

En asuntos sexuales, el Pequeño Profesor en un niño supera o se anticipa a sus padres. El intuye sus mensajes e intenta imaginarse qué es lo que ellos consideran bueno o malo en relación con el comportamiento sexual. Reúne información a través de ojos de cerraduras y en callejuelas, de películas y revistas, y trata de entender las insinuaciones sexuales que le bombardean. Intenta también descifrar cómo manipular a los otros hacia el juego sexual y hace lo que quiere cuando puede... lo que ocurre a menudo cuando nadie le está viendo.

Al madurar los niños, éstos disimulan con frecuencia su interés natural en el sexo por medio de juegos como "doctor" o "enfermera" o "mirar a hurtadillas" en los cuales haya cierto tipo de exposición.

Cuando una persona madura, su Pequeño Profesor permanece activo en relación con el sexo; continúa intuyendo con quién puede practicar sus juegos sexuales, cómo aparecer deseable o seductor, cuándo y dónde "lanzarse", cómo preparar la escena para "interesar a alguien", cómo desanimar a alguien y cómo "falsificar" una respuesta sexual.

De adultos, algunas personas buscan una profesión en la cual su interés por el sexo puede ser actuado en formas aceptadas culturalmente. Algunos, no obstante, continúan practicando el juego de "mirar a hurtadillas", escondiendo pornografía debajo de la cama o, más seriamente, mirando por las ventanas de otros. El *voyeurismo** es corriente en la cultura norteamericana donde la programación de los guiones sexuales ha sido tradicionalmente puritana.

Todas las culturas poseen guiones que dictan la expresión sexual que se espera. La mayoría de los tabúes y licencias sexuales tienen su origen en la necesidad de un orden social que contribuya a la supervivencia del grupo. Costumbres culturales, valores sexuales familiares y experiencias sexuales traumáticas, todos influyen en el Niño Adaptado.

Muchas películas, programas de television, discos y modas actuales con "el aspecto de desnudez" indican un aumento de preocupación con y tolerancia hacia el sexo. Para mejor o peor, al Niño Natural se le está permitiendo un reinado más libre. En muchas personas, el Niño Adaptado está adoptando normas diferentes de las de sus correspondientes de generaciones anteriores. Los guiones culturales norteamericanos están cambiando rápidamente en lo que se refiere a la conducta sexual.

---

* Un *voyeur* (del francés) es el que goza viendo los órganos o actos sexuales de los otros. (*N. del T.*)

El Niño Adaptado contiene los sentimientos de la persona sobre su propia identidad sexual. También contiene sus sentimientos, basados en experiencias de la niñez, sobre personas del sexo opuesto. En algunas personas el Niño Adaptado es educado para que sea consciente de los demás y no ofenda, no avergüence, no insista. Cuando éste es el caso, las adaptaciones son apropiadas y la persona, cuando sea adulta, podrá:

apreciar a las personas de su mismo sexo,
relacionarse afectivamente con las del sexo opuesto,
asumir responsabilidad por su actividad sexual,
actuar adecuadamente en un rol sexual,
disfrutar las sensaciones excitantes del coito,
retrasar la satisfacción inmediata.

Si las adaptaciones son inapropiadas, la persona sufrirá de problemas sexuales, algunos ligeros, algunos de naturaleza grave. La patología sexual puede residir en el Niño Adaptado como si se tratase de la maldición de una bruja o un ogro. Si la maldición es activada, la persona se puede sentir compelida a

tratar de ser del sexo opuesto,
entregarse a una conducta sexual sádica o masoquista con otros adultos,
ocuparse en abordar niños con propósitos sexuales,
ser impotente o frígida.

Cuando los problemas sexuales son graves, se recomienda consultar a un profesional en orientación psicológica, lo cual es a menudo útil en los casos menos serios.

Caso ilustrativo

Eduardo y Alicia, pareja casada asistente a un grupo de AT, dijeron que se gustaban y estaban comprometidos con su matrimonio, pero que se sentían confusos en cuanto al por qué de que su vida sexual no fuese satisfactoria. Alicia dijo que ella raramente se sentía sexualmente estimulada y que se turbaba al ser "tocada demasiado". Eduardo afirmó que él "quería mejorar la vida sexual de ambos, pero que no sabía qué hacer".

Los dos habían recibido grabaciones paternales sobre el sexo, las cuales incluían las siguientes prohibiciones: "Guarda tus manos para ti", "¿No te da vergüenza tocarte ahí?" y "Como te sorprenda otra vez haciendo eso, te voy a dar una paliza".

Eduardo y Alicia pronto se hicieron conscientes de que las grabaciones de sus Padres eran muy prohibitivas y activaban sensaciones incómodas en el Niño Adaptado. Ambos se sentían culpables al tocar. Ambos temían la sensualidad. Ambos carecían de creatividad y sensibilidad en su expresión sexual. En consecuencia, sus impulsos sexuales naturales estaban suprimidos casi por completo. Estos problemas los complicaba el hecho de que los estados Adulto del yo de ambos eran ignorantes y estaban mal informados.

En el tratamiento, Eduardo y Alicia fueron instruídos en técnicas para incrementar el conocimiento corporal. Se les dio una lista de libros que fortalecerían sus estados Adulto del yo con información y vocabulario precisos; y se les animó para que expresaran más sensualidad desde su Niño Natural respectivo. Finalmente, ambos aprendieron a no basar sus actividades sexuales en grabaciones de viejas memorias negativas.

La inclinación de los impulsos del Niño Natural a satisfacerse a sí mismo sexualmente puede ser utilizada en formas constructivas o destructivas. Destructivamente, el Niño Natural inadaptado en una persona puede poner en práctica sus sentimientos egoístas y/o sádicos, utilizando a otra persona como objeto sexual en vez de como a alguien que también tiene deseos y necesidades que deben ser respetados. La sobreadaptación del Niño Natural tiene también un efecto destructivo. La capacidad de ser consciente de las propias necesidades puede ser completamente suprimida o el deseo de realizarlas totalmente subordinado a las necesidades de otro. Cuando esto ocurre, la persona se siente a menudo convertida en víctima. Puede actuar enfurruñada, resentida, sentir compasión de sí misma y manipular a los demás desde la postura de desvalido.

En general, las posibilidades sexuales naturales pueden ser recuperadas aunque éstas hayan sido indebidamente reprimidas. Sin embargo, la tarea de recuperar los aspectos gozosos del Niño Natural es delicada. A medida que el Niño Natural sensual emerge, son siempre necesarias algunas restricciones racionales, sobre las cuales decide el estado Adulto del yo. La posibilidad de contraer enfermedades venéreas o de quedar embarazada y de daño al sentido de los valores humanos de la persona están siempre presentes a la consideración del Adulto.

Cuando el Niño Natural es utilizado constructivamente con la cooperación del Adulto, la persona puede "dejarse ir". Este puede, entonces, expresar con placer las posibilidades de cordialidad, afecto, curiosidad y espontaneidad con las cuales nació. Esta capacidad para experimentar placer corporal y de darlo a otros puede añadir años de vida y gusto a la vida vivida.[13]

RESUMEN

El sentido de identidad de una persona se desarrolla en respuesta a muchas influencias tempranas en su vida. Incluso el nombre que aparece en su partida de

ENSAYANDO PARA ROLES FUTUROS

Los padres definen a menudo los roles como masculinos o femeninos.

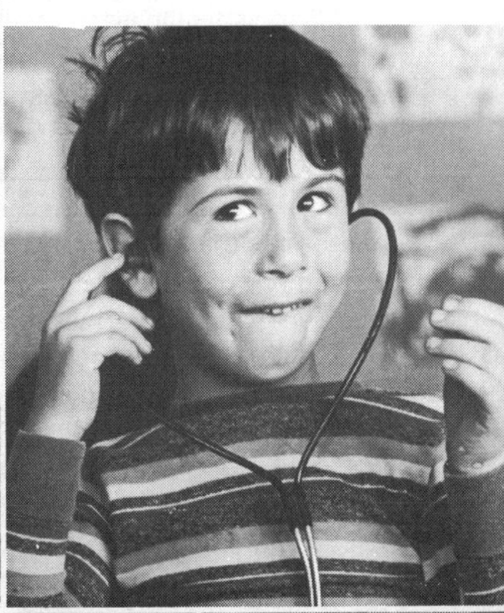

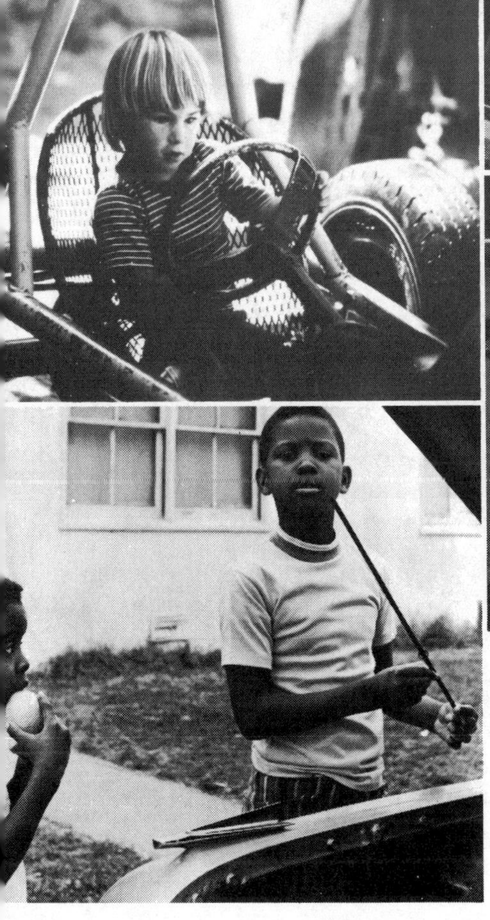

LAMINA XV

nacimiento refleja a menudo los antecedentes de sus padres y lo que éstos esperan para su hijo. Cuando el nombre de un niño, su apodo o cambio de nombre, posee significado –positivo o negativo– para sus padres, este significado influye a menudo en el sentido de identidad de aquel.

Mientras el niño juega, está, además, ocupado en el proceso de averiguar quién es él y está ensayando lo que hará en sus futuros roles. Algunos juegos son activos y el niño usa su cuerpo para desarrollar habilidades y representar sus emociones; otros juegos son más pasivos y el niño experimenta sus emociones y su cuerpo como espectador de la vida en vez de ser un participante completo. Es como la persona sentada en el estadio en vez de la que participa en el terreno de juego. Los estilos activo y pasivo de los juegos infantiles, el cómo, el dónde, el cuándo y el con quién del juego infantil, se reflejan después a veces en la preferencia vocacional y en el uso del tiempo libre.

Los niños practican juegos psicológicos para reforzar su primer sentido de identidad. Los juegos son ensayos para escenas futuras en las cuales se representarán los roles de Víctima, Perseguidor y Salvador.

El desarrollo de la identidad sexual también está relacionado con las primeras transacciones vitales. Una persona cuyo sexo es aceptado y apreciado por sus padres probablemente se sienta bien en relación con ser varón o hembra. Si sus experiencias con el sexo opuesto son saludables, probablemente adopte una actitud positiva en relación con la identidad sexual de los otros.

El lector posee una identidad como persona y como persona sexual. Los mensajes que recibió sobre su nombre, a qué y dónde jugó, cómo se sintió en relación con ser niño o niña y cómo aprendió a sentir acerca del sexo opuesto, todos han afectado su identidad. Si son saludables, usted tiene la postura triunfadora básica, "Yo estoy bien; tú estás bien". Si no lo son, se pueden descartar las viejas actitudes.

EXPERIMENTOS Y EJERCICIOS

1. La identidad y su nombre

Considere su nombre en relación con su guión. ¿Qué identidad le confirió su nombre?

- ¿Quién le puso nombre? ¿Por qué?
- ¿Le pusieron ese nombre por alguién? Si es así, ¿implicaba ese nombre expectativas especiales?
- ¿Le enorgullecía su nombre o le disgustaba?
- ¿Le dieron algún nombre que no parecía apropiado para su sexo o que originaba burlas?

- ¿Era su nombre tan corriente que se sentía usted uno más en una multitud, o tan poco común que se sentía extraño?
- ¿Le pusieron algún mote o apodo cariñoso? ¿Por qué motivo?
- ¿Qué influencia tuvieron sus nombres o apodos en su imagen de sí mismo?
- ¿Cómo es llamado usted ahora? ¿Por quién?
- Si es usted casado, ¿llama a su cónyuge "mamá" o "papá"? ¿Por qué?
- ¿Le llaman de una manera en su casa y de otra en su trabajo? Si es así, ¿cuáles son las implicaciones?
- ¿Cómo prefiere que le llamen? ¿Por qué?
- ¿Preferiría tener otro nombre? ¿Por qué? ¿Hay algún motivo Adulto para cambiar su nombre? ¿O para mantener el que tiene?

Sólo para mujeres casadas

- Si usted dejó de usar su nombre de soltera al casarse, ¿cómo ha afectado esto a su identidad?
- Cuando alguien le pregunta: "¿Quién es usted?", ¿contesta: 'Soy la señora de Pérez' o da su nombre de soltera? ¿Por qué?
- Si es usted divorciada o viuda, ¿qué apellidos usa? ¿Por qué?
- Si usa profesionalmente un nombre diferente del de su marido, ¿cómo reacciona la gente ante eso?

2. Los juegos de su niñez

Haga este experimento lentamente. Cierre los ojos. Intente verse jugando cuando era niño. Probablemente se perciba a diferentes edades y etapas evolutivas. Intente prolongar la duración de algunas de las imágenes y experimentarlas más plenamente.

Ahora, váyase al lugar de su imaginación donde guarda las grabaciones. Saque la titulada *Los padres y el juego*, póngala en su grabadora imaginaria y escúchela.

- ¿Qué dicen sus padres sobre el juego?
- ¿Qué mensajes no verbales recibe de ellos?
- ¿Le dieron tiempo para jugar o le estructuraron excesivamente su tiempo?
- ¿Le impusieron restricciones sobre los juegos por ser niño o niña?

Use ahora las siguientes preguntas para recoger datos:

- ¿Cuáles eran sus formas activas de jugar?
- ¿Dónde jugaba usted? ¿En el jardín, la calle, una granja, un callejón, un parque? ¿Qué sitio prefería usted? ¿Por qué?
- ¿Jugaba usted a solas? ¿Tenía compañeros de juego? Si era así, ¿fueron parientes, vecinos, compañeros de clase? ¿Tenía usted un compañero imaginario de juego?
- ¿Eran sus compañeros de juego parecidos unos a otros? Si no lo eran, ¿en qué se diferenciaban?
- Su talla, sexo, apariencia, habilidades, etc., ¿le mantenían al margen, le consiguieron un puesto en el equipo o le llevaron a ser la "estrella" del grupo?
- ¿Era usted principalmente un líder, un seguidor o un árbitro? ¿Cuál de estos roles prefería usted? ¿Era un rol de mandamás o de desvalido?
- ¿Qué es la cosa más divertida que ha hecho en su vida?
- ¿Cuáles fueron sus formas pasivas de jugar? ¿Se incluyen entre ellas muchos ratos de lectura, escuchar la radio y mirar la televisión?
- ¿Cuáles eran sus programas favoritos? ¿Comedias que le hicieron reír? ¿Tragedias que le hicieron llorar? ¿Aventuras que le sacaban de este mundo real?
- ¿Le motivaron hacia la acción? ¿Le hicieron aun más pasivo?
- ¿Con qué personajes se identificó? ¿Por qué?
- ¿En qué forma era el juego un ensayo para sus actuales roles domésticos, profesionales, etc.?

Ahora imagine otra grabación, que se titula *Risa de mi niñez*. Póngala en la grabadora y escuche el sonido de su risa.

- ¿Qué le hacía reír?
- ¿Parece proceder la risa de alguna parte particular de su estado Niño del yo? ¿Del no inhibido Niño Natural? ¿Del manipulador e intuitivo Pequeño Profesor? ¿Del educado Niño Adaptado?
- ¿Le dice alguien que no se ría, que "eso no tiene gracia"?
- ¿Ve u oye a alguien riéndose de usted? Si es así, ¿le hace sentirse bien o mal?

3. Su juego en la actualidad

Para algunas personas, el juego es el eje de sus vidas; otras buscan un equilibrio entre trabajo y juego. Más aún, otras apenas juegan. Sus vidas, especialmente cuando no están trabajando, tienden a ser monótonas y carentes de alegría. ¿Cómo califica usted la suya?

- ¿Hay suficiente recreo o juego en su vida? ¿Demasiado? ¿Cuáles son sus formas favoritas de jugar?
- ¿Tiene el recreo un papel importante en su vida, o lo considera como una pérdida de tiempo?
- ¿Dónde le gusta jugar? ¿Es semejante al sitio donde usted jugaba en su infancia? ¿Con quién le gusta jugar? ¿Es su recreo activo o pasivo?

Para matrimonios

- ¿Encuentra usted que disfruta de actividades compartidas con su cónyuge? ¿Permite usted a su cónyuge que busque recreo y diversión por su cuenta?
- ¿Quién proyecta las vacaciones en su familia? ¿Cómo están relacionados esos planes con las vacaciones de su niñez?
- ¿Está su fuente de diversión preferida en conflicto con la de su cónyuge? ¿De qué manera?
- Si existe un conflicto, siéntense juntos y, sin acusaciones, díganse qué es lo que realmente desean hacer para divertirse y descansar y por qué.
- Respondan activamente el uno al otro e indiquen claramente que se comprenden mutuamente. Su tarea en este momento es *oír* a la otra persona y asegurarse de que comprende lo que a *él* o *ella* le gusta. Evite emitir juicios y ser indiferente o defensivo.
- Luego, examinen posibles alternativas. ¿Qué estaría dispuesto a probar cada uno de ustedes? ¿Qué sería insufrible para alguno de los dos? ¿Qué podría ser estimulante?
- Procuren hacer planes para disfrutar y divertirse juntos más. Consideren la posibilidad de alternar, planeando actividades para los fines de semana. Háganlo lo mejor posible y procuren disfrutar con los planes del otro.
- Pongan a prueba este plan durante dos meses. Examinen entonces sus experiencias. Hablen francamente entre ustedes sobre lo que resultó ser agradable, tolerable e intolerable. ¿Se podría haber hecho algo para incrementar su diversión? ¿Es necesario llegar a nuevos acuerdos para que todo salga mejor en el futuro?
- Ahora, con el fin de proporcionar a la otra persona tanto placer como sea posible, planeen, alternando el uno con el otro una actividad divertida y creadora que pueda ser muy placentera para su cónyuge.
- Finalmente, consideren algunas diversiones que ninguno de los dos conoce y que a ambos les gustaría probar. ¿Cuál de éstas sería la más

práctica para experimentar con ella? Hagan planes, pónganlos a prueba y evalúen los resultados.

Este experimento con fantasía es para aquellas personas que se han olvidado, tienen miedo o se sienten incapaces de jugar. Realice estos experimentos gradualmente. Déjelos si se siente con mucha ansiedad. Espere un rato y vuelva a empezar. No se apresure.

- Imagine que se está preparando para jugar un partido de fútbol.
- Elija lo que llevará puesto. Véase vestido y listo para jugar.
- Imagine que los demás futbolistas serán principiantes como usted, más interesados en divertirse que en competir.
- Imagínese camino del partido.
- Imagínese su llegada y la de los demás al campo de fútbol.
- Imagínese en el terreno de juego, pasando el balón bien algunas veces y fallando otras.
- Exprese su excitación libremente. Véase sonriendo, riendo, gritando, corriendo, saltando, controlando el balón, divirtiéndose.

Ahora piense en alguna actividad recreativa que ha tenido muchas ganas de probar. Busque situaciones de juego donde se sentiría seguro, tal vez en un club deportivo o en un programa recreativo para adultos. Elija compañeros de juego que no le resulten amenazadores.

- Repita el procedimiento precedente durante varios días. Hágase conscien del incremento de su confianza. Cuando se sienta preparado, convierta su fantasía en realidad.
- Acuérdese de jugar para disfrutar, no para derrotar.

4. Sus juegos psicológicos

Limitando este experimento a considerar los juegos mencionados en este c pítulo, escriba primero el rol manipulante básico (Víctima, Perseguidor, Salvador) desde el cual se juega cada uno de ellos.

Considere ahora qué juegos psicológicos practicaban usted, sus compañeros de juegos o sus hermanos durante la niñez.

Nombre del juego	*Rol manipulante*	*Su rol en el juego*
Yo sólo estoy intentando ayudarte	____________	____________
¿Qué harías tú sin mí?	____________	____________
Te cogí ahora, h. de p.	____________	____________
Violación	____________	____________
Alboroto	____________	____________
Si no fuese por él/ella	____________	____________
Patapalo	____________	____________
Pobre de mí	____________	____________

Si usted practicó alguno de estos juegos, ¿lo sigue jugando ahora?

- ¿Cómo representa usted los roles de Salvador, Perseguidor o Víctima?
- ¿En qué situaciones y con qué personas?
- ¿A qué nivel de intensidad practica usted estos juegos?

5. Su identidad y expresión sexuales

Volver a experimentar sus sentimientos infantiles sobre su identidad sexual y sus experiencias sexuales puede proporcionarle datos importantes acerca de sus actitudes y comportamiento respecto de su sexualidad.

Recuerde lo que se dijo sobre su nacimiento.

- ¿Se dijo algo positivo o negativo sobre el dolor que usted le causó a su madre?
- ¿Sabe cómo reaccionaron sobre su sexo al nacer usted? ¿Era usted lo que ellos deseaban?
- En caso positivo, ¿cómo llegó usted a saberlo?
- En caso negativo, ¿cómo recibió usted el mensaje y qué sintió entonces?

¿Quiénes fueron sus modelos masculino y femenino? ¿Fueron adecuados?

- ¿Tenía usted suficientes oportunidades de estar con personas del sexo opuesto? ¿Con personas del mismo sexo?
- Generalmente, ¿tenía usted miedo o disfrutaba con personas del sexo opuesto y de su mismo sexo durante su niñez?
- ¿Qué imágenes de masculinidad o femineidad ha adoptado usted? ¿Cuáles ha rechazado? ¿Cuáles le dejan confundido todavía?

- ¿Creía su padre que las mujeres estaban bien y las trataba bien?
- ¿Creía su madre que los hombres estaban bien y los trataba bien?
- ¿Cuáles fueron las actitudes y el comportamiento de sus otras figuras paternales en relación con el sexo opuesto?
- ¿Cuáles de estas actitudes ha adoptado usted?

Active ahora las grabaciones de su Padre tituladas: *Sexo*.

- ¿Qué oye usted acerca de su curiosidad sexual? ¿Son los comentarios razonables, perjudiciales, amenazadores, destructivos o indulgentes?
- ¿Hacen caso omiso del tema o se niegan a mencionarlo? ¿Le ridiculizan o avergüenzan?
- ¿Qué palabras o frases emplean para mantenerle a usted dentro de la raya?
- ¿Cómo denominaban sus órganos genitales? ¿Cómo le explicaron a usted "las cosas de la vida"?
- ¿Le enseñaron a usted a protegerse sexualmente? ¿Abusaron de usted sexualmente? ¿Fallaron en protegerle sexualmente? ¿Coqueteaban con usted? ¿Le tomaron el pelo? ¿Le contaron cuentos verdes para excitarle
- ¿Obtenía alguno de sus padres satisfacción vicaria mediante las experienci sexuales de usted? ¿Parecían indebidamente interesados en ellas?

Active ahora los sentimientos de su Niño sobre el sexo.

- ¿Cuál es su sentimiento primero en relación con su cuerpo y, especialmente, los órganos genitales? ¿Culpabilidad, gozo, vergüenza? ¿Qué?
- Recuerde sus experiencias sexuales de cuando era niño. ¿Qué sentimientos evocan estos recuerdos en su estado Niño del yo?

Permita que su Adulto intente separar los sentimientos de su Niño Natural de los de su Niño Adaptado. ¿Fueron sus adaptaciones apropiadas? ¿Prohibitivas en demasía? ¿Insuficientes? ¿Qué?

- ¿Tenía usted que disimular su curiosidad sexual? De ser así, ¿cómo la manejaba su Pequeño Profesor?

6. Sus sentimientos y conducta sexuales en la actualidad

Considere las siguientes preguntas en relación con sus sentimientos y conducta actuales.

- ¿Qué siente usted ahora en relación con su cuerpo y, en particular, con sus órganos genitales?
- ¿Qué siente en relación con el sexo opuesto?

- Para su edad y la etapa de su vida en que se encuentra, ¿qué comportamiento sexual considera usted apropiado? ¿Se basan sus conclusiones sobre datos Adultos y razones lógicas?
- ¿Cuál de sus estados del yo domina en términos de sus sentimientos y de su comportamiento?
- ¿Actúa usted de acuerdo con, o en rebelión contra, su estado Padre del yo? Basado en datos objetivos, ¿está de acuerdo su Adulto con su Padre?
- Si usted tiene edad apropiada para establecer relaciones íntimas con otra persona, evalúe sus transacciones sexuales. ¿Son adecuadas, gozosas, frustrantes, explotadoras, mutuamente satisfactorias? ¿Cómo son?

Este experimento es sólo para aquellas personas que tienen un problema sexual.[14]

- ¿Contribuyen las grabaciones de sus padres a su problema actual? Si es así, piense en una manera de desconectarlas.

  Una manera eficaz es cortar el diálogo interior al concentrarse en su sensualidad. Hágase consciente de sus sensaciones corporales y de lo que le proporcione placer. Si sus padres continúan hablando negativamente en su imaginación, dígales: "Eso es historia pasada". Expresar verbalmente sus sensaciones corporales le ayudará a desconectar la grabación. Concéntrese de nuevo sobre lo que usted siente *ahora*.
- ¿Contribuyen las grabaciones de su Niño al problema? ¿Cuáles son los deseos de su Niño Natural? De ellos, ¿cuáles puede usted expresar? ¿Necesita usted más control o menos?
- ¿Cómo afecta su Pequeño Profesor al problema? ¿Están desconectadas su intuición y creatividad? ¿Manipula él razonablemente o intenta explotar a los demás?

Puesto que tantos problemas sexuales se desarrollaron en el Niño Adaptado, examine cuidadosamente sus adaptaciones.

- ¿Qué sentimientos aprendió usted a tener sobre el sexo? ¿Culpabilidad? ¿Temor? ¿Desprecio? ¿Qué? ¿Están relacionados estos sentimientos con acontecimientos traumáticos de su niñez o con un condicionamiento negativo a largo plazo?
- ¿Ha elegido su Niño Adaptado mantener el problema sexual para demostrar la validez de sus primeras posturas psicológicas?
- ¿Cómo influye el problema en su guión?

Ahora, empleando la técnica de los puños o la de la silla, desarrolle un diálogo sobre el sexo entre su Padre y su Niño. Haga lo mismo entre sus Niños Adaptado y Natural. Diga todo cuanto desee.

- Después de agotar el tema (lo que puede ocupar varias sesiones) deje que su Adulto le diga a su Padre que usted es ahora y en adelante responsable de su propia conducta sexual.

Examine ahora su estado Adulto del yo.

- ¿Dispone usted de información adecuada sobre su sexualidad y la del sexo opuesto? Si no es así, adquiera datos adicionales mediante la lectura, asistencia a cursillos o consultas con profesionales.
- ¿Está contaminado el razonamiento lógico de su Adulto por los prejuicios del Padre o por experiencias y deformaciones de su Niño?
- ¿Qué comportamiento sexual es el apropiado para su vida actual? ¿Qué significa su comportamiento actual para los demás?
- ¿Qué podría significar eso? ¿Podría usted hacer a alguien más feliz?
- ¿Podría usted hacer algo que no ha hecho todavía para resolver su problema? ¿Necesita consultar a un profesional? ¿Necesita un reconocimiento médico? ¿Vacaciones de su trabajo? ¿Reestructuración parcial de su ambiente? ¿Qué necesita?
- ¿Qué nuevas decisiones necesita usted tomar? ¿Qué nuevas normas podría decidirse a adoptar su Adulto?

8

COLECCIONAR CUPONES Y PRACTICAR JUEGOS

La vida es como una cebolla; quitas
las telas una a una y, a veces, lloras.
CARL SANDBURG

La mayoría de las personas tiende a centralizar las opiniones y tradiciones en el estado Padre del yo; los datos basados en hechos y cálculo en el Adulto; y los sentimientos naturales y adaptados en el Niño.

El niño nace con una capacidad para todos los sentimientos: desde el afecto hasta la rabia. Al principio, responde genuinamente de acuerdo con lo que siente: gritando, arrullando, siendo mimoso. A su debido tiempo, sin embargo, adapta sus sentimientos de acuerdo con sus experiencias. Por ejemplo, los niños son mimosos por naturaleza, pero pueden aprender a hacerse rígidos y a retirarse con miedo cuando alguien se acerca a su cuna; por naturaleza prefieren el placer al dolor, pero pueden adaptarse a buscar el dolor e incluso la muerte; y por naturaleza son egocéntricos, pero pueden aprender a sentirse culpables en cuanto a querer algo para sí mismos.

Los niños no nacen con sus sentimientos ya programados en relación con los objetos y las personas; cada uno aprende hacia quién y hacia qué puede mostrar afecto; aprende también hacia quién y sobre qué sentirse culpable; a quién y a qué temer; y a quién y a qué odiar.

Aunque cada niño experimenta todos los sentimientos, cada uno de ellos se adapta finalmente a un sentimiento "favorito": aquél que con más frecuencia experimentaba cuando las cosas se ponían "difíciles" en la casa.

Un niño que continuamente oye	Se adapta a sentir
"¡Me das vergüenza!" o "¡Debieras avergonzarte!"	culpabilidad.
"Espera a que tu padre llegue, porque te va a dar una buena azotaina."	miedo.
"No hables con esos judíos/católicos/ protestantes; no se puede confiar en ellos."	odio o sospecha.

Aunque estos sentimientos pueden haber sido una respuesta comprensible a las situaciones infantiles originales, más tarde en la vida, las personas tienden a buscar situaciones en las cuales reexperimentan los viejos sentimientos; de hecho, a menudo estos sentimientos se coleccionan.

CUPONES PSICOLOGICOS

En el AT, los sentimientos particulares que colecciona el estado Niño del yo son denominados "cupones comerciales". El término "cupones" es un préstamo tomado de la práctica, corriente en muchos lugares, de coleccionar cupones que se reciben al hacer compras para cambiarlos luego por mercancía.[1] Un fenómeno similar es observable en el comportamiento humano. La gente colecciona sentimientos arcaicos y después los canjea por una recompensa psicológica.

Cuando un individuo colecciona cupones, manipula a otras personas para que le hagan daño, le desprecien, le enfurezcan, le asusten, le hagan sentirse culpable, etc., lo que consigue provocando o invitando a otros a que representen ciertos roles o imaginando que otra persona le ha hecho algo a él.

Cuando una persona manipula a otras para reexperimentar y coleccionar estos viejos sentimientos, da rienda suelta a sus propios desenfrenos (frecuentemente con el permiso y el aliento del estado Padre del yo). Esta forma de intemperancia es *trapacería*. Berne ha definido "trapacería" como: "Intemperancia en sentimientos de culpa, inadecuación, daño, miedo y resentimiento..."[2]

No todos los sentimientos son trapacería; algunos son genuinos. Por ejemplo, si una persona se siente culpable por su mala conducta, aprende de sus errores y cambia su forma de actuar, está tratando consigo misma de un modo realista y desde su Adulto. Al hacerlo así, se está convirtiendo en un triunfador.

Por el contrario, un perdedor puede sentirse culpable por sus acciones, pero no altera su comportamiento; de hecho, se complace a sí mismo buscando deliberadamente situaciones que le hagan sentirse culpable. Es como un niño que promete sin ánimo de cumplir lo prometido. Cuando logra reexperimentar "ese viejo sentimiento", tal vez practicando juegos, se las ingenia para mantener su propio statu quo.

El caso que sigue ilustra cómo dos personas manejan sus sentimientos de culpabilidad en formas diferentes.

Caso ilustrativo

Varios empleados habían solicitado ser transferidos del Departamento B de un laboratorio de electrónica. Esto hizo que el supervisor convocase una reunión en la cual se animó a los empleados para que ventilasen sus quejas. El problema se hizo evidente cuando uno de ellos exclamó bruscamente: "Estoy fastidiado y harto de que Samuel y Eduardo se tomen dos horas para almorzar, dejando el trabajo extra para el resto de nosotros". Ambos, Samuel y Eduardo, confesaron su culpabilidad, se disculparon y prometieron mejorar.

Samuel cumplió su promesa. Eduardo, en cambio, continuó tomándose largas horas para almorzar, disculpándose: "¡Caramba, hombre, cómo lo siento! Parece que siempre ocurre algo incluso cuando tengo buenas intenciones. Me da pena todo este asunto y sé que, sencillamente, tengo que corregirme." Las reprimendas del supervisor se hicieron más frecuentes y, finalmente, Eduardo fue despedido.

Las transacciones de estados del yo entre el supervisor y Eduardo fueron muy diferentes de las transacciones entre el supervisor y Samuel. (Ver fig. 8-1.) Samuel reconoció el hecho de que sus largas horas de almuerzo constituían un peso injusto sobre los otros y mejoró su conducta. Eduardo coleccionó cupones de culpabilidad practicando un juego recio de *Dame una patada* y, finalmente, consiguió su recompensa al ser despedido. *Dame una patada* es un juego común entre las personas que pierden su empleo con frecuencia.

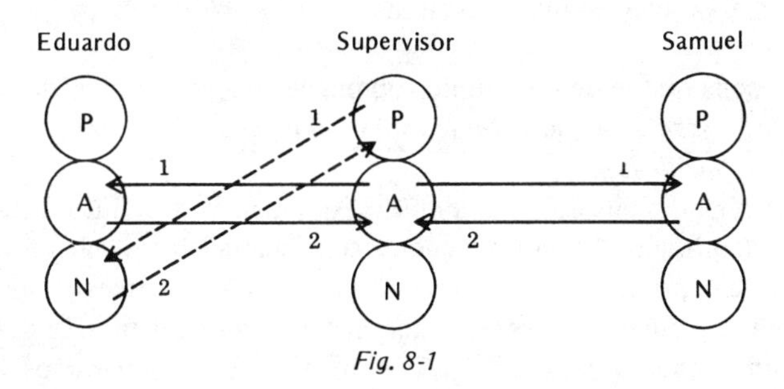

Fig. 8-1

Un niño cuya respuesta "favorita" de entre sus sentimientos fue inadecuada tiende luego en su vida a coleccionar sentimientos de inadecuación (a veces denominados *cupones pardos* o *cupones grises*). Generalmente, su postura es "Estoy mal", y manipula a los demás desde el rol de Víctima.

Uno de los juegos practicados para coleccionar sentimientos de inadecuación es *Estúpido*. La siguiente conversación, recontada por Ginott[3], ilustra el profundo empeño por parte de un hijo en coleccionar un cupón de inadecuación de su padre y la complacencia de éste en dárselo.

Hijo: Yo soy estúpido.

Padre: Tú no eres estúpido.

Hijo: Sí lo soy.

Padre: Claro que no. ¿No te acuerdas de que, en el campamento, te mostraste tan inteligente que al director le parecías de los más listos?

Hijo: ¿Cómo sabes tú eso?

Padre: El me lo dijo.

Hijo: Entonces, ¿por qué me llamaba siempre Estúpido?

Padre: Te estaba tomando el pelo.

Hijo: Soy estúpido y lo sé. Tú ten en cuenta mis notas en clase.

Padre: Simplemente tienes que esforzarte más.

Hijo: Cada día me esfuerzo mucho más y no me sirve de nada. No soy inteligente.

Padre: Yo sé que tú eres listo.

Hijo: *Yo sé* que soy estúpido.

Padre: ¡Tú no eres estúpido!
(gritando)

Hijo: ¡Si lo soy!

Padre: ¡Tú no eres estúpido, Estúpido!

Si una persona que se siente estúpida no puede encontrar a alguien que se lo diga, puede *imaginarse* que se están mofando de ella. Y así colecciona un cupón de estúpido *falsificado.*

Las personas que durante la niñez responden al descuento sintiéndose heridos y deprimidos,* tienden a complacerse más adelante coleccionando sentimientos de depresión (algunas veces llamados *cupones azules*). Una mujer que estaba acostumbrada a coleccionar sentimientos de depresión descubrió que, cuando estaba en un buen día, siempre podía coleccionar unos cuantos cupones de depresión llamando a su suegra. Un hombre coleccionaba sus cupones de depresión llegando consistentemente tarde a todas las reuniones de su departamento, provocando así una "patada" del presidente; después se quejaba: "¡Cómo me dejan de deprimido esas reuniones! Me fastidian el día entero."

Un coleccionista de cupones de depresión actúa generalmente desde la postura psicológica "Yo estoy mal" y manipula a los demás representando el rol de Víctima; se ofende fácilmente por comentarios casuales y aun va hasta el extremo de colocarse en posición de ser herido para poder sentirse deprimido.

Jugar *Acosado* ofrece la oportunidad de coleccionar cupones de depresión. Un jugador de *Acosado* justifica finalmente una depresión seria y un colapso

---

* Depresión no es lo mismo que desesperación. La desesperación es una reacción auténtica en la cual una persona enfrenta hechos desagradables de la vida. La depresión, por otra parte, se basa en la repetición de grabaciones de viejos recuerdos en los que el niño se sintió impotente en relación con sus padres.[5]

completo. Berne ha descrito así a la típica ama de casa que practica este juego:

> Ella está de acuerdo con todas las críticas de su marido y admite todas las exigencias de sus hijos. Si tiene que actuar como anfitriona de una cena, siente que no solamente tiene que actuar impecablemente como conversadora, castellana de su hogar y de su servidumbre, decoradora de interiores, proveedora, mujer encantadora, reina virgen, y diplomática; también se prestará voluntariamente esa misma mañana a hacer un pastel y a llevar los niños al dentista. Si ya se siente hostigada, se hace el día incluso más acosado. Entonces, a mediados de la tarde, sufre un colapso justificado y todo se queda por hacer. Deja mal a su marido, a sus hijos y a sus invitados, y sus autorrecriminaciones aumentan su malestar. A la segunda o tercera vez que pasa esto, su matrimonio está en peligro, los hijos confusos, ella pierde peso, tiene el pelo descuidado, el rostro consumido y los zapatos destrozados.[4]

Si un directivo juega *Acosado*, dice "sí" a todo, se presta voluntariamente a llegar temprano a la oficina y a trabajar hasta tarde, acepta tareas por los fines de semana y se lleva trabajo a casa (tal vez incluso lo estudie en el camino mientras va en el autobús). Durante algún tiempo puede actuar como superhombre, pero su apariencia empieza finalmente a reflejar su estado de acoso; llega al trabajo algo desgreñado, tal vez sin afeitar o con los ojos enrojecidos. El no puede acabar su trabajo. Su salud física y mental se deteriora. Colecciona y ahorra tantos sentimientos de depresión que se hunde por fin, tan deprimido que le es imposible funcionar.

Mucha gente colecciona sentimientos de enfado y hostilidad (a veces llamados *cupones rojos*). Este tipo de coleccionista de cupones opera generalmente desde la postura "Yo estoy bien; tú estás mal". Si alguien tropieza por accidente con tal persona en un pasillo, es posible que ésta se enfurezca cuando aquél intenta disculparse. Un vendedor extraviaba con frecuencia sus contratos y entonces se enojaba con su secretaria por no mantener su mesa en orden.

A veces se practica un juego denominado *Mira lo que me has hecho hacer*,[6] con el cual se coleccionan cupones de enfado. Este juego se practica en una oficina cuando, por ejemplo, una mecanógrafa comete un error mientras la supervisora está mirando por encima de su hombro. En vez de aceptar la responsabilidad de su propio error, ella se vuelve hacia la supervisora y le dice enfadada: "Mire lo que me ha hecho hacer!" Culpando a otra persona por su error, colecciona un cupón de enfado. Si esto ocurre bastante a menudo, la supervisora puede coleccionar suficientes cupones de miedo o de culpabilidad como para dejar a la mecanógrafa en paz; de esta forma, el propósito del juego se cumple: aislamiento. Otro jugador de *Mira lo que me has hecho hacer* puede coleccionar sentimientos de pureza: "Después de todo, no es falta *mía*; es culpa *tuya* que yo cometiera ese error".

Algunas personas coleccionan sentimientos de pureza, inocencia y rectitud (frecuentemente llamados *cupones blancos*). Por ejemplo, una madre que está dispuesta a darse un cupón de rectitud puede disculparse: "No es culpa mía que nadie venga a cenar. Incluso teniendo jaqueca, yo hago todo lo posible para que las cosas salgan bien." Un niño dispuesto a conseguir de su maestro un cupón de pureza puede chismorrear demasiado y recibe el deseado cupón blanco cuando el maestro le dice: "Me alegro mucho que me hayas dicho quién está haciendo circular esas desagradables notas por ahí". Un supervisor que colecciona cupones blancos puede fallar en distribuir el trabajo y, entonces, quedarse "fielmente" tiempo extra para completar él mismo el trabajo.

Fiambrera es un juego favorito de los directivos que coleccionan cupones de pureza y rectitud. Cuando uno juega *Fiambrera*, utiliza su postura de rectitud para manipular y controlar a los demás. El juego tiene recompensa tanto en su casa como en la oficina.

El marido, que bien puede permitirse almorzar en un restaurante, se hace, no obstante, varios bocadillos cada mañana y se los lleva a la oficina en una bolsa de papel. De esta manera, él usa cortezas de pan, sobrantes de la cena y bolsas de papel que su esposa guarda para dárselas. Esto le proporciona a él un perfecto control de las finanzas familiares, porque, ¿qué esposa se va a atrever a comprarse una estola de visón al observar tal abnegación? El marido cosecha otras numerosas ventajas, tales como el privilegio de almorzar solo y de adelantar su trabajo a la hora del almuerzo.[7]

En caso semejante, el directivo economiza suficientes cupones de pureza para desviar las "frívolas" demandas de los demás. Su mensaje ulterior es: "Si un hombre tan importante como yo puede ser así de frugal, tú también puedes". Coleccionando tantísima rectitud y humildad, hace a los demás sentirse demasiado culpables o demasiado temerosos como para acercarse a él con sus demandas.

El color que asignamos a cada uno de los cupones psicológicos es, naturalmente, poco importante; lo importante es el hecho de que los cupones psicológicos representan un abandonarse a sentimientos arcaicos que son economizados y finalmente "canjeados".

Una de las formas en que una persona puede ponerse en contacto con los viejos sentimientos que continúa reforzando es hacerse consciente de los sentimientos que parecen inapropiados en la situación. Cuando la persona sabe que la respuesta de sus sentimientos no es racional, es posible que pueda rastrearla hasta sus orígines, como lo hizo Diana en el caso siguiente.

Caso ilustrativo

Diana se describía a sí misma como deprimida y ansiosa cuando su marido miraba la televisión por las noches. Decía que sus sentimientos eran irrazonables porque, en realidad, él trabajaba mucho, era muy responsable en la casa y dedicado a sus dos hijos.

Una noche, agobiada por la depresión, Diana se fue a su alcoba para tratar de seguir el rastro de sus sentimientos hasta sus orígenes. Utilizando una técnica que ella había aprendido en sesiones de orientación psicológica, empezó a explicarse a sí misma cómo se sentía realmente. Entonces se preguntó: "¿Qué me recuerda esto? ¿Cuándo he sentido lo mismo anteriormente?"

Pasados unos minutos, vinieron a su memoria recuerdos infantiles de su padre. Cuando las cosas se ponían mal para él, se retiraba mediante una enfermedad mental. Esta se manifestaba al sentarse su padre durante largos períodos de tiempo en una silla, con la mirada ausente. Cuando el padre de Diana se comportaba así, ella se sentía deprimida al principio; después sentía pánico. Sin embargo, cuando Diana pugnaba por hablar de ello, su madre protestaba: "Es mejor no hablar de eso. Trastorna a todo el mundo y nada más."

Diana informó que experimentar los viejos recuerdos era doloroso y provocó un torrente de lágrimas. Sin embargo, ella descubrió que, a continuación, podía ver a'su marido mirando la televisión sin experimentar los sentimientos de su pasado.

La persona que está en camino de convertirse en triunfadora a menudo decidirá dejar de coleccionar cupones negativos y coleccionará conscientemente *cupones dorados*: sentimientos de amor propio. En vez de rechazar caricias positivas y economizar sus viejos sentimientos de perdedor, aprende nuevas respuestas:

Al estímulo:	Fue una cena excelente, Isabel.
Vieja respuesta:	Oh, no fue tanto.
Nueva respuesta:	Gracias. La paella es mi especialidad.
Al estímulo:	El cálculo que hiciste para ese trabajo fue perfecto. Fue tan aproximado que debes tener telepatía.
Vieja respuesta:	Sí, bueno... Pero lamento no haberlo terminado mucho antes.
Nueva respuesta:	Gracias, estoy muy satisfecho de que todo haya salido bien. Eso nos ayudará a conseguir más contratos.
Al estímulo:	Tu solo en el concierto fue estupendo.
Vieja respuesta:	No creo que me haya salido tan bien como podía haber salido.
Nueva respuesta:	Oh, gracias. Me agrada que te gustase.

Darse a uno mismo cupones dorados hace al Niño sentirse bien. No obstante, éstos pueden ser falsos. Si un individuo se imagina generoso con su dinero cuando en realidad está sobornando a alguien para caerle bien, está coleccionando cupones dorados falsificados que le proporcionan una sensación provisional o falsa de estar bien.

Cuando una persona consigue suficiente apoyo interior, no siente ya la necesidad obligatoria de coleccionar cupones psicológicos de ninguna clase; ni siquiera cupones dorados. Son raras las personas que pueden conseguir este nivel de independencia. La mayoría de nosotros, incluso los triunfadores, encontramos reconfortante poseer unos cuantos cupones dorados para cuando las cosas "vengan mal".

EL TIEMPO DE CANJEAR

Los cupones psicológicos son finalmente canjeados por un premio. Para este "tiempo de canjear" la persona ha economizado tantos resentimientos en conjunción con su colección de cupones especiales que se siente justificada para ponerlos en práctica. El proceso es

coleccionar cupones → resentimiento creciente → justificación de la conducta

Una persona canjea cupones lastimándose a sí misma, fracasando en un examen, golpeando a alguien, sentándose y meditando tristemente, etc. Si ha estado coleccionando cupones dorados, puede buscar formas de mejorar su trabajo, tomarse unas vacaciones placenteras, hacer nuevos amigos, arreglar diferencias con viejos amigos, renunciar a relaciones destructivas, etc.

Los individuos adquieren colecciones de tamaños diferentes y se sienten compelidos en formas diversas en relación con cuándo, cómo y dónde canjear sus colecciones; algunos esperan durante años para canjear un solo cupón negativo. Este fue el caso de León, quien relató cómo su hermano canjeó un cupón de enfado que había guardado durante años contra él. Un día, cuando estaban jugando, su hermano mayor le exigió que quitase un pedazo de pan de los rieles de su ferrocarril de juguete. Aunque León tenía sólo cinco años, rehusó tercamente; su hermano le amenazó diciendo: "Nunca olvidaré eso. Algún día ajustaré cuentas contigo". Sus relaciones fueron buenas hasta veinte años después, cuando León llamó a su hermano para pedirle ayuda cuando su automóvil se averió en una carretera. Aunque su hermano le había ayudado antes a menudo, esta vez "ajustó cuentas" y canjeó sus cupones con: "No esta vez, amiguito, ¡recuerda el pan en la vía!"

Algunas personas coleccionan el equivalente de una página de cupones y los canjean por recompensas relativamente pequeñas –llorar en la alcoba, tener dolor de cabeza, arrojar un plato, dejar caer una torta, dar una reprimenda a un empleado, hacer caer un fichero, enviar una carta en un sobre equivocado. Para algunos, la recompensa es algo mayor.

Caso ilustrativo

Juana permitió durante todo el día a su hijo pequeño que entrase en la casa con los pies sucios de barro. Pacientemente, ella limpiaba el barro y volvía a mandar fuera a su hijo. Más tarde, el niño coloreó sobre su silla nueva con un creyón. Sin mostrar todavía desaprobación, Juana puso al niño en otra habitación y limpió la silla. El niño continuó con sus trasgresiones y ella continuó aceptándolas. Finalmente, ya avanzado el día, Juana había aguantado lo suficiente (la página estaba completa y era hora de canjear la colección). Cuando su hijo entró para cenar, de nuevo con los pies embarrados, ella le abofeteó enfadada, le riñó y le encerró en su cuarto.

Algunas personas coleccionan varios "libros" de cupones y entonces se sienten justificadas cuando hacen cosas tales como destruir el automóvil, huir de casa, lastimarse a sí mismas, saquear una tienda, despedir a un empleado valioso, dejar un empleo cuando más lo necesita, tener una aventura amorosa, etc.

Algunas personas reúnen incluso mayores colecciones, canjeándolas por recompensas mayores: un colapso mental, encarcelamiento, aislamiento de la sociedad o divorcio. A veces, una pareja casada expresa los muchos resentimientos coleccionados durante años en su primera visita al psicólogo.

Una esposa puede decir:

"Porque, el día después de casarnos, él..."
"Y el 8 de junio de 1959, él..."
"Y el día que cumplí los treinta y cinco años, él..."

Y un marido puede decir:

"En nuestra boda, ella incluso..."
"Cuando compramos nuestra primera casa, ella..."
"Y entonces, cuando invité a mi jefe a cenar en casa, ella..."

Cuando se canjea la colección de cupones marrón de toda una vida, la máxima recompensa es el suicidio o el homicidio. El tiempo de canjearla es a menudo anunciado cuando una persona dice:

"Ya he aguantado bastante."
"Este es el golpe de gracia."
"Estoy agotado."

"Con esto se llena la copa."

"¡Ya he tenido bastante!"

Traducidas, tales exclamaciones significan: "Este es el último cupón que necesito. Es hora de canjearlos por una recompensa digna de mi colección." Generalmente ocurre que este último cupón representa poca cosa en relación con lo que sigue.

El canje de cupones dorados puede ser anunciado con frases tales como:

Estoy preparado para un nuevo reto.

Yo me siento bien haciendo esto.

Voy a pedir aumento de sueldo y apuesto a que lo consigo.

EL MENSAJE DE LA CAMISETA DEPORTIVA

El Niño interior, a menudo con la ayuda del Pequeño Profesor, envía un mensaje pertinente a los otros para introducirlos en trapacerías, juegos y la colección de cupones. Enviar tales mensajes es como llevar un letrero sobre el pecho, lo que coloquialmente se denomina llevar *camiseta deportiva*. Este término ha sido tomado de una moda juvenil de llevar camisetas deportivas con mensajes impresos en ellas.

Una persona que tiene los hombros caídos, que gimotea y parece ansiosa, puede llevar en su camiseta un mensaje que diga: "Por favor, no me des una patada. Yo soy una Víctima". Su mensaje invisible ofrece a sus compañeros una invitación a rechazarle o tratar de ayudarle.

Una persona que tiene los ojos desorbitados y, al parecer, está confusa también puede estar actuando como Víctima, con una camiseta en la que se lee: "¡Caramba!, ¿qué puedes esperar de un tonto como yo?" Esta persona representa el papel de torpe y después no comprende por qué los demás se sienten exasperados.

Un hombre que viste una chaqueta de lana con coderas de piel, que se recuesta en su silla y mira con simpatía a su visitante mientras enciende tranquilamente su pipa, proyecta una camiseta de Salvador: "Puedes hablarme de todos tus problemas".

Un hombre que muestra el ceño fruncido y la barbilla saliente, que pasea pesadamente y apunta un dedo acusador a los demás, lleva una camiseta de Perseguidor: "Harás lo que yo digo, o ya verás".

Una mujer vestida con un traje revelador, que pestañea afectadamente y menea rápidamente las caderas, viste una camiseta con: "Estoy disponible". Puede querer que los hombres crean que ella será su Salvadora, aunque, en realidad, ella es una Perseguidora que practica su juego favorito, *Violación*. Como víctima protesta: "Las mujeres de la oficina son un grupo de amargadas y los hombres siempre me están requebrando".

Otros mensajes populares de camiseta que se pueden observar fácilmente son:

Te agarraré si no te andas con cuidado.
Apóyate en mí, soy el Peñón de Gibraltar.
No te preocupes, yo te cuidaré.
Lo único que tienes que hacer es quererme.
Soy mejor hombre que tú.
Agárrame si puedes.
Mantente a distancia.
Soy tan frágil...

Una mujer informó tener varios mensajes en su camiseta, algunos más evidentes que otros. Analizó el frente de su camiseta como: "Soy tan buena y tan pura..."; sin embargo, en la espalda llevaba el mensaje: "No moleste. Puede que yo no sea tan pura." Sobre su blusa, debajo de su camiseta, había un tercer mensaje, que ella describía como: "¡Fastídiate! (Amo a la Humanidad, pero no puedo aguantar a mis vecinos)". Los múltiples mensajes le ayudaban con dos colecciones de cupones, blancos por pureza y rojos por enfado.

Estos mensajes formaban parte de la pauta de su guión, la cual consistía en la seducción de gente hacía una falsa intimidad ayudándoles honradamente, para entonces mantenerlos a distancia. Cuando ellos se acercaban demasiado, ella cambiaba y los desairaba por medio del sarcasmo o arruinando su reputación con chismes. Esta fue su versión del juego *Cazador de osos*. Perls describe así a la persona que practica este juego:

Los cazadores de osos te absorben y te dan el cebo y, cuando estás absorto, el hacha cae sobre ti y te encuentras con la nariz, la cabeza o lo que sea sangrando. Y si eres tan tonto como para golpear la cabeza contra la pared hasta empezar a sangrar y te exasperas, entonces el cazador de osos se divierte y disfruta del control que posee sobre ti para dejarte impotente, inadecuado y goza de su yo victorioso, lo que hace mucho por su débil amor propio.[8]

Cuando los cazadores de osos están contratando trabajadores, tienden a enviar el mensaje: "Confía en mí y nada más". Parecen buenas personas, aparentemente escuchan, son educados y hacen promesas (el cebo):

Usted estará solamente un año en este trabajo.

Naturalmente, usted podrá hacer libremente investigación pura.

Usted tiene un gran futuro aquí.

Después, la trampa se cierra cuando el empleado descubre que su trabajo va a ser el mismo, que investigación "pura" significa "orientada hacia la compañía", y que no tiene futuro en ésta.

JUEGOS PRACTICADOS DESDE EL ESTADO NIÑO DEL YO

Cuando los juegos son practicados desde el estado Niño del yo, la persona los juega para reforzar las posturas de su vida y avanzar su guión. Generalmente, los juegos se practican desde los roles de Perseguidor o Salvador para reforzar una actitud negativa sobre los demás, "Tú estás mal" (necesitas ser castigado o rescatado). Los juegos se practican desde el rol de Víctima para reforzar una postura negativa sobre sí mismo, "Yo estoy mal" (necesito que me castigues o rescates). Vamos a examinar estos juegos:

Tema	Nombre del juego	Propósito: demostrar
Culpar a otros	*Si no fuese por ti* *Mira lo que me has hecho hacer*	Tú estás mal
Salvar a otros	*Yo sólo estoy intentando ayudarte* *Qué harías tú sin mí*	Tú estás mal
Hallar defectos	*Mancha* *Rincón*	Tú estás mal
Ajustar cuentas	*Violación* *Te cogí ahora, h. de p.*	Tú estás mal
Provocar el ser humillado	*Dame una patada* *Estúpido*	Yo estoy mal
Gozar con la desgracia	*Pobre de mí* *Patapalo*	Yo estoy mal
Claudicar	*Acosado* *Mujer frígida (hombre frígido)*	Yo estoy mal

La acción dramática de un juego comienza con una invitación a uno o más posibles jugadores. Con frecuencia, la invitación es ayudada por el mensaje de la camiseta o por algún otro "anzuelo" tal como

dejar un coche abierto con objetos de valor visibles a través de las ventanillas, o con la llave en el encendido,

dejar dinero o fósforos en una mesita en un sitio donde hay niños pequeños,

dar instrucciones inadecuadas a compañeros de trabajo o subordinados,

acostarse demasiado tarde como para llegar a tiempo al trabajo al día siguiente,

beber demasiados aperitivos a la hora de almorzar,

olvidarse de entregar un informe imprescindible.

Si el otro jugador indica que está interesado en el juego, ha mordido el anzuelo y el drama comienza. Los movimientos subsiguientes son complementarios y poseen un motivo ulterior que conduce a la recompensa final. Esa recompensa incluye un cupón, tal vez el último cupón de la colección.

Un locutor de radio informó sobre el increíble impulso de una mujer para practicar juegos peligrosos. Cuando iba en su automóvil por una calle oscura en las primeras horas de la madrugada, él vio que un hombre sujetaba a una mujer a la acera mientras la golpeaba en el rostro y en los hombros. El locutor saltó de su automóvil, separó a puntapié al hombre de la mujer y gritó llamando a la policía. La mujer ensangrentada se sentó y replicó indignada: "¡Esto no es asunto suyo!"

Cada juego tiene sus roles, sus puntos de descuento, su número de jugadores, su nivel de intensidad, su duración y sus mensajes ulteriores. Cada juego tiene su estilo dramático propio y puede ser practicado en diferentes escenarios. A continuación, daremos otros ejemplos de juegos.

EL JUEGO "SI, PERO"

Este juego se presenta, por ejemplo, en una reunión de ejecutivos cuando el presidente presenta un problema y a continuación rechaza todas las sugerencias; o cuando el director de una escuela hace lo mismo con sus maestros en una reunión; o cuando una mujer rechaza todas las sugerencias útiles ofrecidas por sus amigos. La persona que juega *Sí, pero* mantiene la postura: "Nadie va a decirme a mí lo que debo hacer". En su infancia tuvo padres que intentaron darle todas las respuestas o que no le dieron ninguna y él adoptó una postura contra ellos (Tú estás mal).

Para iniciar su juego, un jugador presenta un problema bajo el pretexto de pedir consejo a uno o más jugadores. Si se deja picar, el otro jugador aconseja: "Por qué tú no...?" El iniciador descuenta todas las sugerencias con: "Sí, pero..." seguido de las "razones" por las cuales el consejo no va a surtir efecto. Finalmente, los consejeros del *Por qué tú no* desisten y se callan. Esta es la culminación del juego, demostrar la postura: "Mis padres no pueden decirme nada".

En este juego, el estado Niño del yo "engancha" al Padre Nutricio en los otros jugadores. Aunque la transacción superficialmente puede parecer de Adulto a Adulto ("Yo tengo un problema. Dame una respuesta"), la transacción ulterior es de Niño a Padre ("Yo tengo un problema. Intenta tan sólo darme la respuesta. No te dejaré hacerlo").

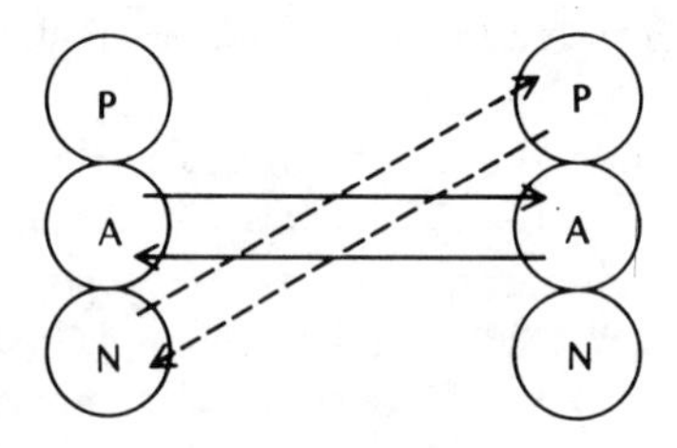

Fig. 8-2

EL JUEGO "VAMOS A PELEAR TU Y EL"

Un juego que se practica generalmente entre tres es *Vamos a pelear tú y él*. En este juego, una persona suscita una pelea entre otras dos para satisfacer su propia postura psicológica: "La gente es tonta".

Una esposa, experta en este juego, escuchaba sumisa mientras su marido relataba un choque desagradable con su jefe. Ella intentaba entonces empujarle a una pelea, diciendo: "No vas a aguantarle *eso*, ¿verdad? Debes decirle lo que piensas." La mujer obtiene su recompensa a la noche siguiente, cuando su marido le cuenta la pelea estúpida que ha tenido con su jefe.

Un obrero puede empezar este juego con un compañero de trabajo al decir: "Mira, Pedro, me parece que debes saber lo que el señor Pérez dijo de tí. Fue horrible." El consigue su recompensa cuando Pedro y el señor Pérez tienen entre sí "palabras mayores".

Este juego puede ser practicado con una dimensión sexual. Por ejemplo, una mujer puede hacer que dos hombres luchen por ella y a continuación marcharse con un tercero, riéndose y pensando: "Los hombres son unos tontos de capirote".

EL JUEGO "MIRA LO QUE ME HAS HECHO HACER"

Un juego corriente que se practica para reforzar la postura "Tú estás mal", es *Mira lo que me has hecho hacer*. Tiene el propósito de aislarse a uno mismo por medio de culpar coléricamente a los demás, en vez de aceptar la responsabilidad de los propios errores. Si una madre se corta un dedo mientras pela patatas y grita airadamente a sus hijos intrusos: "Mirad lo que me habéis hecho hacer", ella puede estar practicando el juego para evitar que ellos la molesten más. (Después de todo, si su sola presencia hace que su madre se lastime, es mejor estar lejos.) Se practica un juego semejante de culpabilidad si un capataz se detiene a ver el trabajo que está haciendo un mecánico, el cual deja caer en ese momento una pequeña pieza y acusa al capataz: "Mire lo que me ha hecho hacer". Un grado más riguroso de *Mira lo que me has hecho hacer* se practica si un gerente pide sugerencias a sus colegas jóvenes, las acepta y después culpa a sus subordinados porque el resultado es menos que satisfactorio.

EL JUEGO "ALBOROTO"

En el juego *Alboroto* ambos jugadores son luchadores, pero uno es el acusador y el otro el acusado. El juego comienza a menudo con un comentario crítico que implica un ulterior "Tú estás mal". La recompensa es evitar la intimidad.

Si un padre juega a *Alboroto* con su hija adolescente, él puede empezar diciendo: "¿Dónde demonios has estado? ¿No sabes qué hora es?" La hija entonces se defiende. Sigue una discusión a gritos que llega a su clímax cuando ella empieza a llorar, sale corriendo hacia su cuarto y da un portazo. Una madre puede empezar un juego con su hijo diciendo: "Con esas ropas pareces una chica. Ahora comprendo por qué no les caes bien a tus maestros."

Aunque Berne describe *Alboroto* como un juego que practican dos personas para evitar la intimidad sexual, existen variaciones de este juego que se realizan en oficinas y aulas. El ataque inicial, que siempre contiene un descuento, puede ser:

Jefe: (a subordinado) — ¡Usted no ha aprendido todavía a escribir un informe!

Secretaria: (a archivera) — De no tener la cabeza pegada al cuello, no sabrías donde ponerla.

Vendedor: (a otro) — Pero, ¿qué te pasa? ¿Eres tan estúpido que no puedes leer la letra pequeña del contrato?

VAMOS A PELEAR TU Y ELLA

"Le oí decir algo malo de ti el otro día..."

"¿Vas a dejarla que se salga co la suya?"

"¡Mira cómo se pelean esas tontas!"

LAMINA XVI

ESTUPIDA

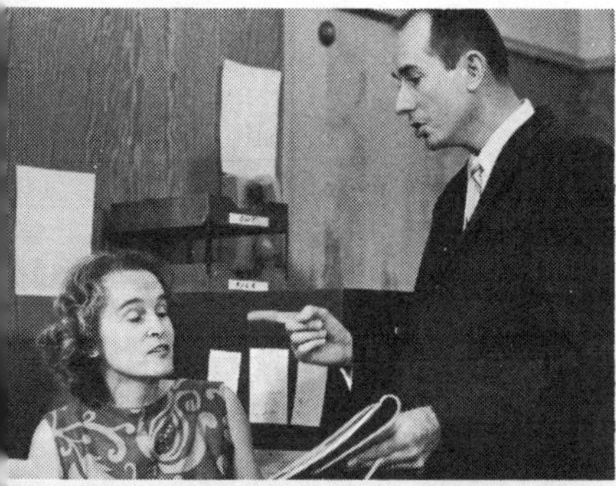

"Mire: ha vuelto a cometer el mismo error."

"¿Quiere decir ese *errorcito?"*

"Puede que sea pequeño para usted, pero para mi es importante. Le he dicho lo mismo una docena de veces."

"¡Qué estúpida soy! Se me olvidó otra vez."

LAMINA XVII

La pelea se inicia cuando se responde al ataque con una declaración defensiva. La recompensa llega cuando el acusado se retira enfadado y frustrado y los dos se separan airadamente el uno del otro.

EL JUEGO "JUZGADO"

Alboroto conduce a veces a *Juzgado*. En el caso antes mencionado del padre y su hija adolescente, ambos pueden acudir a la madre para que ésta actúe como juez en la discusión. *Juzgado* se juega con tres o más jugadores. La persona que practica *Juzgado* es frecuentemente la que aprendió en su infancia cómo manipular figuras de autoridad para que se pusieran de su parte y en contra de sus oponentes. Su postura es: "Yo estoy bien; tú estás mal". Los roles principales son: el demandante o acusador, el demandado o acusado y el juez. A veces hay también un jurado: los hijos, los compañeros de la oficina, la junta de supervisores de personal, o quien sea.

Con frecuencia, los matrimonios llevan su "caso" a un psicólogo para que lo juzgue; los empleados de una oficina pueden llevar sus quejas al jefe o a sus compañeros durante un descanso; un profesor y un estudiante pueden llevarlas al director, al decano o a la junta directiva del colegio. Cada uno presenta su caso al consejero con la esperanza de que el otro sea juzgado culpable.

Al psicólogo

Esposa como demandante: Siempre he economizado el dinero; entonces él se excede en escribir cheques y ahora no podemos pagar nuestras cuentas.

Marido como demandado: Me escatima tanto el dinero que no puedo ni invitar a mis amigos a unas copas.

Al supervisor

Oficinista núm. 1: Soy más antiguo en la compañía que él y, sin embargo, consigue sus vacaciones en julio y yo tengo que conformarme con tener las mías en septiembre.

Oficinista núm. 2: No tengo la culpa de que julio sea el único mes en que mi mujer puede ir de vacaciones. No pretenderás que yo vaya de vacaciones solo, ¿verdad?

Al decano

Profesor como demandante:	Se mereció esa calificación tan baja. Siempre se ha retrasado con sus tareas. Aunque le dí un período de gracia, aún no me ha entregadc algunas.
Estudiante como demandado:	El da más tareas que cualquier otro profesor en toda esta facultad. Cuando, después de clase, le pedí ayuda, creí que eso contaba como parte de mi trabajo.

Juzgado puede ser practicado como un juego judicial en el cual dos personas presentan sus casos ante un juez verdadero y una es juzgada culpable y la otra es absuelta. Este juego es requerido por muchas leyes estatales de divorcio en los Estados Unidos.

EL JUEGO "GUARDIAS Y LADRONES"

El provecho que puedan derivar de sus acciones es el motivo para muchos criminales, pero otros participan en el crimen para jugar a *Guardias y ladrones*. El juego se parece mucho al del escondite que juegan los niños, en el cual el "ladrón" se esconde, pero consigue su recompensa real mostrándose disgustado cuando es atrapado. De hecho, si se ha escondido demasiado bien, probablemente tosa o deje caer algo, como pista para el "guardia".

Cuando un jugador de *Guardias y ladrones* es un ladrón de bancos o un ratero, se las arregla para dejar una pista detrás o comete un acto innecesario de violencia o destrucción. De esta manera, satisface los sentimientos y el impulso de su Niño al desahogar su enfado y provocar a los guardias a que le agarren. Por el contrario, el criminal profesional es meticuloso en no dejar pistas, evita la violencia innecesaria y no piensa en dejarse atrapar.

La dinámica de *Guardias y ladrones* es semejante a la de dos juegos que se complementan el uno al otro, *Te cogí ahora, h. de p.* y *Dame una patada.*

DEJAR DE PRACTICAR JUEGOS

Los juegos refuerzan decisiones antiguas. Las viejas decisiones no son permanentes y pueden ser cambiadas. Si una persona decide dejar de practicar sus juegos, dedica tiempo a conocerlos, particularmente los que ella inicia; hace conjeturas sobre cómo reconocerlos, cómo identificar sus roles en ellos, cómo interrumpirlos, cómo evitarlos, cómo dar y recibir caricias *positivas* y cómo estructurar el tiempo más apropiadamente en el aquí y el ahora. Se pone en contacto con sus posibilidades y se convierte más en lo que nació para ser.

Mediante una negativa a jugar o a dar una recompensa, se puede anular el juego. Por ejemplo, el negarse a dar un consejo o sugerencias a un jugador de *Sí, pero* generalmente detiene el juego. Esto es detener el juego usando una transacción cruzada.[9] Dar permiso en vez de imponer restricciones autoritarias a un jugador de *Si no fuese por ti* también detiene el juego. Negarse a tomar una postura defensiva frente a un comentario crítico o abstenerse de ser demasiado crítico detiene un juego de *Alboroto.*

Una joven que practicó *Alboroto* durante años con su padre aprendió a acabar con el juego dejando de asumir una postura defensiva cuando él la criticaba. Por el contrario, usando la transacción de realimentación, ella reflexionaba sobre cómo ella creía que se sentía su padre. Cuando él entraba en la cocina preguntándole a gritos por qué no había preparado el almuerzo, en vez de defenderse la joven decía: "Pareces muy enfadado porque no te he preparado el almuerzo". Con aspecto sorprendido, él decía abruptamente: "Eso no es lo que tienes que decir". La transacción de realimentación a menudo impide el juego.

La nivelación con el cuerpo, un método desarrollado por Franklin Ernst,[10] también puede ser utilizada por una persona que no quiere iniciar o participar en un juego. Para nivelarse físicamente, la persona se sienta o permanece en pie con las plantas planas, los brazos paralelos al cuerpo, la espalda erguida, la cabeza derecha y la barbilla paralela al suelo. Es difícil practicar un juego desleal si el cuerpo aparece recto.

Otra forma de detener un juego es renunciar a descontar. La persona que lo haga debe encontrar primero el punto de descuento del juego. Por ejemplo, en *Alboroto*, un descuento generalmente es parte de la primera transacción. En *Violación* o *Cazador de osos* es generalmente en la última transacción que se descuenta a alguien. No es necesario conocer el nombre del juego para dejar de jugarlo. Toda persona que renuncia a descontarse a sí mismo o a los demás también renuncia a sus juegos.

Renunciar a un juego puede resultar en una sensación de desesperación y un sentimiento de "Y ahora, ¿qué?" Algunas personas se deciden por la práctica de una forma más suave y menos dañoso de un juego. No obstante, cuando un juego es totalmente detenido, por lo general se requiere algo con qué sustituirlo. Para llenar la brecha, una persona necesita recibir sus caricias más legítimamente y programar su tiempo de una manera más constructiva. El individuo puede orientar sus intereses hacia nuevas actividades y puede permitirse la libertad de una mayor intimidad. Ambos son signos de un triunfador.

RESUMEN

La gente colecciona cupones para reforzar viejos sentimientos infantiles. Una manera de coleccionar cupones es el practicar juegos. Un jugador, además de conseguir cupones, consigue caricias (aunque pueden ser negativas), programa su tiempo (aunque puede ser perdido), refuerza sus posturas psicológicas (aunque pueden ser irracionales), avanza su guión (aunque puede ser destructivo), se siente justificado canjeando antiguos resentimientos (aunque es excesivamente permisivo consigo mismo) y evita encuentros auténticos (aunque puede *aparentar* que éstos son los que él desea). Un jugador serio rechaza oportunidades de ser un triunfador.

Un triunfador se abstiene de coleccionar cupones negativos y de practicar los mismos viejos juegos, disminuyendo así sus episodios de "canje" negativo. Al aprender a enfrentarse en forma más realista con el aquí y el ahora, manejando sus resentimientos tan rápida y francamente como sea práctico, él acorta su mala racha y se convierte más en la persona que nació para ser.

EXPERIMENTOS Y EJERCICIOS

Siempre que dé un paso hacia la autonomía, viejos sentimientos pueden recordarle cómo *era* usted. El hacerse consciente de sus sentimientos, aunque no parezcan racionales, le ofrece una oportunidad de cambiar.

1. Su colección de cupones

Algunos sentimientos son genuinos y apropiados. Sin embargo, si usted explota sus sentimientos, si son inapropiados para las situaciones actuales, usted está guardando cupones. Para descubrir su colección, considere las siguientes preguntas:

- Durante su niñez, cuando las cosas iban mal, las emociones regían o se estaba armando un lío, ¿cómo se sentía generalmente?
- ¿Qué vió, oyó o intuyó que le hizo sentirse así?
- ¿Qué sentimientos (cupones) experimenta usted ahora más comúnmente, como adulto, cuando las cosas le salen mal? ¿Temor? ¿Insuficiencia? ¿Enojo? ¿Culpabilidad? ¿Impotencia? ¿Ansiedad? ¿Qué?
- ¿En qué tipo de situación surge ese viejo sentimiento? ¿Es semejante a alguna situación de su niñez?
- ¿Canjea usted frecuentemente sus cupones, enfurruñándose? ¿Desahogándose? ¿Llorando? ¿Embriagándose? ¿Gastando más de lo que puede o debe? ¿Descargando su ira en alguien?
- ¿Guarda sus cupones con el fin de reunir una gran colección?

- Si está coleccionando cupones ahora, ¿cómo piensa canjearlos? ¿Siente inclinación hacia una recompensa en particular?
- ¿Dónde canjea usted sus cupones?
- ¿Colecciona cupones en un escenario para después canjearlos en otro? Por ejemplo, ¿colecciona en el trabajo y canjea en casa?

2. **Integración de viejos sentimientos**

Los ejercicios que figuran a continuación le ayudarán a integrar sentimientos específicos suyos a los que fue condicionado en el pasado y que son molestos en la actualidad. Hágalos cuando se active alguna antigua grabación de la memoria que resulte fuera de propósito en la situación actual.

Utilice los experimentos más pertinentes a los sentimientos que tiende a coleccionar más en forma de cupones. Si encuentra los experimentos demasiado inquietantes, deténgase. Un buen espejo –tal vez de cuerpo entero– es un artificio útil.

Insuficiencia

Si tiene sentimientos de insuficiencia, intente exagerar sus sentimientos y acciones.

- Hable consigo mismo sobre lo inadecuado y estúpido que es usted. Adopte un aspecto de estupidez. Exagere sus expresiones faciales.
- Muévase por la habitación en actitud de estúpido e inepto.

Adopte ahora los sentimientos contrarios.

- Mírese directamente a la cara en el espejo y diga: "Yo estoy bien".
- Dígaselo en voz alta diariamente durante una semana e, interiormente, cada vez que se vea a sí mismo reflejado en un cristal o en un espejo. Continúe hasta que el "Yo estoy bien" resulte convincente.
- Pregúntese: "¿Cómo estuve convencido de que yo no estaba bien?"

Ponga en marcha su grabadora particular y escuche las grabaciones Paternales sobre la insuficiencia de usted.

- Durante los dos días siguientes hágase consciente de todas las formas en que usted se descuenta.
- Luego, durante otros dos días interrúmpase cada vez que se esté descontando y niéguese a aceptar el ser descontado por los demás.
- Haga después una lista de todas las cosas que usted hace eficazmente. No pase por alto ningún detalle de la vida que usted efectúa adecuadamente.

- Empiece a coleccionar cupones dorados y dése uno cada vez que actúe confiadamente. Dígase: "Yo hice eso bien".

Impotencia

Empiece el ejercicio centrando su conciencia sobre la realidad de su edad cronológica.

- Mírese en un espejo de cuerpo entero. Examine su aspecto de frente, de espaldas y de costado.
- Examínese cuidadosamente desde lo alto de la cabeza hasta la base del cuello. Vea su piel, sus facciones y sus cabellos como verdaderamente son.
- Siga examinándose ahora hasta los dedos de los pies.
- ¿Corresponde la imagen de sí mismo que usted lleva dentro de su mente a la de la realidad que ve? ¿Observa algo que no había visto antes? ¿Le hace eso fruncir el ceño o sonreír?
- ¿Sabe usted quién es (un hombre/una mujer) o se siente de diferente manera: como un niño/una niña?

Ahora, ¿en qué aspectos actúa usted inapropiadamente dependiente o impotente?

- ¿Con dinero? ¿Adoptando decisiones? ¿Conduciendo un automóvil? ¿Eligiendo ropa? ¿Cómo?
- ¿Con quiénes actúa usted impotente? ¿Con quiénes competente? Explique esta diferencia de conducta.
- ¿Qué ventajas le ofrece actuar impotente? ¿Le da control sobre alguien? ¿Le "salva" de algo?

Si usted depende excesivamente del apoyo de los demás, imagine el caso contrario. Véase a sí mismo en una situación en la que las otras personas pueden depender de usted. Haga esto por cortos períodos durante una semana.

- Cuando se sienta preparado, haga en pequeña escala lo que se ha imaginado haciendo.
- Ponga luego a prueba sus habilidades en mayor escala. Pruebe una nueva habilidad, ofrézcase como voluntario para ayudar a resolver problemas comunitarios, proyecte una excursión para el fin de semana, tome una decisión sobre un asunto pendiente, haga por sí mismo algo que siempre ha dejado a otros hacer por usted.

Perfección

Si se preocupa indebidamente con detalles de su trabajo, su automóvil, su vestir, el jardín, la casa, etc., invente un ejercicio que *exagere* sus impulsos perfeccionistas.

- Por ejemplo, si usted procura que todo esté perfecto, exagere sus movimientos; es decir, agítese quitando el polvo, arreglando y rearreglando los papeles sobre su mesa, etc.
- Exprese verbalmente sus síntomas al tiempo que los actúa. "Mira qué perfecto soy. Admírame por ser tan perfecto. Yo puedo controlar a la gente porque soy así de perfecto. Soy tan perfecto que nadie me puede descontar."
- Cuando empiece a sentirse compelido por su perfeccionismo, repita este ejercicio exagerando su comportamiento.

Considere estas preguntas:

- ¿Qué vieja grabación de la memoria escucho que me dice que tengo que ser perfecto?
- ¿Qué sentimientos evito al intentar actuar perfectamente?
- ¿Cómo afecta este perfeccionismo a mi uso del tiempo?
- ¿Qué es suficientemente importante que merezca ser hecho perfectamente? ¿Qué no lo es?

Depresión

Cuando empiece a sentirse deprimido, mírese en el espejo.

- Examine cuidadosamente su rostro. ¿Cuál es su aspecto cuando está deprimido?
- Ahora, mírese de cuerpo entero. ¿Cómo mantiene los hombros, las manos el abdomen, etc.?
- ¿Se parece usted a alguna figura paternal?

Exagere ahora sus síntomas depresivos.

- Exagere primero sus expresiones faciales y corporales.
- Si tiende a retirarse y amurriarse, enrósquese, tápese la cabeza, extienda el labio inferior y coja una buena murria.
- Si tiende a llorar, consiga unos cubos imaginarios y llénelos de lágrimas imaginarias.
- Exagere todo síntoma del que esté consciente.

Hágase consciente ahora de cómo se *siente* su cuerpo cuando usted está deprimido.

- Si nota tensión por la zona de los hombros y del cuello, intente descubrir si esta tensión está relacionada con una persona en particular.
- Si éste es el caso, diga en voz baja: "Déjame en paz". Si esta frase "encaja", repítala en voz cada vez más alta, aumentando su volumen hasta que esté gritando.

Pregúntese ahora:

- ¿De qué otra manera podría emplear este tiempo si no estuviera aquí sentado, sintiéndome miserable?

A continuación, *invierta* sus síntomas depresivos.

- Si tiene los ojos tristes, la boca contraída o algún síntoma similar, cambie su expresión a la contraria.
- Si tiene la cabeza caída y los hombros inclinados, levante la cabeza, yérgase y dígase: "Yo no soy responsable de todo o de todos!" o "Yo estoy bien".

Temor

Siéntese y piense en todas las cosas o personas que le atemorizan. Escriba una lista de ellas.

- Coja su lista e imagínese a sí mismo enfrentado con cada cosa en ella, una a una.
- Exagere la experiencia (a fin de cuentas, es sólo una fantasía).
- ¿Qué es lo peor que podría pasar?
- ¿Cómo lidiaría usted con lo peor?

Experimente ahora con el sentimiento contrario al temor: la fiereza.

- Adopte un aspecto lo bastante feroz como para atemorizar a alguien.
- Muévase por la habitación mostrándose feroz hacia los objetos en ella. Observe su dominio cuando está siendo feroz.

Ahora, alternando, exagere primero su temor (tenga miedo de todos los objetos en la habitación), luego su ferocidad. ¿Recibió algunos mensajes? Si su temor se centra en una persona que usted conoce, imagine que ésta está detrás de usted.

- ¿Cómo se siente usted?
- Convierta mentalmente a esa persona en un oso u otro animal temible. ¿Cómo se siente usted ahora?
- En su mundo fantástico, busque algo que le agradaría a ese animal. Enfrente tranquilamente al feroz animal y haga algo bueno por él. ¿Qué ocurre?

Si le turban recurrentes pesadillas atemorizantes en las que algo o alguien le está persiguiendo, dígase que la próxima vez que tenga ese sueño se dará la vuelta y se enfrentará con su adversario. Permanezca confiado y tranquilo. Usted controlará la situación.

- Imagínese ahora persiguiendo a la persona o cosa que le atemorizó en el sueño. Véase a sí mismo como grande y poderoso.

Culpabilidad

Si se siente frecuentemente culpable, es probable que se esté autocastigando. Imagínese en un juzgado, siendo procesado. Considere la escena detalladamente.

- ¿Quiénes presencian el proceso?
- ¿Quién es el juez?
- Si hay jurado, ¿quiénes lo forman?
- ¿Hay presente alguien que le defienda? ¿Alguien que le acuse (persiga)?
- ¿Hay espectadores? Si es así, ¿qué veredicto desean para usted?
- Ahora, defiéndase a sí mismo exponiendo su caso.

Si en su diálogo interior practica usted el juego de atormentarse a sí mismo entre su Padre, que hace de juez, y su Niño, que es el demandado, represente esas dos polaridades de su personalidad utilizando dos sillas.

- Siente al juez (mandamás) en una de las sillas y al demandado (desvalido) en la otra. Inicie su diálogo con una acusación. Luego, cambiando de silla, presente su defensa.
- Si usted se siente culpable durante el transcurso de sus actividades cotidianas, deténgase un momento y exprese verbalmente el diálogo interior entre su mandamás y su desvalido (sus polaridades).

Considere ahora las preguntas:

- ¿Se disculpa usted y/o adopta con frecuencia un aspecto de culpabilidad para evitar responsabilizarse de sus acciones?
- ¿Ha sido usted entrenado para coleccionar cupones de culpabilidad, o es realmente culpable de algo significativo?

Si su culpabilidad se origina de un "crimen" que usted perpetró realmente contra otra persona o de algo importante que usted falló en hacer, pregúntese a sí mismo:

- ¿Cómo afecta esta carga a mi vida actual?
- ¿Qué hago yo a los demás a causa de ella? ¿Puedo hacer algo ahora para rectificar la situación?

- En caso negativo, ¿puedo aprender a aceptar esto como parte de una historia pasada que no se puede modificar?
- ¿He considerado en serio alguna vez la idea de perdonarme a mí mismo? ¿Qué podría significar este perdón en mi vida?

A veces, hablar de una transgresión ayuda. Busque a alguien que sepa escuchar, que no divulgará sus confidencias ni condenará o condonará su conducta. Hable con esta persona de su problema.

Perdonarse puede ser más fácil si usted "restituye" de alguna manera a alguien que necesite de una nueva oportunidad o ayuda de alguna clase. Consagrarse a enmendar algunas de las injusticias de la sociedad puede ayudarle a usted tanto como a ésta. No represente el rol de Salvador, ¡séalo de verdad!

Ansiedad

Si experimenta frecuentemente ansiedad, pregúntese:

- ¿Estoy destruyendo el presente por concentrarme en el futuro?
- ¿Siento ansiedad porque exagero un problema o porque le doy largas?
- ¿Hay algo que yo pueda hacer *ahora* para aliviar esta ansiedad: acabar un informe, hacer una lista, devolver un libro, llamar a determinada persona, estudiar para el examen, convenir en una cita, esbozar un esquema, acabar ese trabajo de limpieza?

Después, intente experimentar el "ahora". Es difícil permanecer con ansiedad si usted vive plenamente en el "aquí" y el "ahora". Enfoque completamente su atención en el mundo *externo*. (Vea Ejercicio 8, págs. 158-159.)

- Aguce sus sentidos. Hágase consciente de las vistas, los sonidos y los olores que le rodean.
- Exprese verbalmente y en forma literal lo que ha experimentado. Empiece su declaración con: "Aquí y ahora yo estoy consciente de..."

Concentre entonces su atención en su mundo *interno*.

- Hágase consciente del mundo que es su cuerpo: su piel, músculos, respiración, el latido de su corazón, etc.
- Una vez más, exprésese verbalmente, empezando: "Aquí y ahora yo estoy consciente de..."

Después de hacer esto durante varios minutos, pregúntese a sí mismo:

- ¿Empleo solamente algunos sentidos, dejando de lado a otros?
- Cuando me fijé en mi cuerpo, ¿hice caso omiso de al[illegible]tes de él? (En este experimento, muchas personas pasan por alto el hecho de que poseen órganos genitales y excretorios.)

- Si encuentra que no ha empleado todos sus sentidos o que ha dejado de lado ciertas zonas de su cuerpo, repita el ejercicio, prestando especial atención a esas zonas.
- Cada vez que observe que se está angustiando, empiece a experimentar el *ahora.*

Dificultad respiratoria y ansiedad van juntas. Cuando se note angustiado, co ansiedad, preste atención a su respiración. Perls sugiere el siguiente ejercicio

Exhale completamente cuatro o cinco veces. Respire luego suavemente, cuidando de exhalar, pero sin forzarse. ¿Puede usted sentir la corriente de aire en su boca, en su garganta, en su cabeza? Deje que el aire salga por la boca y sienta la corriente en su mano. ¿Mantiene el pecho distendido incluso cuando no entra aire? ¿Contrae usted el estómago durante la inspiración? ¿Puede sentir esta suave inhalación hasta el fondo del estómago y la pelvis? ¿Nota la distensión de las costillas en ambos lados y en la espalda? Observe la tensión de su garganta, sus mandíbulas, la oclusión de su nariz. Preste especial atención a la tensión de su diafragma. Concéntrese en estas tensiones y permita su desarrollo espontáneo.[11]

La próxima vez que se sienta excitado por una persona, situación, etc., hágas consciente de su respiración.[12]

- ¿Retiene usted la respiración?
- En ese caso, ¿qué está reteniendo?
- Intente respirar más profundamente.

Enojo

El deseo de causar daño y destruir a otras personas acompaña a menudo a sentimientos de enojo o enfado.

Si, durante su niñez, usted se sentía enojado frecuentemente con alguna figu paternal y en la actualidad colecciona sentimientos de enojo contra su jefe, cónyuge, compañeros de trabajo, profesores, alumnos, etc., intente representar roles. Emplee el método de las sillas.

- Imagine que la persona que le molesta está sentada frente a usted; dígale cómo está de enojado y por qué.
- Hágase consciente de la respuesta de su cuerpo a su enfado. ¿Se restringe o aguanta con alguna parte de su cuerpo? ¿Cierra los dientes? ¿El puño? ¿El colon? Exagere su restricción. ¿Qué descubre usted?
- Cuando se sienta preparado, cambie de rol y *sea* la otra persona. Responc como él lo haría si estuviera presente de verdad.
- Continúe el diálogo alternando roles.

- Si encuentra una frase que encaja o que le hace sentirse bien, tal como: "No te metas en camisa de once varas", "Deja de hacerme daño", "No me avergüences más", "¿Por qué no me protegiste?", repita esa frase varias veces, en voz cada vez más alta, hasta que esté usted realmente gritando.

Después, pongase de pie sobre un banquillo. Imagine que la persona que le inspira sentimientos de enojo está acobardada bajo usted.

- Mire hacia abajo a esta persona y dígale la razón de su enojo y su por qué. Diga todas las cosas que siempre quiso decir y nunca se atrevió.
- Si desea cambiar de rol, hágalo.

Algunas personas necesitan métodos seguros de disipar su ira. Esto requiere "dejarse ir".[13] El siguiente ejercicio es solamente para aquellas personas en buenas condiciones físicas.

- Póngase al lado de una cama o un sofá, levante los brazos sobre la cabeza, cierre los puños, encorve la espalda, baje los puños y golpee, aumentando cada vez más la fuerza de sus golpes sobre la cama. Haga ruido: gruña, gimotee, llore, chille. Conforme surjan palabras, dígalas en voz alta. Grite. Agótese a sí mismo.
- Cuando llegue a este punto de agotamiento o alivio, acuéstese y hágase consciente de su cuerpo y de sus sentimientos. Invierta por lo menos cinco minutos en esto. ¿Qué descubre usted?
- Para variar, puede golpear un boxibalón o boxear con un contrario imaginario con fuertes movimientos. Emita sonidos mientras se mueve.

Resentimiento

Toda colección negativa de cupones normalmente va acompañada de resentimiento. Este es a menudo una "demanda de que *la otra persona se sienta culpable*".[14]

Cuando usted se dé cuenta de que su resentimiento se está acumulando, maneje cada situación cuando ocurra y con quién ocurra, en vez de coleccionar y almacenar sus sentimientos para canjearlos tal vez por una gran recompensa o con una persona "inocente".

- Procure hablar del problema con la persona que le está molestando.
- Cuando intente esto, evite acusar a la otra persona.
- Dígale a ésta cómo le está afectando a usted la situación. Emplee el pronombre "yo" en vez del acusativo "tú". (Por ejemplo: "Yo me siento molesto con el humo", en vez de "Tu manera de echar humo cuando fumas muestra tu falta de consideración".)

Si está usted en un grupo de orientación psicológica para familias, intente establecer sesiones dedicadas a resentimiento y apreciación. Hay que aplicar determinadas reglas para que el procedimiento sea eficaz:

- Cada persona, a su turno, declara verbalmente los *resentimientos* que siente contra los demás; es importante que éstos escuchen, pero *que no se defiendan*. Las declaraciones de resentimiento han de ser soltadas, pero sin que se reaccione ante ellas.
- Después de exponer sus resentimientos, cada persona dice a los demás lo que aprecia en ellos.
- Cuando esté empezando a aprender a conducir este tipo de sesión, practíquela diariamente. Después, cuando pueda llevarla con facilidad, realícela semanalmente.

En algunas situaciones laborales, las sesiones de resentimiento y apreciación podrían ser útiles, en particular cuando las personas trabajan juntas constantemente y tienen lugar fácilmente irritaciones personales.

- Si se intentan estas sesiones, *todos* los miembros deben ponerse de acuerdo sobre la duración de un período de prueba: por ejemplo, dos meses.
- Al final de este período se podría reevaluar la utilidad del procedimiento. Si los participantes decidieran continuar, podrían determinar adaptaciones y establecer la frecuencia de las sesiones: cada dos o tres semanas o a cualquier intervalo que pareciera práctico.

Otros sentimientos

Si usted alberga un sentimiento molesto que no ha sido tratado en los ejercicios anteriores:

- Exagere su síntoma: muévase de aquí para allá, haga ruido, mírese a sí mismo.
- Mantenga la conciencia de su cuerpo y exagere su reacción corporal.
- Experimente lo contrario de sus sentimientos.
- Desarrolle un diálogo entre el mandamás y el desvalido.
- Asuma cierta responsabilidad de sus sentimientos. Por ejemplo, en vez de decir que "eso/él/ella me deprime", diga: "Estoy dejándome deprimir"

3. Rastreo de viejos sentimientos

La próxima vez que esté usted consciente de haber reaccionado excesiva o inapropiadamente ante la situación, intente rastrear sus sentimientos hasta la escena original.*[15]

---

* Diana empleó esta técnica (pág. 184). Puede que usted desee repasar ese ca

- En cuanto ocurra la situación, pregúntese a sí mismo: "Qué estoy sintiendo ahora mismo?"
- ¿Hay otro sentimiento por debajo del superficial? ¿Enojo bajo la culpabilidad? ¿Temor bajo el odio? ¿Impotencia bajo la ira?
- ¿Qué me recuerda este sentimiento? ¿Cuándo lo he sentido antes?
- Vuelva a la escena original:
  - ¿Dónde ocurrió?
  - ¿Quién fue el director?
  - ¿Quiénes fueron los personajes?
  - ¿Qué roles fueron representados?
  - ¿Cómo se sintió usted?

Represente los roles de esta escena junto con otras personas dispuestas a colaborar, si es que las hay. Si no, intente representar solo los diversos papeles.

4. Los mensajes de su camiseta deportiva

¿Envía a la gente mensajes que causan que ellos digan de usted que es:

sabio como un búho, vil como una serpiente, rapaz como un buitre,
orgulloso como un pavo real, maloliente como un zorrillo,
gallo sin espolones, testarudo como una mula, loco como una cabra,
estúpido/fuerte como un buey, astuto como una zorra,
feliz como un pájaro, parlanchín como una cotorra,
manso como un cordero, desgarbado como un ganso?

- Si es así, ¿cómo les da usted esta impresión? ¿Qué postura, expresión facial, gesto, tono de voz, etc., emplea usted?

Ahora pregunte a por lo menos cinco personas[16] cómo le percibirían a usted si fuese

un color, un país, una clase de comida, música
un personaje famoso, un estado atmosférico, una raza de perros,
una parte del cuerpo, un artículo de vestir, un género literario,
un mueble.

Después de recibir retroalimentación sobre lo anterior, estúdiela. Después, considere estas preguntas:

- ¿Qué mensajes envía usted a los demás que hacen que ellos le perciban de esta manera?
- ¿Cuáles de esos mensajes son provocaciones? ¿Evasiones? ¿Descuentos?
- ¿Posee usted una colección de camisetas que lleva a diversos lugares con gentes diversas?

- ¿Son éstos los mensajes que usted desea enviar? Si no, ¿qué podría hacer de manera diferente?

5. Repaso de su guión

Lea rápidamente lo siguiente. Escriba la primera cosa que se le ocurra. Luego, vuelva al principio y rellene los blancos después de pensar más a fondo. Siga completando el repaso[17] mientras acaba este libro.

Califique sus sentimientos respecto de sí mismo y de los demás durante la mayor parte del tiempo.

Yo estoy bien ______________________________ Yo estoy ma

Los demás están bien ______________________________ Los demás están ma

Cosas con las que me siento bien ______________________________

Cosas con las que no me siento bien ______________________________

Califíquese ahora en relación con su identidad sexual.

Yo estoy bien (hombre/mujer) ______________________________ Yo estoy ma (hombre/mujer)

Los hombres están bien ______________________________ Los hombre están ma

Las mujeres están bien ______________________________ Las mujere están ma

Los mensajes de mis camisetas ______________________________

Mi colección de cupones ______________________________

Formas en que canjeo mis cupones ______________________________

El rol manipulativo básico ______________________________
(Perseguidor, Salvador, Víctima)

Roles complementarios de ____________ representados por mi ____________

Mis juegos preferidos:

____
como Perseguidor ¿con quié

____
como Salvador ¿con quié

____
como Víctima ¿con quié

Clase de guión ______________________________

(constructivo, destructivo, improductivo)

Tema del guión ______________________________

Epitafio si cayera el telón ahora mismo ______________________________

Clase de drama ______________________________

(farsa, tragedia, melodrama, epopeya, comedia, etc.)

Reacción pública a mi drama ______________________________

(aplauso, aburrimiento, asombro, lágrimas, hostilidad)

Nuevo guión si se desea ______________________________

Nuevo epitafio si se desea ______________________________

Contratos hechos consigo mismo para el nuevo guión ______________________________

____

9

EL ESTADO ADULTO DEL YO

La mente del hombre extendida a una
nueva idea nunca vuelve a sus
dimensiones originales.
OLIVER WENDELL HOLMES

La gente se siente a menudo imposibilitada de retirarse de una situación desagradable o desgraciada. Suponen que están atrapadas en un empleo, en una comunidad, en un matrimonio o familia o en una manera de vivir. No ven las alternativas de buscar un nuevo empleo o de mejorar el que tienen, de mudarse fuera de la comunidad, de cambiar la pauta de su matrimonio, de renunciar a unas relaciones o de querer y disciplinar a sus hijos más efectivamente. Limitan su percepción del problema al no ver alternativas posibles o soluciones evidentes. Utilizan un enfoque estrecho y lo repiten una y otra vez, aunque, claro está, esto no resuelve o cambia la situación.

EL FENÓMENO DE LA TRAMPA DE GOLPEARSE

A veces, la renuencia o la negativa a ver la situación total da por resultado que la persona evita lo evidente: el diagnóstico, la solución, la ruta de escape evidentes, etc. Berne se ha referido al evitar lo evidente como "la trampa de golpearse". Cuando una persona es atrapada en una trampa de golpearse, continúa golpeándose obligatoriamente contra la misma situación. Se parece mucho a un macho cabrío que embiste contra un muro rocoso porque quiere algo que está detrás de éste, sin pensar que hay otras maneras de llegar allí que no son el arremeter con la cabeza. La persona espera que, si se limita a continuar intentando tenazmente, conseguirá de alguna manera atravesar la barrera y alcanzará lo que desea.

Las personas atrapadas en trampas de golpearse se expresan a menudo verbalmente con declaraciones tales como:

Lo intento repetidamente y nunca llego a ningua parte.

> Día tras día siento como si me estuviese golpeando la cabeza contra una pared de ladrillos.

He intentado durante años y no puedo llegar a sitio alguno.

Se lo he dicho a ese chico una y otra vez y no he conseguido que me entienda.

Un individuo que fortalece su Adulto puede dejar de golpear la pared con la cabeza el tiempo suficiente para ver que, evidentemente, *no tiene* que hacerlo. Está entonces en libertad para examinar su situación desde un punto de vista más objetivo, utilizando la capacidad completa de su Adulto para poner a prueba la realidad, buscar soluciones alternativas, evaluar las consecuencias de cada alternativa y escoger.

EL ADULTO

Todo el mundo tiene un Adulto; y, a menos que su cerebro esté seriamente lesionado, toda persona puede utilizar la capacidad para la organización de datos de su Adulto. La cuestión, a menudo discutida, de madurez contra inmadurez es inaplicable en el análisis estructural. La llamada "inmadurez" es la conducta infantilizada expresada habitual e inapropiadamente.

El Adulto puede ser utilizado para razonar, para evaluar estímulos, para reunir información técnica y para guardar esta información para futura referencia. Además, le facilita a la persona sobrevivir independientemente y ser más selectiva con sus respuestas. Berne ha dicho que el Adulto

...es un conjunto independiente de sentimientos, actitudes y normas adaptados a la realidad corriente y que no están afectados por prejuicios Paternales o por actitudes arcaicas dejadas en él desde la infancia... El Adulto es el estado del yo que hace posible la supervivencia.[1]

...está interesado principalmente en transformar estímulos en fragmentos de información y en procesar y archivar esa información con base en la experiencia previa.[2]

...está interesado en la recogida y manipulación autónomas de datos y en la evaluación de probabilidades como base para la acción.[3]

...es organizado, adaptable e inteligente, y es experimentado como una relación objetiva con el ambiente exterior con base en la prueba autónoma de la realidad.[4]

La prueba de la realidad es el proceso de comprobar qué es real. Esto implica separar los hechos de la fantasía, las tradiciones, las opiniones y los sentimientos arcaicos. Incluye percibir y evaluar la situación actual y relacionar los datos con el conocimiento y la experiencia anteriores. La prueba de la realidad permite al individuo encontrar soluciones alternativas.

Cuando una persona tiene soluciones alternativas, puede evaluar las posibles consecuencias de las diversas líneas de acción. Las funciones de la prueba de la realidad y la evaluación de probabilidades del Adulto sirven para el caso de aminorar las posibilidades de fracaso y arrepentimiento e incrementar la posibilidad del éxito creador.

Una persona insatisfecha con su trabajo, pero programada para "aguantarlo sin más", puede probar la realidad de su valía y decidir si éste es apropiado o no para él. Si decide que "aguantarlo sin más" no es bueno para él, puede buscar alternativas basado en su capacidad, talento, interés, oportunidades de trabajar, etc. Para obtener datos puede acudir a un consejero de orientación profesional, solicitar entrevistas con directores de personal, pasar una prueba de aptitud, estudiar anuncios de periódicos, buscar (y leer) información que amplíe su conocimiento de las oportunidades laborales.

Puede estudiar cuidadosamente lo que en realidad quiere de un empleo: seguridad, un horario flexible, una cuenta de gastos, viajes profesionales, horas normales, un desafío intelectual, ocasión de estar con gente, etc. Puede decidir qué satisfacciones significan más para él y en qué formas está dispuesto a comprometer sus satisfacciones. Puede seleccionar las alternativas disponibles, evaluar las consecuencias probables y adoptar una línea de acción que le rendirá la máxima satisfacción.

El criterio para actuar desde el Adulto no se basa en lo correcto de las decisiones, sino en el proceso de la prueba de la realidad y la evaluación de las probabilidades por las cuales se adoptan las decisiones. Coloquialmente, " 'Este es tu Adulto', significa: 'Tú acabas de hacer una evaluación objetiva y autónoma de la situación y estás explicando esos procesos mentales, o los problemas que percibes, o las conclusiones a las que has llegado, en una manera no perjudicial' ".[5]

La calidad de las decisiones dependerá de lo bien informado que esté el Adulto y de lo bien que el Adulto pueda seleccionar y utilizar la información de su Padre y de su Niño. Sin embargo, incluso si una persona adopta decisiones basadas en hechos que ella misma organiza, sus decisiones no son necesariamente "correctas". Siendo humanos, tenemos a veces que decidir basados en datos incompletos y podemos sacar conclusiones equivocadas.

> Una señora mayor puede mirar bien antes de cruzar la calle, pero puede no darse cuenta de que un camión se acerca rápidamente.
>
> Un joven puede considerar todos los detalles que puede obtener antes de aceptar un empleo, solamente para encontrarse después con que el jefe tiene una esposa solitaria y exigente.
>
> Un científico puede trabajar durante años en un proyecto y fallar después porque le falta una pieza esencial de conocimiento.

Algunas personas conocen muchos detalles en un terreno, pero pocos en otros.

Un banquero competente puede ser un novato en la solución de problemas que implican relaciones humanas.

Una competente ama de casa sería probablemente incapaz de discutir sobre turbinas.

Un mecánico competente será probablemente incapaz de diagnosticar la enfermedad de su hijo.

LOS LIMITES DE LOS ESTADOS DEL YO

El sentido de la *auténtica personalidad* de un individuo puede ser experimentado en cualquiera de los estados del yo, dependiendo de dónde reside la energía psíquica libre en ese momento particular. Cuando la sensación de la propia personalidad es experimentada en un estado del yo, los otros pueden estar inactivos. No obstante, los otros están siempre allí y poseen el potencial para poderse activar.

En el momento en que la persona está expresando enfado Paternal, siente: "Este soy yo realmente", aunque este Yo reside en un estado del yo prestado. En otro momento, cuando se encuentra sumando objetivamente las cuentas de uno de sus clientes, repite de nuevo: "Este soy yo 'realmente', sumando estos números". Si se enfurruña como lo hizo cuando niño, siente en ese momento: "Soy yo el que está 'realmente' enfurruñado". En estos ejemplos, la energía libre que origina la experiencia del "yo real" residía en el Padre, el Adulto y el Niño, respectivamente.[6]

Es provechoso pensar que cada estado del yo tiene sus límites. Berne ha sugerido que los límites del yo pueden ser considerados como membranas semipermeables a través de las cuales la energía psíquica puede fluir de un estado del yo a otro.[7] Los límites del yo deben ser semipermeables; de otra manera, la energía psíquica estaría estrechamente relacionada con un estado del yo e imposibilitada de moverse espontáneamente con los cambios de situación.

En algunas personas altamente eficientes, el flujo de energía puede ser bastante rápido; en otras, puede ser lento. La persona cuya energía libre se mueve rápidamente puede ser excitante y estimulante, pero otros pueden hallar difícil el mantenerse a su ritmo apresurado. Aquel cuya energía se mueve más lentamente es la persona lenta al empezar y lenta al detener sus actividades, incluyendo el pensar. Otras personas pueden impacientarse con su lentitud, aunque sus respuestas sean de la mejor calidad.

La fisiología de los límites de los estados del yo no ha sido todavía comprendida, pero el suponer que éstos existen es posible al observar defectos específicos del comportamiento. Algunas personas actúan continuamente en formas imprevisibles; otras son tan previsibles que parecen monótonas; algunas explotan o se deshacen a la menor provocación; el pensar de otros sufre distorsiones causadas por los prejuicios y las equivocaciones. Esos desórdenes son causados por límites de los estados del yo que son muy laxos o muy rígidos, están lesionados o superpuestos uno sobre otro.

LOS LIMITES LAXOS DEL YO

Samuel Butler escribió: "Una mente abierta está completamente bien a su manera, pero no debe serlo tanto que no mantenga algo dentro y fuera de ella. Debe ser capaz de cerrar sus puertas a veces, o puede encontrarse con una corriente molesta." Una persona con límites laxos del yo no cierra las puertas entre sus estados del yo; parece carecer de identidad y da la impresión de ser descuidada en su conducta.[8] La energía psíquica se desliza de un estado del yo a otro en respuesta a estímulos muy poco importantes. Puede encontrar grandes dificultades para funcionar en el mundo real y encontrarse en seria necesidad de ayuda profesional.

Una mujer con este problema de límites fue descrita por otras en un grupo de orientación: "Tú nunca sabes qué es lo que le pasa por dentro o lo que va a hacer a continuación". Una personalidad con límites laxos puede ser representada como aparece a continuación:

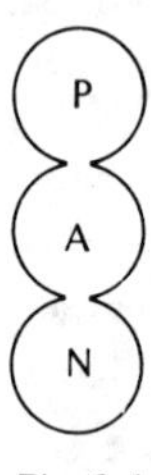

Fig. 9-1

La persona con límites laxos del yo tiene poco control Adulto. Su comportamiento no es el mismo que el de la persona cuya energía psíquica se mueve rápidamente de un estado del yo a otro, pero bajo el control del Adulto. En este último caso, la conducta de la persona puede ser bastante racional. En el caso anterior es imprevisible, a menudo irracional.

LOS LIMITES RIGIDOS DEL YO

Los límites rígidos de los estados del yo no permiten el libre movimiento de la energía psíquica. Es como si una gruesa pared mantuviese la energía psíquica confinada en un estado del yo, excluyendo a los otros dos. Este fenómeno se llama *exclusión*. El comportamiento de las personas que tienen este problema parece *rígido* porque tienden a responder a la mayoría de los estímulos solamente con *uno* de sus estados del yo. La persona es siempre Padre, siempre Adulto o siempre Niño.*

Si una persona utiliza solamente su estado Padre del yo o su estado Niño del yo y no utiliza su Adulto, es probable que esté seriamente perturbada. No está en contacto con lo que ocurre en la actualidad. No está probando la realidad del aquí y del ahora.

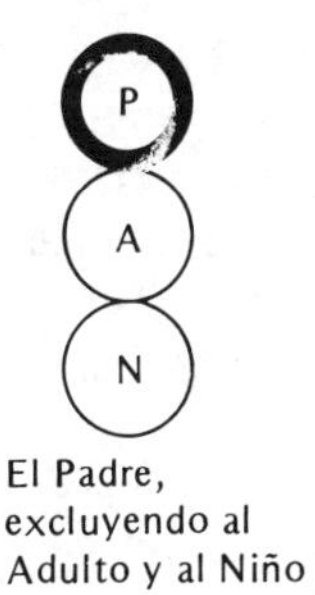

El Padre, excluyendo al Adulto y al Niño

El Adulto, excluyendo al Padre y al Niño

El Niño, excluyendo al Padre y al Adulto

Fig. 9-2

Si una persona excluye a su Padre y a su Niño, utilizando su Adulto, puede ser un aburrido o un pelele sin pasión ni compasión. Berne describió al Adulto excluyente como "desprovisto del encanto, la espontaneidad y lo divertido que son las características del niño saludable e... incapaz de inclinarse a un lado u otro con la convicción o indignación que se encuentra en padres saludables".[9] Responder rígidamente desde sólo uno de los estados del yo es un problema bastante serio de la personalidad para poder beneficiarse de la ayuda profesional.

Hay personas con un problema semejante al de la exclusión, pero en un nivel menos serio. Estas favorecen el utilizar un estado del yo bastante consistentemente sobre los otros dos, pero éstos no son totalmente excluidos. En los ejemplos que van a continuación nos referiremos a este menos serio problema de límites del yo como Padre Constante, Adulto Constante y Niño Constante.

El Padre Constante

La persona que funciona principalmente desde el estado Padre del yo trata a menudo a los demás, incluso a sus colegas de negocios, como si fuesen niños.

---

* Una variación de este problema se encuentra en la persona que elimina solamente uno de los estados del yo. En algunos casos, cuando una persona posee pocas buenas cualidades en su Padre, esto puede ser adecuado. Puede aprender a actuar paternalmente con otros desde su Adulto y a poner su Niño interior bajo control Adulto o puede ser de nuevo paternalmente cuidado.

Tal conducta puede hallarse en la secretaria que "cuida de" los problemas de todos en la oficina o en el director de una compañía que trata de manejar la vida personal de sus subordinados, que no puede ser abordado razonablemente o que muestra poco o ningún sentido de humor. Sabiéndolo o no, el Padre Con tante colecciona gente dispuesta a ser dependiente de o subordinada a él y a menudo se coloca a sí mismo con alguien en el rol complementario de Niño Constante.

Un tipo de Padre Constante es trabajador y con un fuerte sentido del debe Puede ser juicioso, crítico de otros y moralista; puede no reír ni llorar desde su Niño ni ser objetivamente razonable desde su Adulto. El se "las sabe todas", manipula a los otros desde su postura de mandamás y es dominante, abrumbador y autoritario.

El género específico de ocupaciones que otorga autoridad sobre otros atrae a este tipo de persona dominante. Algunos presidentes de firmas comerciales, algunas amas de casa, algunas personas en las jerarquías eclesiática o escolar, algunas figuras militares o políticas y, desde luego, algunos dictadores buscan esas posiciones porque satisfacen sus necesidades de ejercer poder paternal sobre los demás. Muchos negocios multimillonarios se abrieron paso originalmente gracias a la vigorosa determinación de un hombre de esta naturaleza cuya relación empleado/patrono fue la de un Niño obediente y un Padre autoritario.

Otro tipo de Padre Constante es el perpetuamente nutricio o salvador. El puede representar el rol de dictador benévolo o ser una persona virtuosa que dedica su vida a ayudar a los demás. Las frases que siguen pueden asociarse con él:

el 100% disponible: "Llámame siempre que me necesites";

el perpetuo sacrificado: "Yo puedo pasar sin eso; es mejor que lo tengas tú";

el salvador perpetuo: "No te preocupes, yo puedo ayudarte siempre".

Un nutricio constante es a menudo atraído por una de las profesiones "serviciales" y puede ser muy efectivo. Sin embargo, si mantiene a los otros innecesariamente dependientes, está exagerando sus capacidades nutricias y hace más daño que beneficio.

El Adulto Constante

La persona que funciona principalmente como Adulto Constante es consistentemente objetiva, incomplicada e interesada primordialmente en la manipulación de hechos y datos. Puede parecer insensible y antipática; puede no simpatizar con alguien con dolor de cabeza y puede que sea aburrido en una fiesta.

Las personas que muestran el problema de los límites rígidos del Adulto Constante pueden buscar empleos orientados hacia objetos en vez de hacia la gente. Pueden seleccionar vocaciones en las cuales el pensamiento abstracto desprovisto de emoción es apreciado. Pueden ser atraídos, por ejemplo, hacia la contabilidad, la programación de computadoras, la ingeniería, la química, la física o las matemáticas.

El Adulto Constante experimenta frecuentemente dificultades en su empleo si le es conferido un cargo que requiere la supervisión de otros. Con poco de Padre cuidadoso o de Niño amigo de divertirse, sus relaciones serán probablemente estériles. Sus subordinados pueden sentirse desdichados porque él los acaricia muy poco. Muchas situaciones laborales sufren si en ellas nadie actúa como Padre Nutricio. Un médico con este problema puede emitir un diagnóstico competente, pero sus pacientes pueden protestar de que él no tiene "tacto con los enfermos", que es frío, apartado y no se preocupa por ellos. Un paciente quirúrgico puede estar mejor preparado emocionalmente para la intervención si el doctor le dice paternalmente: "Ahora, no te preocupes; cuidaremos muy bien de ti", en vez de un muy objetivo: "Usted tiene un cincuenta por ciento de probabilidades de sobrevivir esta operación".

El Niño Constante

La persona que funciona principalmente como Niño Constante es la que es perpetuamente niño (o niña) pequeño que, como Peter Pan, no quiere crecer. No piensa por sí mismo ni adopta sus decisiones, ni acepta responsabilidad por su propio comportamiento. El puede mostrar tener poca conciencia en sus relaciones con otras personas. El Niño Constante se apega a alguien que va a cuidar de él. Un hombre o una mujer que quiere ser "tenido", mimado, castigado, premiado o aplaudido es probable que busque un Padre Constante que pueda permitirse ese lujo.

Las personas con este problema de límites del yo son frecuentemente exitosos como actores en el escenario o en el terreno de juego. No obstante, sin funcionamiento adecuado del Adulto, el actor puede derrochar su salario impulsivamente, acabando a menudo arruinado. Otros tipos de trabajos que pueden ser atrayentes para el Niño Constante son los rutinarios por autonomasia y que no requieren la toma de decisiones; por ejemplo, en una línea de montaje.

CONTAMINACION DEL ADULTO

El pensamiento claro del Adulto se deteriora a veces por *contaminación.* Puede decirse que la contaminación es como una intrusión del Padre y/o del Niño en los límites del Adulto.

La contaminación tiene lugar cuando el Adulto acepta como *verdad* algunas creencias infundadas del Padre o falseamientos del Niño y racionaliza y justifica esas actitudes. Esas intrusiones son problemas de los límites del yo y pueden ser representadas como aparecen a continuación:

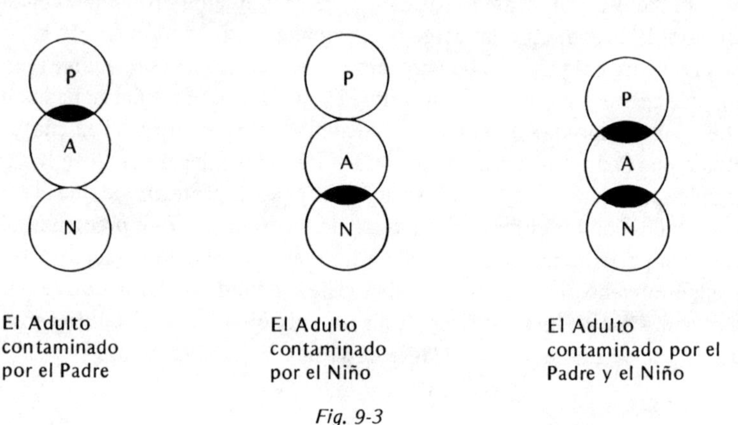

El Adulto contaminado por el Padre

El Adulto contaminado por el Niño

El Adulto contaminado por el Padre y el Niño

Fig. 9-3

Contaminación desde el estado Padre del yo

En casos extremos, la contaminación desde el Padre es experimentada como alucinaciones,[10] las percepciones *sensoriales* de cosas irreales. Una persona está alucinada cuando ve algo que no está allí o cuando imagina que oye voces que le acusan o le ordenan, por ejemplo: "Tú eres un monstruo"; "Mata a esos bastardos. No se merecen vivir."

En menor grado, las contaminaciones desde el Padre son prejuicios: opiniones tenazmente mantenidas, las cuales no han sido examinadas basados en datos objetivos. Las figuras paternales expresan a menudo sus prejuicios a los niños con tanta convicción que parecen hechos reales. La persona que cree esas opiniones Paternales sin evaluarlas tiene un Adulto contaminado.

Butler ha dicho: "La diferencia entre una convicción y un prejuicio es que puedes llegar a explicar una convicción sin llegar a enfadarte". Las contaminaciones Paternales a menudo aparejan considerable emoción y pueden ocurrir en relación con temas específicos como la comida, la religión, la política, las clases sociales, las razas y el sexo.

La contaminación de una mujer era en la zona de los roles femeninos. Elena creía, como su madre antes que ella, que las madres que trabajan descuidan a sus hijos. Cuando su opinión fue disputada, ella hizo una encuesta en el suburbio para probar su punto de vista. Primero entrevistó a una serie de madres trabajadoras y de otras que no lo eran. Con permiso de los padres habló de los niños con sus maestros, preguntando sobre la competencia de aquellos, su independencia y estabilidad emocional.

Cuando sus descubrimientos fueron tabulados, esas cualidades particulares fueron ligeramente más altas (aunque no muy significativamente) en los hijos de madres trabajadoras que en los de madres no trabajadoras. No obstante, Elena no creía en su propia investigación. En vez de eso, racionalizaba: "Esos maestros me mintieron porque la mayoría de ellos son madres que trabajan y no quieren aparecer mal por sí mismos".

Las afirmaciones preconcebidas generalmente se expresan como hechos:

No se puede confiar en los negros.
No se puede confiar en los hombres.
No se puede confiar en los republicanos.
No se puede confiar en los niños.

No se puede confiar en los blancos.
No se puede confiar en las mujeres.
No se puede confiar en los demócratas.
No se puede confiar en las personas de más de treinta.

A veces, grandes segmentos de la sociedad están de acuerdo con ideas preconcebidas. Por ejemplo, la mayoría de los habitantes de una ciudad puede llegar a creer que las casas fuertes deben ser edificadas con ladrillos, a pesar de que la ciudad está ubicada sobre una falla geológica.

La contaminación se impone con frecuencia sobre las leyes de la sociedad. Hasta hace poco, bajo las leyes del estado de Texas, un hombre que matara a su esposa adúltera había cometido un homicidio justificado; sin embargo, si una mujer matara a su marido por el mismo motivo, se consideraba como homicidio en primer grado. La misma dinámica parecía estar en función cuando un representante del estado de Wyoming introdujo a principios de 1969 un proyecto de ley en favor de la concesión del voto a los jóvenes de diecinueve años, a excepción, sin embargo, de aquellos que llevasen el pelo largo. El legislador advirtió: "Si van a ser ciudadanos, deben parecerlo".

Contaminación desde el estado Niño del yo

Contaminación grave desde el estado Niño del yo ocurre a menudo a causa de alguna falsa ilusión. Una de las más comunes es el delirio de grandeza. En su forma extrema, la persona puede creerse el salvador del mundo o la autoridad mundial. Otra falsa ilusión corriente es sentirse perseguida. Una persona puede creer, equivocadamente, que está siendo envenenada, espiada o que es víctima de una conspiración.

En las formas menos severas, una persona cuyo Niño contamina a su Adulto tiene una percepción deformada de la realidad. Puede, por ejemplo, creer y decir:

"El mundo me debe la vida resuelta."

"La gente habla de mí a espaldas mías."

"Es imposible que alguien pueda: perdonarme/amarme/quererme/tenerme antipatía."

"Algún día seré rescatado."

Una mujer que mantiene la ilusión de que un día llegará su príncipe puede permanecer en un puesto servil, como una Cenicienta, "esperando" a un salvador. Ella supone que se va a casar y solamente está haciendo tiempo hasta que "él" llegue.*

Un niño aprende deformaciones de muchas maneras. Algunas le son enseñadas; otras las crea él mismo. Por ejemplo, un niño puede tener una pesadilla en la cual un monstruo que está debajo de su cama le va a devorar. Si su madre amonesta al monstruo: "No te atrevas a comerte a mi niñito, ¡mal bicho! ¡Fuera fuera de aquí!", ella está reforzando la deformación. Si ella le dice en cambio: "Yo he mirado debajo de la cama y no hay monstruo alguno. Has debido tener un sueño horrible que te pareció muy verdadero", ella ayuda al niño a separar la realidad de las ficciones de su imaginación, proporcionándole información correcta sin rebajar su capacidad de "soñar cosas".

La doble contaminación ocurre cuando tanto los prejuicios del Padre como las ilusiones del Niño envuelven al estado Adulto del yo como capas. En vez de ser objetivamente consciente de los hechos, el Adulto intenta racionalizar las contaminaciones. Si esas deformaciones son eliminadas, la persona tiene una percepción más clara de lo que es real.

Cuando los límites de los estados del yo son realineados, la persona entiende a su Niño y a su Padre en vez de ser contaminada por esas influencias. Un cliente describió este proceso de descontaminación cuando dijo: "Yo solía tener la extraña idea de que nadie podía gustar de mí. Ahora veo que eso es exactamente lo que yo sentía en mi casa cuando niño. Ahora me doy cuenta de

---

* Si esta mujer cambiara su suposición a: "Yo no me casaré nunca", podría reconsiderar su contaminación y reexaminar sus opiniones sobre su educación, su trabajo, el lugar donde vive y hacia dónde se encamina su vida.

que no le gusto a todo el mundo, pero le gusto a mucha gente." El darse cuenta de esto incrementa las posibilidades de la persona de convertirse en un triunfador.

LESIONES EN LOS LIMITES

Una persona con lesiones en los límites del yo es la que muestra un comportamiento incontrolable al ser tocada en sus "puntos débiles". Su psique ha sido gravemente dañada por un suceso traumático o por una serie de experiencias desgraciadas durante su infancia. Cuando alguien roza los puntos débiles (o doloridos) la herida puede "abrirse" con una efusión de emociones fuertes e irracionales. Esto se observó en un grupo de orientación psicológica. Una mujer le preguntó a un hombre: "¿Podría usted, por favor, mirarme cuando me esté hablando?" Ante esta simple petición, él se volvió hacia ella con una explosión de cólera y gritando: "¡Usted sabe de verdad cómo ponerme en el disparadero, condenada!"

Una indicación de lesión se da cuando una persona se desmaya a la vista de un ratón, se pone histérica al oír el ruido de un trueno o siente pánico y se esconde ante la perspectiva de tener que actuar, etc. Algunas personas rompen a llorar o se hunden en depresión cuando son ligeramente criticadas. Una lesión se manifiesta generalmente por una reacción exagerada ante la realidad del estímulo. Si aquella interfiere con el funcionamiento adecuado, es necesaria la ayuda profesional.

EL ADULTO COMO DIRECTIVO DE LA PERSONALIDAD

Toda persona posee el potencial necesario para poner a su Adulto en control directivo de sus estados del yo. Si es liberado de la negativa o inaplicable influencia de su Padre y de su Niño, se ha emancipado para adoptar sus propias decisiones autónomas.

A menos que el individuo posea una conciencia Adulta de sí mismo, la mayoría de los estímulos exteriores serán probablemente sentidos y respondidos antes o por el Padre o por el Niño, o por ambos. Cuando el Adulto se convierte en directivo, la persona aprende a recibir más estímulos a través de su Adulto. Se detiene, mira y escucha por sí misma, tal vez contando hasta diez, y piensa. Evalúa antes de actuar y acepta la responsabilidad total de sus pensamientos, de sus sentimientos y de su conducta. Asume la tarea de decidir cuáles de las posibles respuestas en sus estados del yo son apropiadas, utilizando aquellas que son aprobadas desde su Padre y desde su Niño.

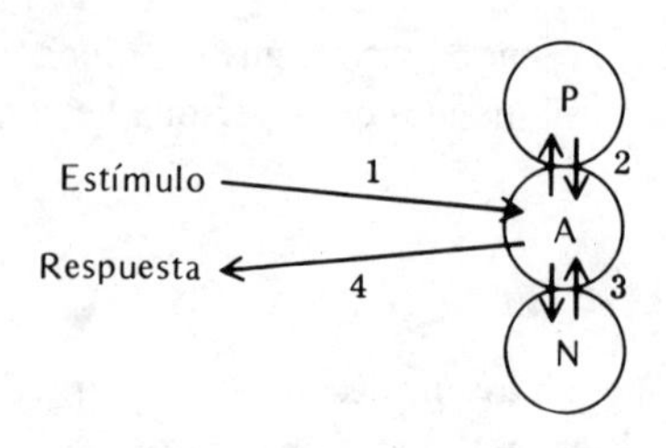

El Adulto como directivo

Fig. 9-4

En algunos casos, la persona puede echar una ojeada a la situación y decidir que lo que su madre o su padre haría es lo apropiado. El puede decidir, por ejemplo, consolar compasivamente a un niño que llora perdido en un gran almacén, lo mismo que hubieran hecho sus padres (fig. 9-5a). En otra ocasion, puede rechazar la respuesta de su Padre y retener un comentario crítico que aprendió de su padre (fig. 9-5b).

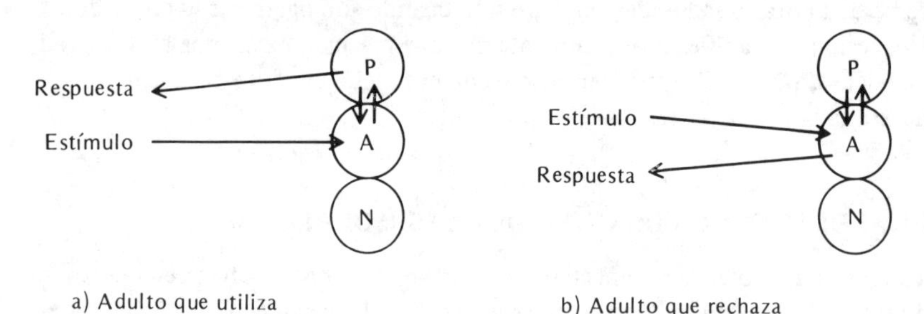

a) Adulto que utiliza la programación Paternal.

b) Adulto que rechaza la programación Paternal

Fig. 9-5

En algunos casos, la persona puede echar una ojeada a la situación y decidirse a responder como lo hizo cuando niño. Por ejemplo, al pasar cerca de un lago en un día caluroso, puede parar repentinamente su automóvil, comprobar si el sitio es seguro y zambullirse rápidamente en el agua para refrescarse. En otra ocasión puede rechazar un impulso del Niño a "jugar".

Según Berne, la persona controlada por un Adulto directivo "aprende a ejercitar su intuición y control Adultos para que esas cualidades como de niño emerjan solamente en ocasiones y con la compañía apropiadas. Junto con esas experiencias de conocimiento disciplinado y relaciones disciplinadas va la creatividad disciplinada".[11]

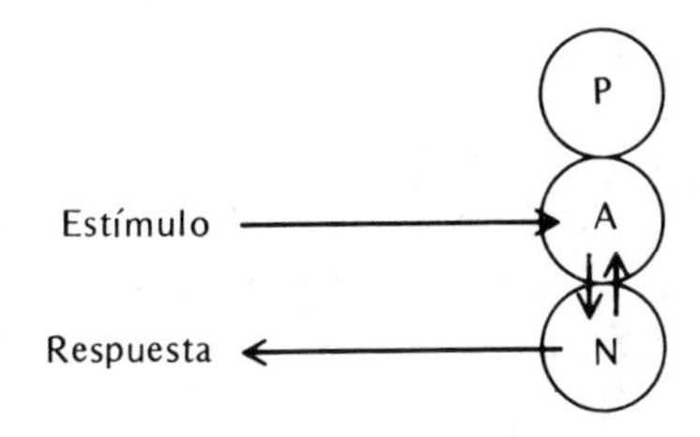

a) Adulto que utiliza la programación del Niño

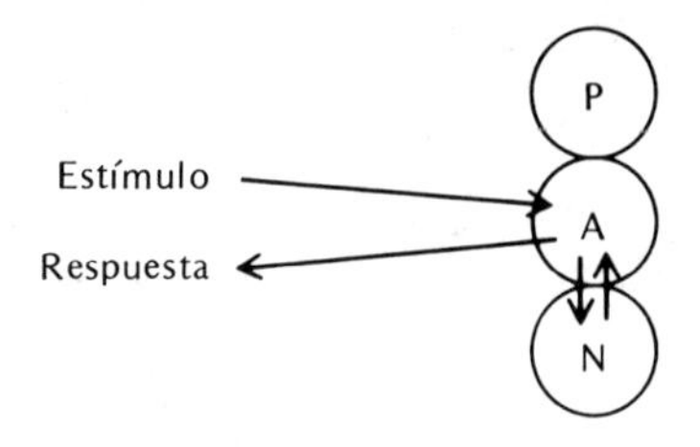

b) Adulto que rechaza la programación del Niño

Fig. 9-6

El hacer una elección consciente implica controlar la energía psíquica de manera que una persona pueda realmente pasar de un estado del yo a otro cuando sea apropiado. Por ejemplo, por un acto de libre albedrío, una persona puede pasar del desdén del Padre al interés del Adulto, o del resentimiento del Niño a las acciones constructivas del Adulto. Esta capacidad se ilustra por el incidente siguiente que relataron dos estudiantes.

Juana e Isabel, ambas instruidas en AT, estaban estudiando juntas para un curso que las dos seguían. Sus hijos pequeños estaban jugando silenciosamente en la cocina cuando, de pronto, se oyó un fuerte ruido como de algo que caía y el aterrorizado llanto de los niños. Juana salió corriendo inmediatamente hacia la cocina a ver qué ocurría, como hubieran hecho sus propios sensibles padres nutricios. Su experiencia le había enseñado que ella podía, desde su estado Padre del yo, ser nutricia sin pensarlo.

Isabel respondió en forma diferente. Cuando oyó el ruido, su respuesta inicial fue similar a lo que habría dicho su madre cuando no quería ser interrumpida: "¡Esos condenados chiquillos no nos dejan cinco minutos de paz y silencio!" Isabel había tenido unos padres inadecuados y ella era consciente de eso. Por consiguiente, ella activaba su Adulto por medio de *decisiones conscientes*. Isabel respondía entonces en formas apropiadas y, como Juana, fue a ver qué ocurría en la cocina.

El estado Adulto del yo como directivo de la personalidad hace de árbitro entre el estado Padre del yo y el estado Niño del yo, especialmente cuando el diálogo interior es perjudicial o destructivo. En tales casos, el Adulto se convierte en un Padre más racional para el Niño de lo que lo fueron sus padres reales: fijando límites racionales, concediendo permisos racionales, buscando satisfacción razonable para el Niño. Los casos que siguen indican cómo el Adulto puede arbitrar o conseguir un acuerdo en el diálogo entre el Niño y el Padre.

Jaime

(N) Voy a fingirme enfermo esta semana para no ir a trabajar.

(P) El niñito de mamá debe quedarse en casa si no se siente bien.

(A) Yo puedo salir bien de ello, pero tendré que trabajar doble para compensar. No tiene objeto quedarse en casa.

María

(N) Si yo gano mucho dinero, los hombres pueden no gustar de mí.

(P) Las mujeres no deben ganar tanto dinero como los hombres.

(A) Yo soy competente, pero no voy a conseguir un aumento de salario aquí. Me parece que voy a buscar un nuevo empleo.

Lorenzo

(N) Estoy *atrapado* en este matrimonio.

(P) Debes alegrarte de tu suerte, Lorenzo. Además, tú sabes que nunca ha habido un divorcio en nuestra familia.

(A) ¿Cuáles son los pros y los contras de divorciarse? ¿Cuáles son los pros y los contras de seguir casado? Voy a reunir algunos datos objetivos antes de decidirme.

Guillermo

(N) Yo quiero sexo esta noche.

(P) El hombre es el amo en su casa. ¡Lo que un hombre dice, eso es!

(A) Mi esposa se está reponiendo de la gripe. Yo puedo esperar.

Susana

(N) Guillermo no me ama; si me amase, no saldría esta noche.

(P) ¡Te dije que no puedes confiar en los hombres! Sólo piensan en una cosa.

(A) Yo sé que Guillermo tiene que trabajar esta noche. Llamaré a Marta y tal vez podamos ir al cine juntas.

Tomás

(N) Yo no oí la palabra que el profesor acaba de usar, pero si le pregunto voy a parecer estúpido.

(P) Nunca interrumpas cuando alguien está hablando. Te puedes poner en ridículo.

(A) Si no hago mi pregunta, perderé lo más importante de la conferencia. Allá voy, aunque me sienta estúpido.

APLACAR A TU PADRE

Algunas veces, el Niño interior se siente constantemente bajo la presión o la influencia de un estado Padre del yo el cual es extremadamente crítico, brutal, amenazador, punitivo, o que retiene aprobación y afecto. Con el Adulto como directivo, una persona puede aprender a "echar unas migajas" a su Padre. Esto le ayuda a aliviar la incomodidad llena de tensión que experimenta cuando se opone a un permiso o prohibición paternal.

"Echar unas migajas" implica aplacar al Padre influyente haciendo una "cosita" que le gustará a éste. Las personas aplacan a menudo a sus Padres cuando hacen cosas tales como ir a la iglesia en Navidad o en Pascua Florida, o a la sinagoga el Día de la Expiación.

Caso ilustrativo

Una mujer vivía bajo la obligación de guardar todas las reliquias familiares, coleccionando casi una habitación llena de pañitos de adorno, cuadros, fundas de almohadas con bordados, etc. Aunque ella necesitaba ese espacio, no se decidía a tirar todas esas cosas. Declaraba sentirse culpable incluso cuando pensaba hacerlo, porque sería deslealtad hacia la familia. Después informó: "A mi madre siempre le gustó ayudar al necesitado. Así, pues, yo le eché dos migajas que me hicieron sentirme realmente bien. Primero, guardé una cajita de recuerdos para mantener a mi madre feliz en mi cabeza. Entonces regalé una habitación llena de cosas a algunas personas que las necesitaban de verdad. ¡Qué alivio!"

AGRADAR AL NIÑO

Hay ocasiones en que la mayoría de la gente necesita utilizar su Adulto durante períodos sostenidos de tiempo. Los individuos pueden estar enfrentándose con crisis: muerte, enfermedad, deformidad, dislocación o desastre. Pueden, por ejemplo, hallarse bajo la presión de sufrir un examen, de acabar de escribir un artículo o de iniciar un nuevo negocio. En casos tales, el Niño interior puede ser dejado a un lado y, como un niño verdadero, se convierte en un estorbo o "no hay quien le aguante". La persona se puede encontrar a sí misma desorganizada, incapaz de pensar con claridad, irritable, llorosa o sentirse como si algo la detuviese. Esos sentimientos ocurren a veces cuando un nuevo bebé en la familia requiere y recibe la mayoría de la atención; y, en consecuencia, el padre se siente postergado y la madre deprimida. Sentimientos tales también tienen lugar cuando una persona es sustituída por una máquina en su trabajo, es víctima de una recesión o es reemplazada por una persona más joven.

Cuando la carga completa de ser siempre un adulto o padre se hace demasiado pesada, es útil hacer deliberadamente algo especial por el Niño. La actividad puede ser tranquilizadora. A veces es refrescante o renovadora.

Caso ilustrativo

Dionisio había trabajado intensamente mientras pasó por la Facultad de Derecho, cuidando al mismo tiempo de su familia. Aunque él conocía muy bien su materia de estudio, fracasó en sus exámenes para la abogacía tres veces. Dionisio se quejaba: "Yo no podía pensar. Tenía tanto miedo al fracaso que hasta el lápiz se me congeló en la mano y no podía escribir."

Cuando se le preguntó qué era lo que más le gustaba cuando niño pequeño, respondió inmediatamente: "Las barritas de chocolate con almendras, pero me estaban prohibidas porque mis dientes no estaban muy bien". El decidió intentar agradar a su Niño. Así, la cuarta vez que se presentó al examen llevó barritas de chocolate consigo para comérselas durante los descansos.

Dionisio aprobó con gran éxito. Desde entonces, ha continuado usando esta técnica en raras pero importantes ocasiones.

Muchas personas han encontrado formas específicas de agradar a su Niño. Cada persona debe encontrar su propia manera, revisando los deseos de su Niño y decidiendo con su Adulto sobre algo apropiado.

Un hombre aliviaba la tensión causada por un jefe irritable jugando con sus hijos un vigoroso partido de fútbol.

Otro hombre se sostenía mientras se recuperaba de graves quemaduras haciendo cortos viajes a las montañas.

Una mujer se sosegaba de la fatiga excesiva de cuidar un niño anormal tomando baños templados y lujosos con burbujas mientras el niño dormía.

Otra mujer mantenía un severo régimen alimenticio durante varios meses, permitiéndose el placer mensual de tomarse un helado con dulce de chocolate.

Esta técnica de "tomarse un respiro" por el Niño facilita a la persona el continuar cuando es necesario. Esto envuelve el permitirse algo que era particularmente placentero en la infancia o realizar un deseo irrealizado. Toda persona necesita estimar qué es lo que agrada a su Niño y fijar límites racionales a la frecuencia de tales excesos.

ACTIVAR Y FORTALECER EL ESTADO ADULTO DEL YO

El estado Adulto del yo se fortalece con el uso "muy en la misma manera que un músculo, que aumenta su fortaleza con el ejercicio".[12] Cuanto más lo use la persona, más capaz será de usarlo.

Educación

La educación que fortalece la capacidad de una persona para reunir, organizar y evaluar información contribuye a juicios más correctos por parte del Adulto. El Adulto de todos es afectado por el tipo de aprendizaje por el que ha pasado. Algunos aprendizajes estorban el funcionamiento del Adulto; otros lo intensifican. Berne ha advertido: "En el caso individual, debe dejarse la debida tolerancia para las pasadas experiencias del aprendizaje".[13]

La educación como "pasadas experiencias del aprendizaje" puede ser considerada de diferentes maneras. Esta puede ser universitaria o no serlo, formal o informal. Por ejemplo, la mayoría de las personas recibe su educación sobre historia, aritmética y gramática en el ambiente formal de una escuela con profesores preparados para ello. Sin embargo, es probable que su educación sexual tenga lugar a hurtadillas –y de los de su misma edad– en la escuela, en la calle, detrás del establo, etc. La información así adquirida puede ser correcta o incorrecta. A menos que lo aprendido sea correcto y a menos que sea evaluado, no será útil al Adulto. La frase de la computadora. "Basura entra, basura sale", se aplica a la calidad de la información recibida por el Adulto o, lo que es igual, por cualquier estado del yo.

Además de reunir datos a través de la educación, el estado Adulto del yo reúne también datos de experiencias con la realidad. La persona oye, huele, siente y ve lo que le rodea y observa ciertos fenómenos que se repiten a intervalos pronosticables; nota que los árboles florecen casi al mismo tiempo cada año, que las semillas se hinchan y que el meollo que las rodea se convierte en un fruto definido; aprende cuántos quilómetros puede recorrer su automóvil con el depósito lleno de gasolina, la mejor entrada a la autopista, cuánto tiempo tarda en llegar a su trabajo o dónde comprar el mejor pescado. Su estado Adulto del yo reúne datos constantemente a través de las experiencias de la vida cotidiana.

A veces la información es evaluada incorrectamente. Incluso lo que una persona "sabe" que está viendo puede ser equivocado. La tierra puede parecer plana, pero no lo es. Y qué abogado procesal no ha escuchado tres "sinceras" pero contradictorias declaraciones procedentes de tres testigos del mismo suceso.

Una persona que utiliza su Adulto como directivo y quiere mejorar la calidad de sus respuestas puede necesitar fortalecer a su Adulto por medio de la recolección de datos procedentes de muchas fuentes exteriores, así como por el conocimiento interior de sí misma. La recolección y evaluación de información permite a la persona determinar más exactamente qué respuesta es apropiada a la realidad del aquí y del ahora. Una persona con control directivo del Adulto necesita educarse a sí misma continuamente y clasificar su mundo interior para, de esta manera, usar acertadamente lo que es okay de su Padre y lo que es okay de su Niño.

Contratos

Hacer un contrato Adulto es uno de los más importantes instrumentos del AT para reforzar al Adulto. Un contrato es el comprometerse un Adulto consigo mismo y/o con otro para efectuar un cambio. Los contratos pueden ser establecidos para cambiar los sentimientos, la conducta o problemas psicosomáticos. Según Berne:

> ...el contrato puede referirse a síntomas característicos de desórdenes particulares, tales como la parálisis histérica, fobias, obsesiones, síntomas somáticos, la fatiga y la taquicardia en las neurosis; la falsificación, el beber con exceso, la adicción a drogas, la delincuencia y otras conductas como juegos en las psicopatías; el pesimismo, la pedantería, la impotencia sexual o la frigidez sexual en los desórdenes del carácter; las alucinaciones, la exaltación y la depresión en las psicosis.[14]

Un contrato debe ser claro, conciso y directo. Comprende: (1) una decisión de hacer algo en relación con un problema específico, (2) una declaración de una finalidad clara que debe ser expresada en un lenguaje lo suficientemente sencillo como para que el Niño interior la entienda, y (3) la posibilidad de que la finalidad se realice.

Para poder hacer un contrato, la persona debe ser bastante consciente de su enfoque vital para saber qué le causa a él o a otros descontento o molestia indebida. Frecuentemente, el descontento motiva el cambio.

Es importante que el contrato sea hecho por el estado Adulto del yo. El estado Padre del yo puede prometer para quitarse de encima al Niño, y el estado Niño del yo puede adoptar "buenos propósitos de Año Nuevo" sin intención de mantenerlos. ¡El Adulto toma la cosa en serio!

Aunque el AT fue originalmente ideado como una forma contractual de terapia, una persona puede hacer un contrato consigo misma, con su cónyuge, su jefe, su colega de oficio o su amigo para

dejar de complacerse en sentir compasión de sí mismo,
dejar de degradarse a sí mismo,
dejar de actuar como un mártir,
dejar de descontar a los demás,
dejar de destruir su cuerpo;

empezar a escuchar a la gente,
empezar a ser agradable,
empezar a relajarse,
empezar a reír,
empezar a usar la cabeza.

Aprender a hacer contratos, verlos terminados, cambiarlos cuando es apropiado y continuar hacia el próximo problema y el próximo contrato son síntomas de autonomía, síntomas de triunfador.

Planteando la pregunta apropiada

Una vez que la persona ha definido su problema y hecho su contrato, puede programar a su estado Adulto del yo con una pregunta apropiada al problema particular. Entonces, en el momento crucial, cada vez que va a usar una norma de conducta que ha decidido cambiar, se hace a sí misma la pregunta. Y la pregunta activa su estado Adulto del yo.

Una persona que, al enfrentarse con críticas, actúa defensivamente, se siente herida o se deprime fácilmente, puede hacer el contrato: "Yo aprenderé a evaluar críticas". Puede plantearse la pregunta: "Yo desearía saber, ¿no podría esa crítica, por casualidad, ser cierta?" O esta otra: "¿No sería posible que fuese equivocada esa crítica?"

Una persona con tendencia a aislarse puede hacer el contrato: "Yo hablaré". Cuando se sienta para aislarse, puede plantearse la pregunta: "¿Qué responsabilidad estoy evitando?", o "¿Qué hay de malo en lo que yo tengo que decir?", o "¿Qué es lo peor que puede ocurrirme si hablo?"

Una persona que quiere ser siempre el centro de la escena puede hacer el contrato: "Yo voy a compartir la escena con otros y dejar que ellos la tengan para sí mismos algunas veces". Cuando el deseo de los focos reflectores le acose, puede plantearse la pregunta: "¿Qué tengo yo que hacer o decir que tiene que ser visto u oído por todos?", o "¿Cuándo es bastante bastante?", o "¿Qué podría aprender yo viendo y escuchando al otro fulano?"

Si el estado Padre del yo de una persona es arbitrariamente autoritario y responde "no" a la mayoría de las peticiones, especialmente a las de sus propios hijos, ella puede hacer el contrato Adulto: "Escucharé todas las peticiones y trataré de responder razonablemente".

Cuando se ha hecho una petición, el individuo puede activar a su Adulto preguntándose: "¿Por qué no?" Si la petición pudiera ser sinceramente perjudicial a la salud o la seguridad del niño, él puede decir "no" desde el Adulto, exponiendo sus razones y manteniéndose firme. Si no existen buenas razones, puede decir "sí", exponiendo las limitaciones y condiciones. Al seguir este procedimiento, los "sí" y los "no" vendrán del estado Adulto del yo, aunque sean actos de paternidad.

Si una persona descubre que también se dice a sí misma frecuentemente "no", que su Niño interior continúa respondiendo a demasiados "no" del Padre, que no permite expresiones de placer y diversión de su Niño interior, puede hacer el contrato: "Yo me voy a permitir reír, amar, jugar". Cuando una persona con contrato siente el impulso de ser juguetón, puede preguntarse: "¿Por qué no?" Si existen buenas razones (no racionalizaciones), él puede dejarse ir y divertirse un poco.

Si el Padre de una persona es excesivamente permisivo y responde "sí" sin pensarlo a la mayoría de sus impulsos (licores, drogas, comida, dormir, etc.) o a las demandas de los demás, ella puede hacer el contrato Adulto: "Yo no voy a decir 'sí' a mí mismo o a los demás si el comportamiento es destructivo". Y puede plantearse las preguntas: "¿Por qué debo hacerme esto a mí mismo?", o "¿Por qué debo lastimar a otra persona o permitir a otros que se lastimen a sí mismos?"

Cuando se utiliza la técnica de contrato-pregunta para activar al Adulto, la persona crea su propia pregunta única relacionada con el contrato para emplear su inteligencia de manera que pueda evaluar la situación más racionalmente. El individuo arriesga aceptar la responsabilidad de sus acciones.

Aprendizaje a través de proyecciones

Al utilizar su Adulto, la persona consciente puede aprender algo acerca de los fragmentos enajenados de su personalidad a través de sus proyecciones. La proyección es un fenómeno corriente del comportamiento humano. Perls escribe:

> Una proyección es un rasgo, una actitud, un sentimiento o algo de la conducta que corresponde realmente a tu propia personalidad, pero que no es experimentada como tal; en cambio, es atribuida a objetos o personas en el medio ambiente y entonces experimentada como dirigida *hacia* ti por ellos, en vez de al contrario. ...
>
> La imagen de ser rechazado —primero por sus padres, ahora por sus amigos— es una que el neurótico cuida mucho de establecer y mantener. Aunque tales pretensiones pueden tener una base, lo contrario es también realmente cierto: que el neurótico rechaza a los otros por no conformarse a algún ideal fantástico o estándar que él les impone. Una vez que él ha proyectado su rechazo sobre la otra persona, puede, sin sentir responsabilidad alguna de la situación, considerarse a sí mismo como el objeto pasivo de toda clase de injustificadas opresiones, despiadado tratamiento o incluso inmolación.[15]

Una persona puede proyectar cualquier característica positiva o negativa que ha enajenado de su conciencia. En forma inconsciente puede acusar a otros de estar enfadados con él, cuando en realidad él es el que está enfadado con los otros. Puede percibir a otros como tiernos y afectuosos, cuando realmente su exterior insensible, como el de Scrooge,* esconde una capacidad para la ternura. Puede declarar que su esposa no es cariñosa cuando, en realidad, él no siente afecto hacia ella.

Algunos juegos, tal como *Defecto*, se practican proyectando uno mismo sus propias características sobre otro. En vez de admitir sentimientos personales de insuficiencia, el que practica *Defecto* aparece como Padre y critica las insuficiencias que atribuye a los otros.

Las personas que utilizan sus proyecciones para conseguir conocerse a sí mismas ponen en tela de juicio sus propias acusaciones y admiraciones por otros. Cuando formulan una acusación o manifiestan una admiración, aprenden a preguntar: "¿No puede ser que esa característica me corresponda realmente a mí?" Al usar esta pregunta:

> Un padre que se queja: "Nadie me estima", puede descubrir que es él quien raramente muestra estimación por los demás.
>
> Un amigo que exagera: "Tú eres tan estupendo... Nunca podrá nadie hacer lo que tú haces", puede descubrir que él (o ella) posee las capacidades suficientes para hacer cosas parecidas.
>
> Un maestro que dice: "Ese estúpido muchacho", puede descubrir su propia estupidez.
>
> Un joven que dice: "Esa puerta me está golpeando siempre la cara", puede descubrir que se sale siempre de su camino para golpear la puerta.
>
> Un jefe que se queja siempre: "Nunca me escucha nadie", puede descubrir que es él quien nunca escucha.
>
> Un miembro de un grupo de orientación psicológica que dice: "Tú simplemente no te muestras franco conmigo", puede descubrir que es él quien no está dispuesto a ser franco con nadie.
>
> Una mujer sexualmente inhibida que se queja: "Los hombres siempre me están haciendo proposiciones", puede descubrir que es ella la que desea a los hombres.

Aprender de los sueños

De la misma manera en que uno puede aprender de sus proyecciones, puede aprender de sus sueños. Perls describe los sueños como la "expresión más

---

* Avaro y malhumorado protagonista del *Cuento de Navidad* de Charles Dickens. (*N. del T.*)

espontánea de la existencia del ser humano".[16] Los sueños son como una producción escénica, pero la dirección y la acción no están bajo el mismo control que en la vida real.

El enfoque de la *gestalt* consiste en integrar los sueños en vez de analizarlos. La integración puede ser conseguida reviviendo conscientemente el sueño, aceptando la responsabilidad de ser los objetos y las personas en él, haciéndose consciente de los mensajes que el sueño contiene. Para aprender de los sueños no es esencial estudiar uno completo. Con frecuencia, es fructífero el estudiar pequeños fragmentos de un sueño.

Para revivir un sueño la persona refresca en primer lugar su memoria, contándolo o escribiéndolo como un relato de algo que está ocurriendo *ahora*; usa el tiempo presente, por ejemplo: "Estoy andando por una carretera solitaria...", "Estoy sentado en un avión..." Incluye todo lo ocurrido en el sueño tal como lo experimentó, pero no añade nada que no estuviese en él.

En la etapa siguiente, la persona comienza un diálogo en voz alta. Para ayudar a iniciar el diálogo pregunta a cada objeto, persona o hecho: "¿Qué estás haciendo en mi sueño?" Entonces se convierte en cada persona, objeto o hecho y se responde a sí misma empezando: "Yo...", siempre usando el presente de indicativo; por ejemplo: "*Yo* soy una alfombra extendida sobre el piso...", "*Yo* soy una anciana que trata de subir una escalera..."

Es probable que cada parte del sueño disfrace un mensaje sobre la persona que lo soñó. Cuando el mensaje es recibido, es posible que ésta sienta: "¡Ajá, conque así soy yo!"

Una mujer, que en su sueño era una jefa inflexible, descubrió que ella misma era también inflexible y renuente a cambiar. Un hombre, hablando como la apisonadora de su sueño, descubrió que él "apisonaba" a los otros si se ponían en su camino. En ambos casos, el fragmento enajenado de la personalidad fue "re-poseído" y, así, integrado en la personalidad total. Perls advierte:

> ...si trabajas sobre sueños, es mejor que lo hagas con alguien que pueda señalar lo que tú evitas. Entender el sueño significa darte cuenta de cuándo estás rehuyendo lo evidente. El único peligro es que esa otra persona puede llegar muy rápidamente al rescate y decirte qué es lo que te ocurre, en vez de ofrecerte la oportunidad de que lo descubras por tí misma.[17]

DIAS DE DESESPERACION

Cuando una persona activa a su Adulto, empieza a ver la vida en forma más real. Puede descubrir cosas que son difíciles de aceptar; por ejemplo que:

su empleo es un callejón sin salida,
su cónyuge está mentalmente enfermo,
algunas personas realmente se odian mutuamente,
algunas personas realmente se hacen daño mutuamente,
los niños están alienados,
los gastos tienen que ser pagados,
escasean las amistades verdaderas,
muchas posibilidades no se realizan.

Además algunas personas descubren que la persona o el hecho mágicos que estaban esperando para mejorar su suerte en la vida no va a llegar,

que la suerte nunca le va a favorecer,
que la oportunidad se va a quedar "a la vuelta de la esquina",
que el cartero no va a llegar dos veces,
que la Bella no tiene poder mágico,
que no hay hadas madrinas o magos,
que la rana es realmente una rana y no un príncipe.

Al enfrentarse con tal conocimiento, muchas personas se desesperan, perdiendo la esperanza de que alguien los rescate. Quizás por primera vez, se dan cuenta de que, si van a ser rescatados, deben confiar en ellos mismos y fortalecer sus propios recursos, pues gran parte de la vida es un proyecto de auto-realización.

Aunque la sensación de desesperación es penosa, es un reto para hacer algo diferente. En ese momento la persona puede: (1) retirarse de la sociedad, convirtiéndose en eremita en un lugar aislado, o siendo recluída en un manicomio o encerrándose en el cuarto de un hotel; (2) eliminar sus problemas "desconectándose" con alcohol o drogas o, más radicalmente, suicidándose; (3) librarse de la gente que él cree le está causando daño, enviando a los niños a otro lugar, cambiando de cónyuge o asesinando a alguien; (4) no hacer nada y esperar; (5) mejorar y empezar a vivir en el mundo real. Según lo describió Berne:

A la larga, el paciente debe acometer la tarea de vivir en un mundo en el que no hay Reyes Magos. Se enfrenta entonces con los problemas existenciales de la necesidad, la libertad de escoger y el absurdo, todos los cuales fueron previamente evitados hasta cierto punto por vivir con las ilusiones de su guion.[18]

Las personas que deciden vivir en el mundo real, que deciden que nacieron para triunfar, están de acuerdo con Disraeli en que: "La vida es muy corta para que sea pequeña".

RESUMEN

El estado Adulto del yo trata objetivamente con la realidad. Este no está relacionado con la edad, sino con la educación y la experiencia. Cuando es activado, una persona puede reunir y organizar información, predecir las posibles consecuencias de varias acciones y tomar decisiones conscientes. Aunque una decisión sea adoptada por el Adulto, ésta no es necesariamente correcta si carece de información. Sin embargo, utilizar el Adulto puede ayudar a aminorar las acciones lamentables e incrementar las posibilidades de una persona hacia el éxito.

Cuando hay conflicto interior o interacción contraproducente entre el Niño interior y el Padre, el estado Adulto del yo puede intervenir: puede arbitrar, mediar, hallar compromisos y adoptar nuevas decisiones para la expresión del Niño interior. Puede también aceptar o rechazar suposiciones Paternales basado en la realidad y en la conveniencia. Para llevar a cabo esta integración de la personalidad, el Adulto debe adquirir conocimiento sobre los estados Niño y Padre del yo. Esto es parte del propio conocimiento.

El uso espontáneo por un individuo de los recursos de su personalidad puede ser afectado por problemas de límites del yo. Si los límites de su yo son demasiado laxos, su energía psíquica se desliza entre uno y otro estado del yo, con lo cual su conducta es muy imprevisible. Si los límites de su yo son demasiado rígidos, su energía psíquica está "encerrada" en un estado del yo con exclusión de los otros. Este problema se manifiesta por el uso continuo de un estado del yo: la persona escoge actuar casi exclusivamente desde el Padre, el Adulto o el Niño. Cuando tiene lugar un trauma o un amontonamiento de experiencias negativas, los límites del yo sufren lesiones. El resultado es un flujo de emoción que parece irrazonable en términos del estímulo. La clara percepción por el Adulto de la realidad actual puede ser también contaminada por creencias parciales y falsas ilusiones de la infancia.

Cuando una persona adquiere por primera vez conocimiento Adulto, el resultado es a menudo desesperación. Puede reaccionar ante este incómodo sentimiento escondiéndose, evadiéndose, librándose de otros, no haciendo nada o poniendo al estado Adulto del yo en control directivo de la personalidad y dedicándose al negocio de regir su propia vida.

El estado Adulto del yo como directivo no significa que la persona actúa siempre desde el Adulto. Significa que el Adulto permite las expresiones apropiadas de todos los estados del yo, porque cada uno de ellos contribuye a la formación de la personalidad total. El Adulto está "conectado" y sabe cuándo se puede actuar sobre un impulso con mucho placer y cuándo debe ser contenido o modificado para ajustarse a la realidad del momento.

Para que el Adulto adquiera control directivo, este estado del yo debe ser activado y utilizado. Cada uno tiene este potencial, aunque para algunos parezca no ser así. Berne hizo esta analogía: "...si no se oye una radio en la casa de alguien, esto no significa que carece de una; puede tener una buena, pero necesita ser conectada y que se caliente antes de que se pueda oír claramente."[19]

Cuando el Adulto es conectado y sintonizado, éste puede ayudarle a usted a fijar el curso de su vida mucho más inteligentemente. Un antiguo proverbio polaco aconseja: "Si no hace viento, rema".

EXPERIMENTOS Y EJERCICIOS

La persona consciente conoce la urgencia de la vida porque conoce la inevitable realidad de la muerte. La persona consciente basa sus elecciones sobre lo que quiere que signifique su vida.

1. Escena en su lecho de muerte (fantasía)

Encuentre un lugar tranquilo donde pueda sentarse sin ser interrumpido. Imagínese a sí mismo como anciano en su lecho de muerte. Su vida desfila ante usted. Cierre los ojos. Proyecte el drama de su vida sobre una imaginaria pantalla. Mírelo desde su comienzo hasta el momento presente. Tómese el tiempo necesario. Después de su experiencia, considere:

- ¿Que recuerdos le son más penosos? ¿Y los más placenteros?
- ¿Qué experiencias, compromisos y éxitos han dado sentido a su vida?
- ¿Se arrepiente de algo? Si es así, ¿qué podría haber hecho de manera diferente? ¿Qué puede hacer ahora de manera diferente?
- ¿Quisiera usted haber pasado más o menos tiempo con alguna persona en particular?
- ¿Había posibilidades de las que no era consciente o que usted, tal vez, temía?
- ¿Descubrió usted qué es lo que estima? ¿Son sus valores los que usted desea que sean?
- ¿Descubrió usted algo que desea cambiar ahora?

2. **Su última hora (fantasía)**

   Ahora considere su vida desde otra perspectiva. Imagine que le queda una hora de vida y que puede pasarla con la persona que usted desee.

   - ¿A quién quisiera usted tener a su lado?
   - ¿Cómo y dónde le gustaría pasar esta última hora juntos?
   - ¿Sabe(n) esta(s) persona(s) que usted siente así?

3. **Salir de la trampa de golpearse**

   Si se siente atrapado en algún aspecto de su vida o entre la espada y la pared, pruebe la siguiente excursión fantaseada.

   - Cierre los ojos e imagine que se está golpeando la cabeza contra un muro alto de ladrillo, intentando conseguir algo que está detrás de éste.
   - Obsérvese arremetiendo con la cabeza.
   - Encuentre alguna manera de pasar por debajo, por encima o rodeando el muro sin arremeter contra él. Si necesita alguna ayuda, invéntela.

   Si usted se considera "encerrado", haga un viaje imaginario dentro de una caja.

   - Imagínese acurrucado dentro de ella. ¿Cómo se siente? ¿Le protege la caja de alguien o algo?
   - Imagine varias maneras de salir de su caja. Luego, salga.
   - Después de escaparse de la caja, véase sentado al aire libre bajo un árbol.
   - Mire alrededor. Vuelva a mirar la caja y, a continuación, al resto del mundo.

   Si se siente entre la espada y la pared o encerrado, y si no está escuchando viejas grabaciones que dicen: "los adultos no hacen semejantes cosas",

   - Construya un muro de cartón, periódicos, etc. Arremeta contra él con la cabeza. Mire detrás de usted. ¿Hay una salida más fácil?
   - Busque una caja grande de cartón. Métase dentro y baje la tapa. Siéntese ahí un rato y póngase en contacto con sus sentimientos. Luego, escape. Mire la caja y, luego, al resto de su mundo.

   Pregúntese entonces:

   - ¿Será posible que soy yo realmente quien construye mi propio muro o entra en mi propia caja?
   - Si es así, ¿qué saco yo para mí mismo de esto?

CADA UNO TIENE
UN ESTADO ADULTO DEL YO

Este puede reunir y evaluar información, razonar y resolver problemas.

LAMINA XVIII

INCLUSO LOS NIÑOS TIENEN UN ESTADO ADULTO DEL YO

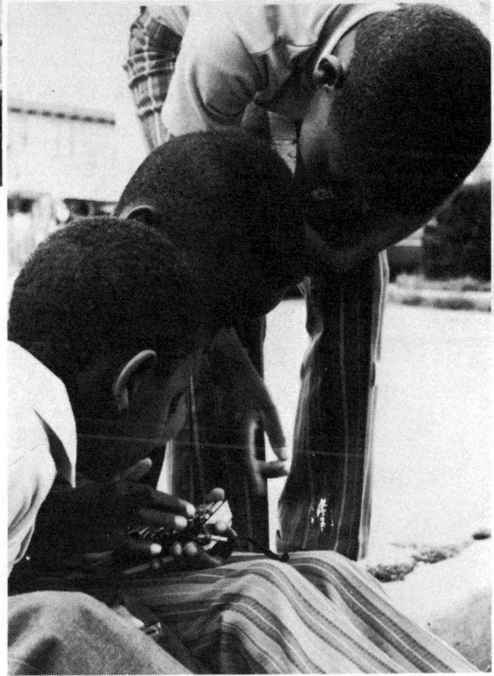

El estado Adulto del yo no tiene edad

LAMINA XIX

- ¿Qué supone esto para los demás?
- ¿Qué posturas refuerzo así en mí mismo?
- ¿Qué cupones colecciono al hacer esto?
- ¿Cómo encaja esto en mi guión?
- ¿Es esto lo que realmente deseo para mí mismo?
- Ahora, deje de arremeter y mire alrededor.

4. Examen del Padre Constante, del Adulto Constante y del Niño Constante

Considere: *¿Será posible que, en realidad, yo obro con demasiada frecuencia y/o inapropiadamente desde el estado Padre del yo?*

- ¿Le acusan otras personas de pensar por ellas, hablar por ellas, de no dejarlas valerse por sí mismas, de tener respuesta para todo, de ser inabordable o inalcanzable?
- ¿Evangeliza, propagandiza o "apisona" a los demás?
- Examine cuidadosamente los grupos con los que está afiliado.
- ¿Tiene cabida el desacuerdo dentro de cada organización o son la mayoría de los miembros de la misma opinión?
- ¿Hubieran formado sus padres parte de estos grupos? ¿Les habría gustado
- ¿Es apreciado (o reprimido) el pensamiento creador en estos grupos?
- ¿Qué opiniones tienen en común los grupos de que usted forma parte?
- Si usted tiende a asociarse con grupos de socorro, pregúntese si realmente resuelven problemas o si sólo hablan de ellos. ¿Consideran los problemas desde un punto de vista o desde muchos?
- ¿Dependen estos grupos de usted a la hora de adoptar decisiones?
- ¿Les dice usted lo que deben hacer o les anima a pensar y actuar por sí mismos?
- ¿Con cuánta frecuencia dice usted "debes", "deberías" o "tienes que" a otros? ¿Proceden estos "debes" de su Adulto o de su Padre?
- ¿De qué temas encuentra usted que habla acalorada y repetidamente?
- ¿Puede ser cierto que está usted expresando los juicios de otra persona sobre los valores sin aplicar al tema sus propios pensamiento y consideración?

Considere: *¿Puede ser cierto que yo obro con demasiada frecuencia y/o inapropiadamente desde mi estado Adulto del yo?*

- ¿Encuentra usted que es excesivamente analítico, racional, contenido y maquinal en la mayoría de las ocasiones?
- ¿Trata usted constantemente con la manipulación de datos, expresando raramente afecto paternal o el espíritu juguetón del niño?
- ¿Es usted siempre racional con el dinero, sin gastar nunca impulsivamente ni mimar a alguien con un regalo que él siempre ha deseado?
- ¿Tiene usted poco tiempo para recreo o para simplemente no hacer nada?
- ¿Pertenece usted exclusivamente a grupos profesionales, grupos que se reúnen principalmente para intercambiar datos?
- Ahora considere sus amigos íntimos. ¿Son todos colegas de negocios?
- Cuando asiste a una reunión social, ¿habla usted siempre de negocios o busca un rincón donde recoger datos de revistas?
- ¿Le acusan de "no ser divertido" o de "no asumir su parte de responsabilidad por los niños"?
- ¿Tiende usted a ser una computadora que simplemente emite información y decisiones?
- ¿Emplea usted a su Adulto para racionalizar; para justificar defectos y prejuicios?
- ¿Lo emplea para "defender" y perpetuar opiniones Paternales que antes eran demasiado amenazadoras como para que usted las examinara inteligentemente?
- ¿Lo emplea para ayudar al Niño a "persuadir" a otros y para dar a su Niño "buenos" motivos para practicar juegos?

Considere: *¿Puede ser cierto que yo obro con demasiada frecuencia y/o inapropiadamente desde mi estado Niño del yo?*

- ¿Concede a otros muchas formas de autoridad sobre usted?
- ¿Piensan o hablan otras personas por usted; le ahogan; le dan respuestas; le rescatan a menudo o le mantienen en su sitio?
- Examine los grupos a los cuales pertenece.
- ¿Son principalmente recreativos?
- ¿Son subversivos o antigubernamentales?
- ¿Le aconsejan sobre la manera de conducirse en su vida?
- ¿Vuelve usted la espalda, siente pánico o impotencia frente a problemas y decisiones?
- ¿Busca en los demás aprobación, crítica o apoyo constante?

- Piense en sus diez amigos más íntimos. ¿Tienen algo en común? ¿Son compañeros de juego? ¿Sirven como figuras paternales?
- ¿Dice usted con frecuencia "no puedo" cuando en realidad quiere decir "no voy a..." o "no quiero"?

5. Retrato de sus estados del yo

Empleando círculos de diferentes tamaños, dibuje el retrato de sus estados del yo, *tal como usted se percibe* la mayor parte del tiempo. Su retrato podría parecerse a algo así:

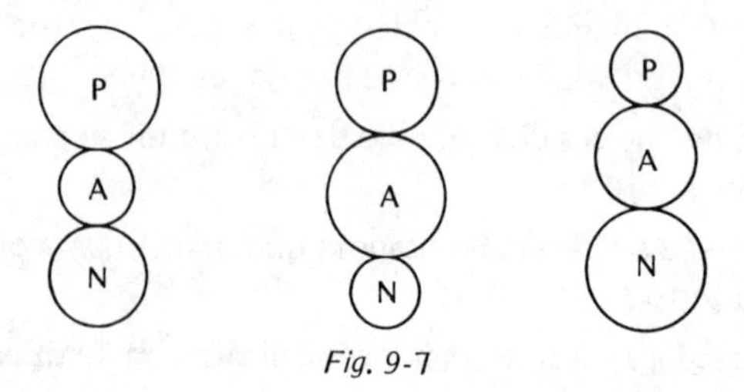

Fig. 9-7

- ¿Observa usted que tiene preferencia por algún estado del yo?
- ¿Cambia su retrato cuando cambia la situación? ¿En el trabajo? ¿En casa? ¿En clase? ¿En una fiesta? ¿Dónde?
- ¿Cambia en presencia de ciertas personas? ¿Un jefe? ¿Un subordinado? ¿Su cónyuge? ¿Sus hijos? ¿Amigos? ¿Qué otras?
- Ahora pídale a un niño, a su cónyuge, a un amigo o pariente y/o socio que le dibuje a usted como él le percibe. ¿Observa algunas diferencias?

Después de haber retratado sus estados del yo, tanto desde su propia perspectiva como desde la de los otros, pregúntese a sí mismo:

- ¿Me satisface esto? Si no, ¿qué necesita ser cambiado?
- ¿Qué contratos necesito hacer? ¿Qué preguntas Adultas necesito plantearme?

6. Descontaminación de su Adulto

Un método eficaz de descontaminar a su Adulto de los prejuicios de su Padre y de las falsas ilusiones de su Niño es el de invertir sus suposiciones.

Para contaminación desde el Padre

- Escriba cuatro adjetivos que usted emplea cuando habla de personas de diferente raza, sexo, edad, religión, formación, clase social, ambiente, etc. Por ejemplo:

  Los hombres son__________, __________, __________, __________

  Las mujeres son__________, __________, __________, __________

  Los judíos son__________, __________, __________, __________

  Los gentiles son__________, __________, __________, __________

  Los negros son__________, __________, __________, __________

  Los blancos son__________, __________, __________, __________

  __________ son__________, __________, __________, __________

  __________ son__________, __________, __________, __________

- ¿Dispone usted de datos exactos y suficientes que verifiquen estas creencias suyas o es posible que haya adoptado esta postura basándose en una sola experiencia, en la voz común o en programación por los medios de comunicación de masas?
- Ahora cambie sus suposiciones, empleando adjetivos que son el opuesto de los que empleó antes. ¿Qué descubre usted?

Para contaminación desde el Niño

- ¿Emplea usted a menudo palabras que indican que está esperando a una persona o acontecimiento mágicos? Palabras tales como:

  Cuando cambie (si cambiara) él/ella...

  Cuando me case (si me casara)...

  Cuando me divorcie (si me divorciara)...

  Cuando consiga (si consiguiera) el trabajo apropiado...

  Cuando crezcan (si crecieran) los niños...

- ¿Emplea usted con frecuencia palabras que indican que se considera de una forma y que no puede cambiar? Palabras tales como:

  Estoy tan desvalido que...

  Soy tan estúpido que...

  Estoy tan deprimido que...

  Estoy tan confuso que...

- ¿Qué afirma usted con frecuencia sobre sí mismo?

  Yo soy (estoy) tan ... que...
- Ahora cambie en lo contrario cualquiera de estas suposiciones; por ejemplo:

  El/ella puede que no cambie nunca, de modo que...

  Yo soy tan poderoso que...

  Yo soy tan ... que...

Después de haber considerado posibles contaminaciones desde su Padre y su Niño, plantéese las siguientes preguntas:

- ¿Estoy satisfecho con lo que he descubierto?
- ¿Qué necesito reevaluar?
- ¿Qué necesito cambiar?
- ¿Qué contratos necesito hacer?
- ¿Qué preguntas Adultas necesito plantearme?

7. Aprendizaje de sus proyecciones

Los otros sirven a menudo como espejos. Cuando usted los mira, ¡se ve a sí mismo! El aprender de sus proyecciones es un instrumento muy provechoso en el conocimiento de sí mismo.

Considere una persona que realmente no le gusta.

- ¿Cuáles son las cosas que no le gustan de esta persona?
- ¿Conoce usted a otras personas que sean así? ¿También le disgustan?
- Imagínese a sí mismo con las mismas características de ellos. Obsérvese actuando.
- Sea o haga las mismas cosas que le molestan en otras personas.
- Ahora plantee la pregunta: ¿Podría ser cierto que yo soy el que hace o es estas cosas?

Ahora considere una persona a la que realmente admira.

- ¿Cuáles son las cosas que le gustan de esta persona?
- ¿Conoce usted a otras personas que sean así? ¿También admira a estas personas?
- A continuación imagínese hablando, andando, representando, haciendo y siendo lo que usted admira en ellas. Véase poseyendo sus características.
- Ahora plantéese la pregunta: ¿Puede ser cierto que yo tenga posibilidades de ser y de hacer yo misma estas cosas?

Durante una semana, haga dos listas distintas.

- Escriba en una lista todas las cosas que imputa a los demás (ella me rechaza, él es estúpido, mi esposo/esposa me está siendo infiel, él me odia, etc.).
- En la otra lista, escriba todas sus declaraciones de estima o admiración (ella es tan cariñosa..., él es tan atento..., mi esposo/esposa siempre dice lo más apropiado, él es maravilloso con los niños, su estilo es siempre muy claro, etc.).
- Al final de la semana, examine sus listas. ¿Observa algunas pautas?
- Ahora plantéese la pregunta: ¿Puede ser cierto que yo...?

Por ejemplo: "¿Puede ser cierto que yo rechazo a María por los mismos motivos por los que yo afirmo que ella me rechaza a mí?" "¿Puede ser cierto que a mí me gustaría acabar con este matrimonio tanto como yo le imputo a José desear lo mismo?"

8. Aprendizaje de los sueños

Muchas personas afirman que olvidan sus sueños. Si usted es una de ellas, tenga papel y lápiz cerca de su cama y escriba sus sueños inmediatamente que despierte. Cada sueño contiene un mensaje. Para descubrir el mensaje que su sueño tiene para usted, Perls sugiere el siguiente procedimiento:

> Escriba el sueño y haga una lista de *todos* los detalles en él. Ponga cada persona, cada cosa, cada sentimiento, y luego trabaje con ellos para *hacerse* a sí mismo cada uno de ellos. Exagere y transfórmese realmente en cada uno de los diversos objetos. *Hágase* realmente esa cosa –sea lo que sea en el sueño– , *conviértase* en ella. Emplee usted su magia. Conviértase en aquella rana fea o lo que sea: algo muerto, algo vivo, el demonio, y deje de pensar.
> A continuación, considerando cada uno de los diversos objetos, personajes y roles, permita que se encuentren. Escriba un guión. Por "escriba un guión" quiero decir establezca un diálogo entre los dos roles contrarios y encontrará, sobre todo si reúne los contrarios apropiados, que siempre empiezan por pelear el uno contra el otro.[20]

- Después de haber estudiado un sueño o fragmento de un sueño en la forma que sugiere Perls, pregúntese a sí mismo: "¿Estaba yo evitando algo en el sueño? ¿Estaba huyendo? ¿Escondiéndome? ¿Incapacitado para usar mis piernas o mi voz? ¿Cómo?"
- ... En caso afirmativo, ¿es mi sueño semejante a mis pautas de evasión en la vida real?

9. Técnica para resolver problemas

Si tiene usted un problema que necesita ser resuelto (por ejemplo: cómo conseguir trabajo, cambiar unas normas de comportamiento o mejorar relaciones familiares), active su Adulto pasando por etapas específicas. Puede ser que algunas de éstas no sean aplicables a todos los problemas, pero considérelas, al menos, mientras sigue este procedimiento.

1. Defina y escriba el problema (puede encontrarse con que lo que creía ser el problema no es lo fundamental).
2. ¿Cuáles son las opiniones, la información y la conducta de su Padre en relación con este problema?
   - Haga una lista de lo que haría o diría sobre esto cada una de sus figuras Paternales.
   - Escuche a sus Padres hablando dentro de su cabeza. Escriba sus "debes", "deberías", etc. Ahora haga una lista de lo que ellos evitaron y de sus mensajes no verbales.
3. En seguida, considere los sentimientos, opiniones e información de su Niño en relación con el problema.
   - Haga una lista de sus sentimientos relacionados con el problema. ¿Son cupones o son sentimientos legítimos?
   - ¿Se están practicando juegos en relación con el problema?
   - ¿Encaja el problema en su guión constructivo, destructivo o improductivo? ¿Se están representando algunos roles manipuladores?
4. Evalúe los anteriores datos desde su Padre y su Niño con su Adulto.
   - ¿Qué actitudes Paternales le impiden resolver el problema? ¿Qué actitudes Paternales le ayudan a resolverlo?
   - ¿Qué sentimientos y adaptaciones de su Niño le impiden resolver el problema? ¿Qué sentimientos y adaptaciones de su Niño le ayudan a resolverlo?
   - ¿Qué solución le gustaría a su Padre? ¿Sería apropiado o destructivo para usted hacerlo?
   - ¿Qué solución le gustaría a su Niño? ¿Sería apropiada o destructiva?
5. Imagine formas alternativas de resolver el problema. No censure ninguna idea. En cambio, utilice su Pequeño Profesor y "dé rienda suelta" a su cerebro. Piense en tantas posibilidades como pueda, aunque algunas le parezcan ridículas.

6. Luego considere los recursos interiores y exteriores necesarios para cada solución pensada. ¿Están al alcance? ¿Son apropiados?
7. Calcule las posibilidades de éxito de cada alternativa. Descarte las que no sean posibles.
8. Seleccione las dos o tres que son más realizables. Basado en los hechos y en su imaginación creadora, adopte su decisión.
9. Hágase consciente de los efectos de su decisión. Decisiones que le hagan "sentirse bien" pueden ser satisfactorias para todos los estados del yo. Una decisión que le deje incómodo puede causar que su Padre y/o su Niño luchen contra ella, puede ser realmente perjudicial para usted o para otros, o puede simplemente ser una decisión equivocada.
10. Establezca el contrato que necesita para llevar a cabo la decisión. Plantee las preguntas Adultas apropiadas que encajen en su contrato.
11. Actúe sobre su decisión. Si es posible, póngala a prueba en pequeña escala. Luego proceda más enérgicamente.
12. Evalúe las virtudes y las fallas de su plan mientras lo prueba. Haga las correcciones necesarias.
13. Disfrute sus éxitos. No se desanime excesivamente por sus fracasos. Aprenda de ellos y comience de nuevo. Considere la afirmación de John Dewey: "La persona que verdaderamente piensa, aprende tanto de sus fracasos como de sus éxitos".

Cuando los perdedores adoptan decisiones, suelen culpar a otros si las cosas salen mal. Cuando los triunfadores adoptan decisiones, suelen asumir responsabilidad por ellas, sean acertadas o equivocadas.

10

AUTONOMIA Y ETICA DEL ADULTO

¡El hombre decide al final por sí mismo!
Y, en suma, la educación debe ser
educación hacia la capacidad para decidir.
VIKTOR FRANKL

Alcanzar autonomía es el objetivo final en análisis transaccional. Ser autónomo significa gobernarse a sí mismo, determinar el destino propio, aceptar responsabilidad por las acciones y los sentimientos propios y deshacerse de patrones inaplicables e inapropiados para vivir en el aquí y el ahora.

Cada uno tiene la capacidad de obtener autonomía hasta cierto punto. Pero, a pesar de que la autonomía es un derecho humano desde el nacimiento, pocos la consiguen realmente. Berne ha escrito:

> El hombre nace libre, pero una de las primeras cosas que aprende es a hacer lo que se le dice y pasa el resto de su vida haciéndolo. Así, pues, su primera esclavización es a manos de sus padres. El sigue sus instrucciones por siempre jamás reteniendo el derecho, sólo en algunos casos, de escoger sus propios métodos y consolándose a sí mismo con una ilusión de autonomía.[1]

Una persona sufre bajo la ilusión de autonomía si piensa que ha cambiado de guión pero, en realidad, ha cambiado solamente la escena, los personajes, el vestuario, etc., no lo esencial del drama. Por ejemplo, una persona programada por el Padre para ser evangelista puede unirse al mundo de las drogas y entonces, con religioso celo, tratar de evangelizar a otros para que le sigan. El escoger su propio ambiente para evangelizar puede darle la ilusión de que es verdaderamente libre cuando, en realidad, él solamente ha disfrazado su esclavitud a las normas de sus padres.

De manera análoga, una mujer que tiene un guión como el de la Bella y la Bestia puede creer que se está liberando de una vida de sufrimiento al divorciarse de un bestia y volverse a casar cuando, en realidad, sencillamente puede estar canjeando un bestia por otro.

Una persona verdaderamente autonoma, según Berne, es la que demuestra "la liberación o recuperación de tres capacidades: el conocimiento, la espontaneidad y la intimidad".[2]

CONOCIMIENTO

Conocimiento es saber qué está ocurriendo ahora. Una persona autónoma es consciente; se desprende de las capas de contaminación de su Adulto y empieza a oír, ver, oler, tocar, gustar, estudiar y evaluar por sí misma; se deshace de viejas opiniones que falsean su percepción actual y percibe el mundo a través de su encuentro personal propio en vez de en la forma en que fue "enseñada" a verlo.

Sabiendo que es un ser temporal, la persona consciente aprecia la naturaleza *ahora*. Se percibe a sí misma como parte del universo que conoce y como parte del misterio de esos universos todavía por descubrir. Puede detenerse junto a un lago, estudiar un botón de oro, sentir el viento en el rostro y experimentar una sensación de temor reverencial. Puede mirar a una puesta del sol y exclamar: "¡Qué belleza!"

Una persona consciente escucha los mensajes de su propio cuerpo, sabiendo cuándo está preocupándose, relajándose, abriéndose, cerrándose a sí misma. Conoce su mundo interior de sentimientos y fantasías y no se avergüenza de ellos ni los teme.

Una persona consciente escucha también a los demás. Cuando los otros hablan, ella escucha y proporciona realimentación activa. No utiliza su energía psíquica para formular una pregunta, crear una diversión o planear mentalmente un contraataque. En vez de eso, intenta establecer contacto genuino con la otra persona, aprendiendo el arte de hablar y de escuchar.

Una persona consciente está toda presente y por completo consciente. Su mente y su cuerpo responden al unísono al aquí y al ahora; su cuerpo no está haciendo una cosa mientras su mente se concentra en algo diferente:

No usa palabras de enfado con una sonrisa en el rostro.

No frunce el ceño o regaña cuando la situación pide risas.

No pasa apresuradamente a través de una jira campestre para volver a algo que es "verdaderamente importante"

No escribe mentalmente una importante carta de negocios mientras está haciendo el amor.

No recompone lo ocurrido la noche anterior cuando está escribiendo esa importante carta en la oficina.

No se pone gafas color de rosa para evitar ver las cosas malas de la vida.

No toca el violín mientras arde Roma.

Una persona consciente sabe dónde está, qué está haciendo y cómo siente sobre ello. Como observó Abraham Lincoln: "Si pudiéramos saber primero dónde estamos y hacia dónde nos dirigimos, podríamos juzgar mejor qué hacer y cómo hacerlo".

El primer paso hacia la integración es el conocimiento con el Adulto como directivo. Cuando un individuo se hace consciente de que actúa como un tirano o enfurruñado, puede decidir lo que desea hacer acerca de su comportamiento. Puede conservarlo a sabiendas, poseerlo y serlo, o puede arrojarlo en el cubo con el resto de la basura, si es esto lo que él decide que es. Perls afirma: "Todo está cimentado en el *conocimiento*".[3]

ESPONTANEIDAD

La espontaneidad es la libertad de escoger del espectro completo de la conducta y de los sentimientos del Padre, de la conducta y de los sentimientos del Adulto y de la conducta y de los sentimientos del Niño.[4] El individuo autónomo es espontáneo, flexible, no tontamente impulsivo. Ve las muchas posibilidades que se abren ante él y usa el comportamiento que juzga apropiado a su situación y a sus fines.

Un individuo espontáneo está liberado. Escoge y acepta la responsabilidad por sus propias selecciones. Se libra a sí mismo de la obligación de vivir un estilo de vida predeterminado; en cambio, aprende a enfrentarse con situaciones nuevas y a explorar nuevas maneras de pensar, sentir y responder. Incrementa y reevalú constantemente su repertorio de posible comportamiento.

El individuo espontáneo usa o recaptura su capacidad para decidir por sí mismo. Acepta su Padre y su Niño como propia historia personal, pero adopta sus propias decisiones en vez de permanecer a merced de su "suerte". A menos que una persona adopte decisiones, aunque éstas no sean siempre correctas, su poder permanece sin dirección y su ética confusa o inestable. La falta de decisión, según Martin Buber, es mala: "malo es el remolino sin dirección de las posibilidades humanas sin las cuales nada puede conseguirse y por las cuales, si éstas no toman dirección sino que permanecen atrapadas en sí mismas, todo sale mal".[5] En este sentido, la persona autónoma es la que adopta decisiones que proporcionan dirección determinada a sus propias posibilidades. Dentro de limitaciones reales, la persona es responsable de su propio destino; y ella lo sabe.

Decidir conscientemente por uno mismo desde el estado Adulto del yo es ser libre: libre a pesar de las características heredadas o las influencias del ambiente. Viktor Frankl escribe:

El hombre, ciertamente, tiene instintos; pero esos instintos no le tienen a él. Nosotros no tenemos nada contra los instintos, ni contra el que el hombre los acepte. Pero mantenemos que tal aceptación debe presuponer también la posibilidad de su rechazo. En otras palabras, debe haber libertad de decisión. ...

... En cuanto a lo heredado, la investigación sobre la herencia ha mostrado lo elevado que es el grado de libertad humana contra la predisposición. Por ejemplo, mellizos pueden estructurarse vidas diferentes basados en predisposiciones idénticas. De un par de mellizos idénticos, uno se convirtió en un astuto criminal mientras su hermano se convirtió en un igualmente astuto criminólogo. ...

... En cuanto al ambiente, sabemos que no hace al hombre, pero que todo depende de lo que el hombre haga de él, de su actitud hacia él.[6]

Un individuo debe hacer más, sin embargo, que adoptar una decisión. Debe actuar sobre su decisión o ésta no tendrá sentido. Solamente cuando su ética interior y su conducta exterior estén de acuerdo y él sea congruente será una persona completa. Una persona espontánea es libre para hacer "lo suyo", pero no a costa de los demás a través de la explotación y/o la indiferencia.

INTIMIDAD

Intimidad es expresar los sentimientos de cariño, ternura y dependencia de los otros del Niño Natural. Muchas personas sufren de la imposibilidad de expresar tal dependencia. Maslow cree que esto es particularmente cierto de los norteamericanos.

...que los norteamericanos necesitan muchos más terapeutas que el resto del mundo precisamente porque no saben cómo ser íntimos; que no tienen amistades profundas, comparados con los europeos, y que, por tanto, no tienen amigos íntimos con quienes aliviarse a sí mismos.[7]

Una persona autónoma arriesga amistades e intimidad cuando decide que eso es lo apropiado. Esto no es fácil para alguien que ha restringido sus sentimientos de afecto y no está acostumbrado a expresarlos. De hecho, puede sentirse incómoda, insincera incluso, cuando intenta por primera vez ir en contra de la antigua programación. Sin embargo, lo intenta.

En el proceso de desarrollar su capacidad para intimidad, el individuo se hace más abierto; aprende a "dejarse ir", revela más de sí mismo dejando caer algunas de sus máscaras, pero siempre con el conocimiento de su Adulto. Se abstiene de realizar transacciones con otros en formas que impidan intimidad. Evita el uso de descuentos, transacciones cruzadas o practicar juegos. Practica juegos sólo si lo decide conscientemente, tal vez porque no desea invertir su tiempo o su energía en una persona o situación particular. No obliga a otros a que representen los roles de Perseguidor, Salvador o Víctima o que permanezcan Niño Constante, Padre Constante o Adulto Constante. En su lugar, intenta ser franco y auténtico, existiendo con otros en el aquí y el ahora. Intenta, también, ver a los otros en su propia unicidad, no a través de deformaciones de sus experiencias pasadas. El no usa acusaciones como:

> ¡Tú eres tan descuidada como tu madre!
>
> Mi padre podía arreglar cualquier cosa. ¿Por qué no puedes tú arreglar ni siquiera el grifo?
>
> ¡Tú eres lo mismo que mi hermano: siempre gimoteando cuando quieres algo!
>
> ¡Eres lo mismo que mi hermana: todo tenía que ser a su manera!

El individuo que rechaza conocimiento, espontaneidad e intimidad rechaza también la responsabilidad de dar forma a su propia vida. Piensa de sí mismo bien como afortunado o como desgraciado, suponiendo sin más que

> tenía que ser así y no puede ser cambiado;
>
> tenía que ser así y no debe ser cambiado;
>
> tenía que ser así y sólo ________ puede cambiarlo.

Por el contrario, el individuo autónomo está interesado en "ser". Permite que sus propias aptitudes se revelen y anima a los demás para que hagan lo mismo. Proyecta sus propias posibilidades hacia el futuro como metas realistas que prestan dirección y propósito a su vida. Se sacrifica solamente cuando está sacrificando un valor menor por uno mayor, de acuerdo con su propia escala de valores. El no está interesado en conseguir más, sino en *ser* más.

EL ADULTO INTEGRADO

La persona que avanza hacia la autonomía expande sus posibilidades de conocimiento, espontaneidad e intimidad. Mientras esto ocurre desarrolla un Adulto integrado. Infiltra más y más de su Padre y de su Niño a través de su Adulto y aprende nuevas normas de conducta que son parte del proceso integrador. Berne describió así al Adulto integrado:

LOS TRIUNFADORES GOZAN CON LA INTIMIDAD

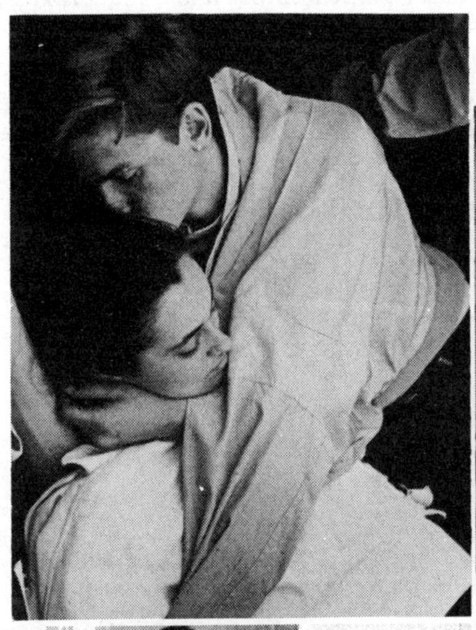

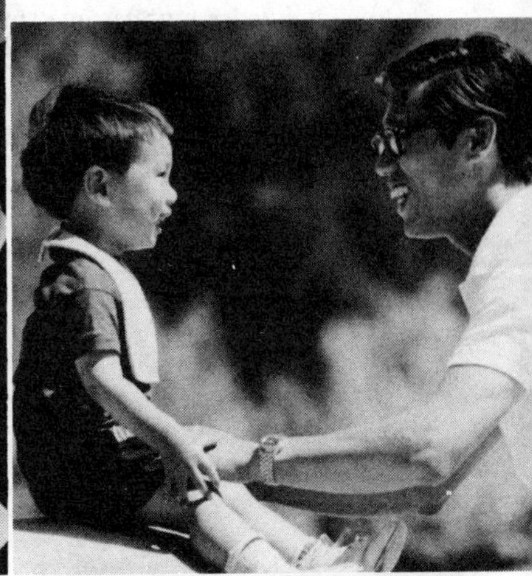

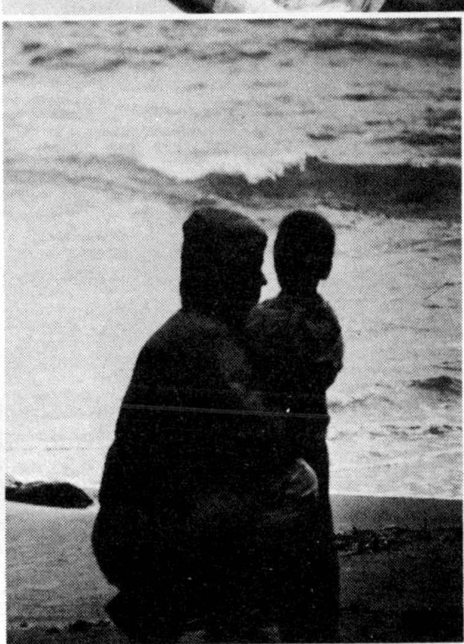

Intimidad es expresar sentimientos de cariño, ternura y dependencia hacia los demás.

LAMINA XX

...parece ser que, en muchos casos, ciertas cualidades infantiles se integran en el Adulto en forma diferente del proceso de contaminación. El mecanismo de esta "integración" está por elucidar, pero se puede observar que ciertas personas, cuando funcionan como Adultos, poseen un encanto y una franqueza naturales que hacen recordar los que exhiben los niños. Junto con éstos figuran ciertos sentimientos de responsabilidad hacia el resto de la humanidad, los cuales pueden ser incluídos bajo la denominación clásica "pathos". Por otra parte, existen cualidades morales que son universalmente esperadas en las personas que se hacen cargo de responsabilidades de adulto, atributos tales como valor, sinceridad, lealtad y seriedad, que se conforman no sólo a prejuicios locales, sino a un "ethos" universal. Puede decirse, en este sentido, que el Adulto posee aspectos infantiles y éticos, pero ésta continúa siendo la zona más oscura en análisis estructural; por tanto, no es posible de momento aclararla clínicamente. Con própositos académicos y a fin de explicar ciertos fenómenos clínicos, sin embargo, sería defendible subdividir al Adulto en tres zonas.[8]

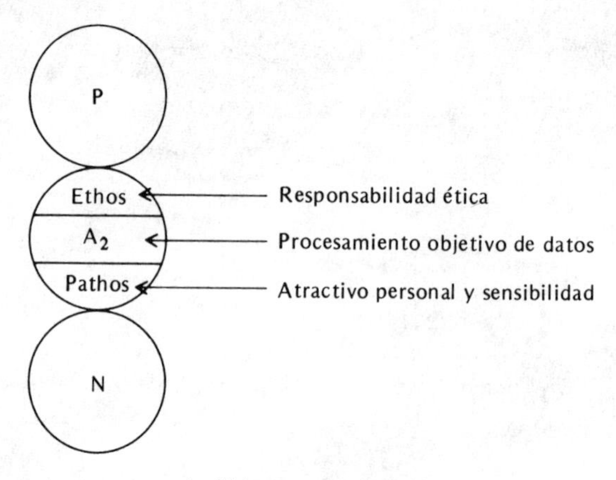

Análisis estructural de segundo orden del Adulto[9]

Fig. 10-1

... Esto significa, transaccionalmente, que quienquiera que funcione como Adulto debería mostrar idealmente tres tipos de tendencias: atractivo personal y sensibilidad, procesamiento objetivo de datos y responsabilidad ética. ... Esta persona "integrada" *es* encantadora, etc., y valiente, etc., en su estado Adulto, cualesquiera que sean las cualidades que posea o no posea en su Niño y en su Padre. La persona "no integrada" puede *revertir* a ser encantadora y puede sentir que *debe* ser valiente.[10]

La persona en *proceso* de integración acepta la responsabilidad por todo lo que siente, piensa y cree. Tiene o desarrolla un sistema de ética para su vida –ethos–; además, reúne información y la analiza objetivamente –técnica–; desarrolla también afabilidad social y experimenta las emociones de la pasión, la ternura y el sufrimiento –pathos–.

Durante este proceso los estados del yo pasan por la serie de cambios que se ilustran a continuación:

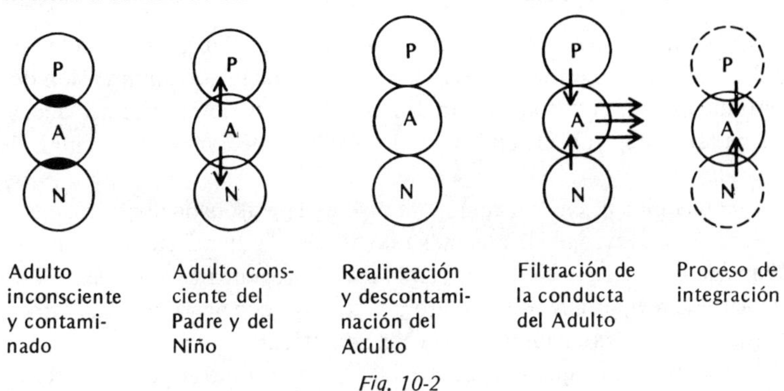

Fig. 10-2

Una persona cuyo Adulto está integrado puede revertir a veces a una conducta arcaica de su Padre o de su Niño. Perls afirma que no existe tal cosa como integración total. Sin embargo, en el proceso en marcha de la integración, una persona se convierte cada vez más en responsable por su propia vida.

El Adulto integrado parece ser semejante a lo que Erich Fromm llama *persona completamente desarrollada*[12] y a lo que Abraham Maslow llama *persona autorrealizada*. Además de utilizar sus propios talentos e intelectos, Maslow afirma que las personas autorrealizadas aceptan responsabilidad por otros así como por ellas mismas y tienen una capacidad infantil para el conocimiento y el placer.

> Estos individuos tienen generalmente alguna misión en la vida, alguna tarea que completar, algunos problemas externos que ocupan gran parte de sus energías. ... En general, esas tareas son impersonales o altruístas, relacionadas más bien con el bienestar del género humano o de toda una nación. ... De ordinario interesados en situaciones básicas y cuestiones eternas, tales individuos acostumbran a vivir en el más amplio marco de referencia posible. ... Ellos actúan dentro de un sistema de valores amplios, no mezquinos, universales, no locales, y en términos de un siglo más que de un momento ... tienen la maravillosa capacidad de apreciar una y otra vez, nuevamente y con ingenuidad, las cosas buenas de la vida con reverencia, placer, admiración e incluso éxtasis, por muy añejas que esas experiencias se hayan hecho para otros.[13]

Parece ser que la persona que está más en contacto con su propia potencialidad humana se encuentra en el proceso de integrar su Adulto. Tiene el honrado interés y el compromiso con los demás que son característicos de un buen padre, la inteligencia para resolver problemas característica de un adulto y las capacidades de crear, expresar reverencia y mostrar afecto características de un niño feliz y saludable.

SENTIMIENTOS EN EL ADULTO

Al tiempo en que esto se escribe, los investigadores continúan efectuando estudios adicionales en un esfuerzo encaminado hacia una mejor comprensión de los sentimientos del Adulto y del Adulto integrado. Nosotras creemos que, a menos que sea integrado, el Adulto funciona solamente como una máquina de procesar datos.

Una máquina insensible como directivo de la personalidad crearía una personalidad inadecuada. Una máquina no posee un sistema ético de valores ni capacidad emocional. No puede cambiarse ni programarse a sí misma. Por consiguiente, creemos que es el Adulto integrado el que posee sentimientos y ética Adultos, así como habilidades y capacidad técnicas.

Los sentimientos que son *copiados*, en general como actitudes o creencias, están probablemente en el Padre. Los sentimientos *experimentados* en la infancia y en la niñez están probablemente en el Niño. Los sentimientos que son *una respuesta genuina a una situación verdadera que ocurre ahora*, es probable que cuenten con la participación del Adulto. O el Adulto informa al Niño de la situación para que la respuesta sea auténtica, o ciertos sentimientos han sido integrados en el Adulto.

Por ejemplo, las rabietas de mal genio son trapacerías del Niño, pero la indignación justificada o el escándalo basado en la observación de una injusticia real indican responsabilidad Adulta.

La confianza y la admiración son sentimientos del Niño que cree que las personas están bien, pero el auténtico respeto hacia los demás basado en la observación objetiva de éstos es Adulto.

La depresión es una inclinación del Niño, mientras la desesperación implica la conciencia por parte del Adulto de una trágica realidad.

Los sentimientos de culpabilidad pueden ser un cupón añadido a la colección del Niño o pueden ser una respuesta auténtica a una maldad real.

La simpatía es probablemente copiada de uno de los padres; pero la comprensión incluye información del Adulto.

ETICA DEL ADULTO

El proceso integrador sirve como un catalizador que motiva a la persona a reevaluar su sistema actual de valores y a formular su propio código de ética.

Si una persona hace algo "bueno" porque cree que *debe* hacerlo a causa de la programación de su Padre, esto es un acto de obediencia en lugar de un acto basado en un principio ético. Aunque un acto programado por el Padre puede ser saludable, éste no está basado necesariamente en una decisión autónoma y ética de la persona. La historia está repleta de tragedias humanas de obediencia inconsciente, tragedias ocasionadas porque las personas se conformaban ciegamente a una autoridad cuyo propósito era mantener a los demás dependientes, incapaces de cambio, o destruirlos.

Para establecer un código Adulto de ética, tanto las opiniones y los sentimientos del Padre como los del Niño necesitan ser objetivamente examinados con el Adulto. Este escrutinio no implica que las enseñanzas pasadas son necesariamente abandonadas por el Niño rebelde, puesto que muchos padres transmiten un sistema de ética racional. Más bien, los valores de ambos, Padre y Niño, son examinados. Se descarta lo que resulta ser arbitrario, inaplicable o destructivo. Se integra lo que resulta ser conducente al crecimiento. Este proceso pone en tela de juicio muchas opiniones estimadas: opiniones que pueden haber sido transmitidas cuidadosamente de generación en generación a través del estado Padre del yo, y tal vez obedecidas por un Niño sumiso.

El hombre no tiene que estar esclavizado a su pasado. Puede superar influencias pasadas y responder en libertad. Utilizando su estado Adulto del yo, una persona puede *re-decidir* qué está bien o mal, con base en acciones que, cuando son examinadas en su realidad, preservan la salud y la dignidad de la persona y las de la raza humana.

Un sistema Adulto de ética se basa en un "Yo estoy bien y tú estás bien" del Adulto. Esta postura Adulta es diferente de la postura sin examen "Yo estoy bien y tú estás bien" del Niño, que es básica para la salud mental, pero puede permanecer bien como un sentimiento ingenuo, exagerado, de estar bien o como una negación maniática a reconocer cualquier cosa negativa.[14] Una postura ética evaluada por el Adulto refleja un respeto básico por uno mismo y por los demás hasta que la realidad lo indica de otra manera. Es una postura que discrimina y reconoce tanto lo negativo como lo positivo.

La protección, mejora y bienestar de la gente y la protección, mejora y bienestar del mundo natural animado e inanimado son los fundamentos sobre los cuales se basa la ética del Adulto. La ética del Adulto apoya la vida humana, apoya a los triunfadores.

Una decisión es ética si mejora el amor propio, desarrolla la integridad personal y la integridad en las relaciones, disuelve las barreras ficticias entre la gente, crea un núcleo de confianza genuina en uno mismo y en los demás y facilita la realización de las posibilidades humanas sin originar daños a otros.

Una decisión no es ética si, como resultado de ella, una persona es explotada y utilizada como un objeto inhumano; si la vida humana es amenazada para propósitos ulteriores; si se edifican barreras entre la gente; si las posibilidades humanas son despreciadas, aplastadas o pasadas por alto; y si no existe posibilidad de escoger libremente.

El sistema de valores de una persona puede ser juzgado por la forma en que ésta se relaciona a sí misma con todas las cosas. La persona con ética establece una relación mejoradora, práctica, factible e interesada con su ambiente *total*.

La supervivencia y el desarrollo continuo del hombre dependen no solamente de cómo efectúa transacciones con sus semejantes, sino también en cómo se relaciona con el resto de su medio ambiente. El mundo inanimado, que incluye rocas, ocasos, agua y aire, y el mundo animado de las plantas y de los animales están a merced del hombre; él tiene poder para disfrutarlos, mejorarlos o destruirlos. Cuando hace mal uso de ellos, contaminando el aire y las corrientes de agua, volviendo yerma la tierra, causando la extinción de una especie animal o alterando el equilibrio ecológico, es la existencia del hombre y su continuación como raza la que está, a la larga, amenazada. La explotación innecesaria por el hombre de su propio medio ambiente puede condenarle a un trágico final.

Una persona ética no descarta los problemas o su significado. Por el contrario, asume que él junto con los otros puede resolverlos. Se ocupa de sus propios problemas personales, de los de la comunidad y de los mundiales de interés general, tales como los de las ratas y enfermedades que devoran bebés, como la superpoblación y las guerras que traen muerte y desesperanza a millones de personas. El puede hacer una cruzada, como Berne sugirió[15], contra los Cuatro Jinetes del Apocalipsis –Guerra, Peste, Hambre y Muerte–, cuyas víctimas inocentes son los bebés de las naciones, y la desolación resultante cuando los valores estéticos se dejan de lado y se da paso a la fealdad. Reconoce que la apatía es consentimiento en asuntos como la mortalidad infantil, el maltratar niños, la decadencia urbana y las prácticas injustas en asuntos laborales, educativos y relacionados con la provisión de vivienda; se indigna ante los perjuicios y las injusticias sufridos por la humanidad e intenta cambiarlos; es consciente y se interesa por toda la creación.

Una persona ética se esfuerza en pro de un ambiente en el cual las personas puedan convertirse en triunfadoras; aprecia y realiza sus posibilidades propias y se convierte en el triunfador que nació para ser.

EPILOGO

Requiere valor el ser un verdadero triunfador –no un triunfador en el sentido de derrotar al otro fulano por medio de la insistencia en derrotarle– sino un triunfador en responder a la vida. Se requiere valor para experimentar la libertad que viene con la autonomía, aceptar la intimidad y el encuentro directo con otras personas, permanecer firme frente a una causa impopular, escoger la autenticidad sobre la aprobación y hacerlo una y otra vez, aceptar la responsabilidad por las propias decisiones y, desde luego, requiere valor ser la persona única que uno es realmente. Los caminos nuevos son a menudo caminos inciertos y, como dijo Robert Frost, "el valor es la virtud humana que más cuenta: el valor para actuar sobre conocimiento limitado e insuficiente evidencia. Eso es todo lo que tenemos."

La trayectoria de una persona ética que es autónomamente consciente, espontánea y capaz de intimar no es siempre fácil; pero, si tal persona reconoce su "mala racha" y se decide contra ésta, descubrirá probablemente que nació con lo necesario para triunfar.

El no ser nadie sino uno mismo en un mundo
que está haciendo lo mejor que puede, noche
y día, por convertirse en todos los demás...
significa luchar la más dura batalla que
cualquier ser humano puede luchar; y nunca
cesar de luchar.[16]

e.e. cummings

LAMINA XXI

EXPERIMENTOS Y EJERCICIOS

1. Su ética del Adulto

Al desarrollar su propio sistema Adulto de ética, examine todos los aspectos en que su vida está en contacto con las vidas de otros; en que sus opiniones afectan a personas que quizá vivan lejos de usted y/o tal vez sean extremadamente diferentes de usted.

Examine también su comportamiento y sus opiniones hacia su ambiente total, incluyendo el mundo inanimado tanto como el animado.

Pregunte desde su Adulto:

- ¿A quién(es) y qué estimo *yo*?
- ¿Para quién(es) y qué vivo *yo*?
- ¿Por quién(es) y qué moriría *yo*?
- ¿Qué significa ahora mi vida para mí?
- ¿Qué podría significar?
- ¿Qué significa ahora mi vida para los demás? ¿En el futuro?
- ¿Actúo yo de tal manera que conservo y mejoro la creación?
- ¿Qué es *verdaderamente* importante?

Escriba las cinco cosas que más valora en la vida.

1. ______________________________
2. ______________________________
3. ______________________________
4. ______________________________
5. ______________________________

Ahora escriba esas cosas en orden de importancia para usted.

1. ______________________________
2. ______________________________
3. ______________________________
4. ______________________________
5. ______________________________

Estudie esta lista. Pregúntese:

- ¿Cómo están relacionados mis valores con mi vida familiar, mi vida social, mi trabajo?
- ¿Cómo están relacionados con mis estados Padre y Niño del yo?
- ¿Refleja la manera en que vivo actualmente lo que digo que valoro?

2. Preguntas Adultas sobre su vida

Si está empezando a reflexionar profundamente sobre quién es usted, por qué existe, qué es lo que realmente está haciendo de su vida, a dónde le llevarán sus pautas actuales, deje que su Adulto se haga consciente preguntándose:

- ¿Quién creo que soy? (Por la experiencia de mi Niño.)
- ¿Quién creo que soy? (Por las opiniones de mi Padre.)
- ¿Quién creo que soy? (Por el procesamiento de datos de mi Adulto.)
- ¿Me tratan otras personas (cónyuge, niños, amigos, socios) como padre, adulto o niño?
- ¿Quién deseo ser? (Hoy, dentro de cinco, diez, veinte años.)
- ¿Qué posibilidades tengo de convertirme en esa persona?
- ¿Qué obstáculos hay?
- ¿Qué voy a hacer en relación con estos obstáculos y posibilidades?
- ¿Valoro todo lo que favorezca mis posibilidades?
- ¿Valoro todo lo que ayude a los demás a desarrollar sus posibilidades?
- ¿Cómo puedo convertirme más en el triunfador que nací para ser?

NOTAS Y REFERENCIAS

TRIUNFADORES Y PERDEDORES

1. Martin Buber, *Hasidism and Modern Man*. Nueva York: Harper & Row, 1958, pp. 138-144.
2. Karen Horney, *Self Analysis*. Nueva York: W.W. Norton, 1942, p. 23.
3. Frederick S. Perls, *Gestalt Therapy Verbatim*. Lafayette, Calif.: Real People Press, 1969, p. 29.
4. Fredericks S. Perls, *In and Out the Garbage Pail*. Lafayette, Calif.: Real People Press, 1969, s.f.
5. Abraham Levitsky y Frederick S. Perls, "The Rules and Games of Gestalt Therapy", *Gestalt Therapy Now* (Joen Fagan e Irma Leē Shepherd, eds.). Palo Alto, Calif.: Science and Behavior Books, 1970, pp. 140-149.
6. J. L. Moreno, "The Viennese Origins of the Encounter Movement, Paving the Way for Existentialism, Group Psychotherapy, and Psychodrama", *Group Psychotherapy*, vol. XXII, n.º 1-2, 1969, pp. 7-16.
7. Perls, *Gestalt Therapy Verbatim*, p. 121.
8. Ibíd., p. 66.
9. Ibíd., p. 67.
0. Ibíd., p. 236.
1. Eric Berne, *Games People Play*. Nueva York; Grove Press, 1964.
2. Eric Berne, *Principles of Group Treatment*. Nueva York: Oxford University Press, 1964.
3. Ibíd., p. 216.

UNA VISION GENERAL DEL ANALISIS TRANSACCIONAL

1. Perls, *Gestalt Therapy Verbatim*, p. 40.
2. Eric Berne, *Transactional Analysis in Psychotherapy*. Nueva York: Grove Press, 1961, pp. 17-43.
   Cf. Paul McCormick y Leonard Campos, *Introduce Yourself to Transactional Analysis: A TA Handbook*. Stockton, Calif.: San Joaquin TA Study Group, distribuido por Transactional Pub., 3155 College Ave., Berkeley, Calif., 94705, 1969.
   Ver además, John M. Dusay, "Transactional Analysis" en *A Layman's Guide to Psychiatry and Psychoanalysis* por Eric Berne. Nueva York: Simon and Schuster, 3.ª ed., 1968, pp. 277-306.
3. Berne, *Principles of Group Treatment*, p. 364.
4. W. Penfield, "Memory Mechanisms", A. M. A. *Archives of Neurology and Psychiatry*, vol. 67 (1952), pp. 178-198.

5. Berne, *Principles of Group Treatment*, p. 281.
6. Berne, *Transactional Analysis in Psychotherapy*, p. 32.
7. Berne, *Games People Play*, pp. 29-64.
8. Ibíd., p. 29.
9. Ver Eric Berne, *The Structure and Dynamics of Organizations and Groups* Filadelfia: J. B. Lippincott, 1963.
10. Ver Claude M. Steiner, *Games Alcoholics Play: The Analysis of Life Script* Nueva York: Grove Press, 1971.
Cf. David Steere, "Freud on the 'Gallows Transaction' ", *Transactional Analysis Bulletin*, vol. 9, n.º 1 (enero 1970), pp. 3-5.
11. Eric Berne, "Transactional Analysis", *Active Psychotherapy* (Harold Greenwald, ed.). Nueva York: Atherton Press, 1967, p. 125.
12. Berne, *Games People Play*, p. 64.
13. Berne, *Principles of Group Treatment*, pp. 269-278.
14. Ver Thomas A. Harris, *I'm OK–You're OK*. Nueva York: Harper & Row, 1969. Edición española: *Yo estoy bien, tú estás bien*. Barcelona: Edicion Grijalbo, S. A., 1973.
15. Eric Berne, "Standard Nomenclature, Transactional Nomenclature", *Transactional Analysis Bulletin*, vol. 8, n.º 32 (octubre 1969), p. 112.
Cf. Zelig Selinger, "The Parental Second Position in Treatment", *Transactional Analysis Bulletin*, vol. 6, n.º (enero 1967), p. 29.
16. Greenwald, ob. cit., p. 128.

3 EL HAMBRE HUMANA DE CARICIAS Y LA ESTRUCTURACION DEL TIEMPO

1. Berne, *Games People Play*, p. 15.
2. R. Spitz, "Hospitalism: Genesis of Psychiatric Conditions in Early Childhood", *Psychoanalytic Study of the Child*, 1945, 1: 53-74.
Ver además, "Hospitalism: A Follow-Up Report" y "Anaclitic Depression" Ibíd., 2: 113-117 y 312-342.
3. Berne, *The Structure and Dynamics of Organizations and Groups*, p. 157.
4. Película, *Second Chance*. Hoffman-LaRoche Laboratory, Nutley, N.J., 07110
5. Jacqui Lee Schiff y Beth Day, *All My Children*. Nueva York: M. Evans, distribuido en asociación con J. B. Lippincott, 1971, pp. 210-211.
6. *Planned Parenthood Report*. Publicado por Planned Parenthood World Population, 810 Seventh Avenue, Nueva York, 10019. Vol. 1, n.º 5 (junio julio 1970), p. 3.
7. Virginia M. Axline, *Dibs in Search of Self*. Nueva York: Ballantine Books, 1964, pp. 85-86.
8. George R. Bach y Peter Wyden, *The Intimate Enemy*. Nueva York: Williar Morrow, 1969, p. 302.
9. Berne, *Principles of Group Treatment*, pp. 314-315.
10. Escribir por información a: Thomas Gordon, Ph.D., Effectiveness Training Associates, Inc., 110 Euclid Avenue, Pasadena, Calif., 91101.
11. Sidney M. Jourard, *Disclosing Man to Himself*. Nueva York: Van Nostranc Reinhold, 1968, pp. 136-151.
12. Bernard Gunther, *Sense Relaxation*. Nueva York: Macmillan, 1968, p. 13.

13. Cf. Eric Berne, "Social Dynamics: The Intimacy Equipment", *Transactional Analysis Bulletin*, vol. 3, n.º 9 (enero 1964), p. 113. Además, vol. 3, n.º 10 (abril 1964), p. 125.

4 LOS GUIONES DEL DRAMA DE LA VIDA

1. Perls, *Gestalt Therapy Verbatim*, p. 47.
2. Berne, *Principles of Group Treatment*, p. 368.
3. Herbert Hendin, *Suicide and Scandinavia*. Nueva York: Doubleday, Anchor Books Edition, 1965, p. 5.
4. *Oakland Tribune*. Oakland, Calif., 13 febrero 1970, p. 10.
5. Eleanor Flexner, *Century of Struggle*. Cambridge, Mass.: Belknap Press, Harvard University, 1959, pp. 9-12.
6. Matina Horner, "Women's Will to Fail", *Psychology Today*, vol. 3, n.º 6 (noviembre 1969), pp. 36 y ss.
   Cf. Dorothy Jongeward, "New Directions: Changing Family Patterns", *California State Marriage Counseling Quarterly*, I, n.º 4 (mayo 1967).
7. Thomas Szasz, *The Myth of Mental Illness*. Nueva York: Dell Publishing, 1961, p. 230.
8. Berne, *Principles of Group Treatment*, p. 310.
9. Cf. Leonard P. Campos, "Transactional Analysis of Witch Messages", *Transactional Analysis Bulletin*, vol. 9, n.º 34 (abril 1970), p. 51.
10. Ver además, Claude M. Steiner, "The Treatment of Alcoholism", *Transactional Analysis Bulletin*, vol. 6, n.º 23 (julio 1967), pp. 69-71.
11. Perls, *Gestalt Therapy Verbatim*, p. 42.
12. Claude Steiner, *Games Alcoholics Play*. Nueva York: Grove Press, 1971, p. 49.
13. Perls, *Gestalt Therapy Verbatim*, p. 42.
14. Cf. Stephen B. Karpman, "Fairy Tales and Script Drama Analysis", *Transactional Analysis Bulletin*, VII, n.º 26 (abril 1968), pp. 39-43.
15. Thomas Bullfinch, *The Age of the Fable*. Nueva York: Heritage Press, 1958, p. 11.
16. Cf. además, William Bridges, "How Does a Narrative Mean?" (trabajo inédito), Mills College, Oakland, Calif.
17. W. R. Poindexter, "Hippies and the Little Lame Prince", *Transactional Analysis Bulletin*, VII, n.º 25 (enero 1968), p. 18.
18. James Aggrey, "The Parable of the Eagle", *African Voices* (Peggy Rutherford, ed.). Nueva York: The Vanguard Press, s.f., pp. 165-166.

5 EL SER PADRES Y EL ESTADO PADRE DEL YO

1. *Dictionary of Quotations*, "Notebook of a Printer". Reader's Digest Assoc., 1966, p. 114.
2. Harry Harlow, "The Nature of Love", *The American Psychologist*, 13 (12): 673-685, 1958.
   Ver además, H. F. Harlow and M. K. Harlow, "Social Deprivation in Monkeys", *Scientific American*, 207: 136-146 (noviembre 1962).
3. Origen desconocido.
4. Selma Fraiberg, *The Magic Years*. Nueva York: Scribner's, 1959, p. 135.

5. Erik H. Erikson, "Identity and the Life Cycle", *Psychological Issues* (monografía), vol. 1, n.º 1. Nueva York: International Univ. Press, p. 68.
6. Karen Horney, *Neurosis and Human Growth*. Nueva York: W. W. Norton, 1950, p. 65.
7. Frederick S. Perls, "Four Lectures", *Gestalt Theory Now* (Joen Fagan e Irma Lee Shepherd, eds.). Palo Alto, Calif.: Science and Behavior Books, 1970, p. 15.
8. Carl R. Rogers y Barry Stevens, *Person to Person: The Problem of Being*. Walnut Creek, Calif.: Real People Press, 1967, pp. 9-10.
9. Eleanor Roosevelt, *This Is My Story*. Nueva York: Harper, 1937, p. 21.
10. Urie Bronfenbrenner, "The Changing American Child", *Journal of Social Issues*, XVII, n.º 1 (1961), pp. 6-18.
11. Urie Bronfenbrenner, *Two Worlds of Childhood, U.S. and U.S.S.R.* Nueva York: Russell Sage Foundation, 1970, p. 104.
12. Evan S. Connell, Jr., *Mrs. Bridge*. Nueva York: Viking Press, 1958, p. 13.
13. Jacqui Lee Schiff y Beth Day, ob. cit., s. f.
14. Muriel James, "The Use of Structural Analysis in Pastoral Counseling", *Pastoral Psychology*, vol. 19, 187 (octubre 1968), pp. 8-15.
15. *Psychologia–An International Journal of Psychology in the Orient*, Koji Sato, Ed., Kioto Univ., vol. 8, n.º 1-2, 1965.

6 LA INFANCIA Y EL ESTADO NIÑO DEL YO

1. A. A. Milne, *Winnie the Pooh*. Londres: Methuen, 1965, pp. 1-18.
2. Fraiberg, ob. cit., p. 109.
3. Recopilado por Lee Parr McGrath y Joan Scobey, *What Is a Mother*. Nueva York: Simon & Schuster, 1968, s. f.
4. Berne, *Principles of Group Treatment*, p. 283.
5. Fraiberg, ob. cit., p. 109.
6. Berne, *Games People Play*, p. 173.
7. Berne, *Principles of Group Treatment*, p. 305.
8. *Oakland Tribune*, 15 octubre 1967.
9. Perls, *Gestalt Therapy Verbatim*, p. 236.

7 IDENTIDAD PERSONAL Y SEXUAL

1. Billie T. Chandler, *Japanese Family Life with Doll-and-Flower Arrangements*. Rutland, Vt.: Charles Tuttle, 1963, pp. 29-30.
2. Caroline Bird, *Born Female*. Nueva York: Simon & Schuster, 1969, p. 183.
3. Erich Fromm, *The Art of Loving*. Nueva York: Harper & Row, 1956, pp. 18-19.
4. Anthony Storr, *The Integrity of the Personality*. Maryland: Penguin Books, 1966, p. 43.
5. Virginia Satir, *Conjoint Family Therapy*. Palo Alto, Calif.: Science and Behavior Books, 1964, pp. 29, 48-53.
6. Merle Miller, "What It Means to Be a Homosexual". New York Times Service, *San Francisco Chronicle*, 25 enero 1971.

7. Peter y Barbara Wyden, *Growing Up Straight.* Nueva York: Stein and Day, 1968.
8. Cf. Dorothy Jongeward, "Sex, Roles, and Identity: The Emergence of Women", *Calif. State Marriage Counseling Quarterly*, I, n.º 4 (mayo 1967).
9. Sidney Jourard, *The Transparent Self.* Princeton, N. J.: D. Van Nostrand, 1964, p. 46.
10. Erikson, ob. cit., p. 68.
11. The Child Study Association of America, *What to Tell Your Children About Sex.* Nueva York: Pocket Books, 1964, p. 22.
12. Ver Renatus Hartogs, *Four-Letter Word Games.* Nueva York: Dell Publishing, 1968.
13. Ver Alexander Lowen, *The Betrayal of the Body.* Londres: Macmillan, 1969.
14. Muriel James, "Curing Impotency with Transactional Analysis", *Transactional Analysis Journal*, vol. 1, n.º 1 (enero 1971), pp. 88-93.

8 COLECCIONAR CUPONES Y PRACTICAR JUEGOS

1. Berne, *Principles of Group Treatment*, pp. 286-288.
2. Ibíd., p. 308.
3. Haim G. Ginott, *Between Parent and Child.* Nueva York: Macmillan, 1967, pp. 29-30.
4. Berne, *Games People Play*, p. 102.
5. Ver Berne, *Principles of Group Treatment*, pp. 278–311. Ver además, Berne, *Games People Play*, p. 53.
6. Dorothy Jongeward, "Games People Play—In the Office, P.S. For Private Secretaries", vol. 13, n.º 12 (junio 1970). Roterford, Conn.: Bureau of Business Practices, Section II, pp. 1-8.
7. Berne, *Games People Play*, p. 95.
8. Perls, *Gestalt Therapy Verbatim*, p. 53.
9. Stephen Karpman, "Options", *Transactional Analysis Journal*, vol. 1, n.º 1 (enero 1971), pp. 79-87.
10. Franklin Ernst, *Activity of Listening* (monografía), 1.ª ed., marzo 1968, pp. 13-14. Disponible a través de Golden Gate Foundation for Group Treatment, Inc., P.O. Box 1141, Vallejo, Calif.
11. Frederick Perls, Ralph F. Hefferline y Paul Goodman, *Gestalt Therapy: Excitement and Growth in the Human Personality.* Nueva York: Julian Press, 1951, p. 168.
12. Ibíd., p. 168.
13. Ver Alexander Lowen, ob. cit., pp. 237-250.
14. Perls, *Gestalt Therapy Verbatim*, p. 127.
15. Cf. Muriel Schiffman, *Self Therapy: Techniques for Personal Growth.* Menlo Park, Calif.: Self Therapy Press, 1967, s. f.
16. William C. Schutz, *Joy.* Nueva York: Grove Press, 1967, p. 66.
17. Cf. W. Cheney, "Hamlet: His Script Checklist", *Transactional Analysis Bulletin*, vol. 7, n.º 27 (julio 1968), pp. 66-68. Cf. además, Claude Steiner, "A Script Checklist", *Transactional Analysis Bulletin*, vol. 6, n.º 22 (abril 1967), pp. 38-39, 56.

9 EL ESTADO ADULTO DEL YO

1. Berne, *The Structure and Dynamics of Organizations and Groups*, p. 137.
2. Berne, *Transactional Analysis in Psychotherapy*, p. 37.
3. Berne, *Principles of Group Treatment*, p. 220.
4. Berne, *Transactional Analysis in Psychotherapy*, p. 77.
5. Berne, *Games People Play*, p. 24.
6. Berne, *Principles of Group Treatment*, pp. 306-307.
7. Berne, *Transactional Analysis in Psychotherapy*, pp. 39-40.
8. Ibíd., p. 51.
9. Ibíd., p. 46.
10. Ibíd., p. 62.
11. Berne, *Principles of Group Treatment*, p. 306.
12. Berne, *Transactional Analysis in Psychotherapy*, p. 146.
13. Berne, *The Structure and Dynamics of Organizations and Groups*, p. 137.
14. Berne, *Principles of Group Treatment*, p. 90.
15. Perls, *Gestalt Therapy Verbatim*, pp. 211-212.
16. Ibíd., p. 66.
17. Ibíd., p. 70.
18. Berne, *Principles of Group Treatment*, p. 311.
19. Ibíd., p. 221.
20. Perls, *Gestalt Therapy Verbatim*, p. 69.

10 AUTONOMIA Y ETICA DEL ADULTO

1. Eric Berne, *Sex in Human Loving*. Nueva York: Simon & Schuster, 1970, p. 194.
2. Berne, *Games People Play*, p. 178.
3. Perls, *Gestalt Therapy Verbatim*, p. 44.
4. Berne, *Games People Play*, p. 180.
5. Martin Buber, *Between Man and Man*. Nueva York: Macmillan, 1968, p. 78
6. Victor E. Frankl, *The Doctor and the Soul*. Nueva York: Alfred Knopf, 1957, pp. xviii-xix.
7. Abraham H. Maslow, *Eupsychian Management*. Homewood, Ill.: Richard D. Irwin y The Dorsey Press, 1965, p. 161.
8. Berne, *Transactional Analysis in Psychotherapy*, pp. 194-195.
9. Ibíd., p. 193.
10. Ibíd., p. 195.
11. Los Dres. Roberto Kertesz y Jorge A. Savorgnan, de la Facultad de Medicina de la Universidad de Buenos Aires, usaron primero "técnicas" como término para describir al Adulto en el Adulto.
12. Erich Fromm, *The Revolution of Hope*. Nueva York: Bantam, 1968, p. 16.
13. Abraham H. Maslow, *Motivation and Personality*. Nueva York: Harper & Row, 1954, pp. 211-214.
14. Kertesz *et al.*, afirman que la postura "Yo estoy bien/Tú estás bien" del Adulto es muy diferente de la postura "Yo estoy bien/Tú estás bien" del Niño maníaco.
15. Eric Berne, "Editor's Page", *Transactional Analysis Bulletin*, vol. 8 n.º 29 (enero 1969), pp. 7-8.
16. Copyright 1955 por E. E. Cummings. Reimpreso de: E. E. Cummings, *A Miscellany* (editado por George J. Firmage). Con permiso de Harcourt Brace Jovanovich, Inc.

BIBLIOGRAFIA EN ESPAÑOL

Bateson, G., *Interacción familiar*. Buenos Aires: Tiempo Contemporáneo, 1971.

Baumgarten, Franziska, *Psicología de las relaciones humanas en la empresa*. Salamanca: Sígueme, 1971.

Berne, Eric, *Juegos en que participamos*. México: Editorial Diana, 1966.

Bulfinch, Thomas, *La edad del mito*. Buenos Aires: Emecé, S. A.

Carthwright, D., y Alvin Zander, *Dinámica de grupos*. México: Editorial F. Trillas, 1971.

Ehrenwald, J., *Neurosis en la familia*. México: Siglo XXI Editores, 1967.

Fraiberg, Selma H., *Los años mágicos*. Alcoy (Alicante): Editorial Marfil, S. A., 1970.

Fromm, Erich, *La revolución de la esperanza*. México: Fondo de Cultura Económica, 1970.

——, *El arte de amar*. Buenos Aires: Paidós, 1966.

Ginott, Haim G., *Padres e hijos. Nuevas soluciones para viejos problemas*. Buenos Aires: Editorial Víctor Lerú, 1967.

Frondizi, R., *El Yo como estructura dinámica*. Buenos Aires: Paidós, 1970.

Hendin, H., *El suicidio en Escandinavia*. Barcelona: Ariel, 1966.

Horney, Karen, *El autoanálisis*. Buenos Aires: Siglo Veinte, 1966.

——, *La personalidad neurótica de nuestro tiempo*. Buenos Aires: Paidós, 1966.

Kertesz y otros, *Introducción al análisis transaccional. Los juegos psicológicos*. Buenos Aires: Paidós, 1973.

Harris, Thomas, *Yo estoy bien, Tú estás bien. Guía práctica de análisis conciliatorio*. Barcelona: Grijalbo, 1973.

Lifton, Walter M., *Trabajo con grupos*. México: Editorial Limusa, 1965.

Moreno, J. L., *Psicomúsica y sociodrama*. Buenos Aires: Paidós, 1965.

Maslow, A. H., *Motivación y personalidad*. Buenos Aires: Arco, 1967.

Portman, A., *El hombre ante el tiempo*. Caracas: Monte Avila, 1970.

Portuondo, Juan A., *Psicoterapia de grupo y psicodrama*. Madrid: Biblioteca Nueva, 1972.

Rolla, E., *Psicoterapia individual y grupal*. Buenos Aires: Paidós, 1962.